中國學術思想
研究輯刊

三一編

林慶彰 主編

第18冊

北宋《論語》學研究
——從注疏之學到義理之學(下)

陳雅玲 著

花木蘭文化事業有限公司

國家圖書館出版品預行編目資料

北宋《論語》學研究——從注疏之學到義理之學（下）／陳
雅玲 著 -- 初版 -- 新北市：花木蘭文化事業有限公司，2020
〔民 109〕
目 2+214 面：19×26 公分
（中國學術思想研究輯刊 三一編；第 18 冊）
ISBN 978-986-518-008-9（精裝）
1. 論語 2. 研究考訂 3. 北宋
030.8   109000277

ISBN-978-986-518-008-9

9 789865 180089

中國學術思想研究輯刊
三一編 第十八冊   ISBN：978-986-518-008-9

北宋《論語》學研究
——從注疏之學到義理之學（下）

作　　者　陳雅玲
主　　編　林慶彰
總 編 輯　杜潔祥
副總編輯　楊嘉樂
編　　輯　許郁翎、張雅淋　美術編輯　陳逸婷
出　　版　花木蘭文化事業有限公司
發 行 人　高小娟
聯絡地址　235 新北市中和區中安街七二號十三樓
　　　　　電話：02-2923-1455／傳真：02-2923-1452
網　　址　http://www.huamulan.tw 信箱 hml810518@gmail.com
印　　刷　普羅文化出版廣告事業
封面設計　劉開工作室
初　　版　2020 年 3 月
全書字數　309457 字
定　　價　三一編 25 冊（精裝）新台幣 50,000 元

北宋《論語》學研究
——從注疏之學到義理之學（下）

陳雅玲　著

目

次

第五章　古文派《論語》學

　　此章以劉敞及蘇軾、蘇轍爲論述對象。劉敞的《論語小傳》深具時代之
風——言人所不敢言、疑人所不敢疑，對《論語》有許多創發。蘇軾兄弟表
現的方式，與當時二程的語錄體很不一樣，他們以古文家手法，大量利用史
事融鑄成散文，注重經史互證，對於《論語》義理或是儒家思想都有一定的
影響。而筆者之所以將劉敞置於古文家的角度下考察，正是注意到其解經方
式，頗有古文寫作的味道，與蘇軾、蘇轍兄弟非常相近。以下茲分三節論之。

第一節　劉敞《論語》學

一、劉敞生平與《論語小傳》

　　劉敞（1019～1068）字原父，浙江新喻人，人稱公是先生。《宋史·劉敞
傳》：

> 劉敞字原父，臨江新喻人。舉慶曆進士，廷試第一。編排官王堯臣，
> 其內兄也，以親嫌自列，乃以爲第二。……奉使契丹，素習知山川
> 道徑，契丹導之行，自古北口至柳河，回屈殆千里，欲夸示險遠。
> 敞質譯人曰：「自松亭趨柳河，甚徑且易，不數日可抵中京，何爲故
> 道此？」譯相顧駭，愧曰：「實然。但通好以來，置驛如是，不敢變
> 也。」順州山中有異獸，如馬而食虎豹，契丹不能識，問敞。敞曰：
> 『此所謂駮也。』爲說其音聲形狀，且誦《山海經》、《管子》書曉
> 之，契丹益歎服。……敞決獄訟，明賞罰，境內肅然。……敞侍英
> 宗講讀，每指事據經，因以諷諫。……敞進讀《史記》，至堯授舜以

天下，拱而言曰：『舜至側微也，堯禪之以位，天地享之，百姓戴之，非有他道，惟孝友之德，光于上下耳。』帝竦體改容，知其以義理諷也。皇太后聞之，亦大喜。……積苦眩瞀，屢予告。帝固重其才，每燕見他學士，必問敞安否；帝食新橙，命賜之。疾少間，復求外，以爲汝州，旋改集賢院學士、判南京御史臺。熙寧元年，卒，年五十。……敞學問淵博，自佛老、卜筮、天文、方藥、山經、地志，皆究知大略。朝廷每有禮樂之事，必就其家以取決焉。爲文尤贍敏。掌外制時，將下直，會追封王、主九人，立馬却坐，頃之，九制成。歐陽脩每於書有疑，折簡來問，對其使揮筆，答之不停手，脩服其博。長於《春秋》，爲書四十卷，行於時。〔註1〕

從上述《宋史》資料看，劉敞學問淵博，上自天文，下至地理，無書不讀，深受朝廷器重，當時歐陽脩已以文章聞於世，但仍對劉敞欽佩莫名，可見其學問之深厚。作品有《七經小傳》五卷、《春秋傳》十五卷、《先秦古器圖》一卷、《使北語錄》一卷、《弟子記》一卷、《漢官儀》三卷、《劉敞集》七十五卷等。

上述《宋史・藝文志》著錄《七經小傳》五卷，《四庫全書總目》則記：「《七經小傳》三卷。」〔註2〕本論文所用《公是先生七經小傳》（《四部叢刊續編經部》，上海涵芬樓景印天祿琳瑯舊藏宋刊本）亦作三卷。上卷收《尚書》、《毛詩》，中卷包括《周禮》、《儀禮》、《禮記》和《春秋公羊傳》，下卷則獨有《論語》。《四庫全書總目》提到《七經小傳》的特殊處，如：「改定〈武成〉，自劉敞始。」〔註3〕「自劉敞考定〈武成〉，列之《七經小傳》，儒者視爲故事，遂浸以成風。」〔註4〕「不釋全經，惟有所心得則說之，用劉敞《七經小傳》例也。」〔註5〕又：「吳曾《能改齋漫錄》曰『慶歷以前多尊章句註疏之學，至劉原甫爲《七經小傳》，始異諸儒之說。王荊公修《經義》，蓋本於原甫。』（案《讀書志》亦載此文，以爲元祐史官之說。）晁公武《讀書志》亦證以所說『湯伐桀升自陑』之類，與《新經義》同，爲王安石剽取敞說之證，大旨均不滿於敞。《朱子語類》乃云《七經小傳》甚好。」〔註6〕大致認爲《七

〔註1〕　〔元〕脫脫等：《宋史》，卷319，頁16。
〔註2〕　〔清〕永瑢等：《欽定四庫全書總目》，卷33，頁7。
〔註3〕　〔清〕永瑢等：《欽定四庫全書總目》，卷13，頁4。
〔註4〕　〔清〕永瑢等：《欽定四庫全書總目》，卷36，頁31。
〔註5〕　〔清〕永瑢等：《欽定四庫全書總目》，卷18，頁12。
〔註6〕　〔清〕永瑢等：《欽定四庫全書總目》，卷33，頁8。

經小傳》是北宋疑經改經的先驅，在解經上有創新之功，甚至影響到王安石，位居重要的關鍵地位。

《論語小傳》是《七經小傳》之一。上已言《七經小傳》共分上、中、下三卷，其中篇幅最多的即是下卷的《論語》，可見劉敞對《論語》的重視。《論語小傳》共八十五則，書寫上，「有與諸經一例者，又有直書經文而夾註句下如註疏體者」。大概是「亦註《論語》而未成，以所註雜錄其中也」。〔註7〕所以《小傳》中有二種表現方式，或直書其意，或用傳統的章句注疏方法，可見劉敞是從原注疏之學，走向新興義理之學的人物。只因「敞在北宋，閉戶窮經，不入伊洛之派，講學之家惡其不相攀附，遂無復道其姓名者」。〔註8〕不合道學家的胃口，因此後來被忽略了，但看朱熹的《論語集註》遍引諸家，卻只取劉敞一則，〔註9〕亦可為證。

二、《論語小傳》的內容特色

以下介紹《論語小傳》的內容：

（一）駁斥舊說

1. 〈八佾〉：林放問禮之本。子曰：「大哉問！禮，與其奢也，寧儉。喪，與其易也，寧戚。」
　　案：包咸曰：「易，和易也。言禮之本意，失於奢，不如儉；喪，失於和易，不如哀戚。」邢疏：「奢與儉、易與戚等，俱不合禮，但禮不欲失於奢，寧失於儉；喪不欲失於易，寧失於戚。言禮之本意，禮失於奢不如儉，喪失於和易不如哀戚。」

皆以「與其……寧」比較選擇的句式，來解說禮之本質。

《小傳》曰：「夫以戚為喪本，可也。以儉為禮本，何哉？曰：林放本問賓客奉養之禮，非兼問五禮也。何以明之問五禮之本，則不當答以儉，又不當引喪為之偶。故知所問，為賓客奉養之禮也。賓客奉養之禮，以儉為本者，儉則任誠慤，誠慤乃本也。故〈聘禮〉曰：幣美則沒。禮又曰：多貨則傷德。幣之與貨非所以為本也。損其美，卻其多，乃可謂之儉。儉則禮與德俱無傷，

〔註7〕〔清〕永瑢等：《欽定四庫全書總目》，卷33，頁8。
〔註8〕〔清〕永瑢等：《欽定四庫全書總目》，卷36，頁5。
〔註9〕〈泰伯〉篇以「有婦人焉」為邑姜，所引「劉侍讀曰」者，即劉敞。〔宋〕朱熹：《論語集註》，頁107。

是本矣。孟子曰：恭敬者，幣之未將然。」

　　認為林放只是問「賓客奉養之禮」，而非一般之禮意。雖「儉則任誠愨」，但「誠愨」應是禮之本質，不止於「賓客奉養之禮」才是。

　　2.〈里仁〉：仁者安仁，知者利仁。
　　　　案：包咸曰：「惟性仁者自然體之，故謂安仁。」王肅曰：「知仁為美，故利而行之。」邢昺進一步疏曰：「此《經》『仁者安仁，知者利仁』，與〈表記〉正同，理亦不異。云『唯性仁者自然體之』者，言天性仁者，非關利害，自然汎愛施生，體包仁道。《易・文言》曰：『君子體仁，足以長人。』是也。注『王曰』至『行之』。正義曰：云『知仁為美，故利而行之』者，言有知謀者，貪利而行仁，有利則行，無利則止，非本情也。」

　　《小傳》則曰：「仁者生而靜，其為仁安之而已矣。知者動而復者也，動而復則利而後仁。利者，非利於為仁之可以得利也。利猶動也，智者必動而後仁矣。」

　　劉敞否定習慣上解智者為有心之作，而達到一樣的「仁」的結果。但言「利猶動也」，根據何在恐亦是問題。

　　3.〈公冶長〉：宰予晝寢。子曰：「朽木不可雕也，糞土之牆不可杇也。於予與何誅？」子曰：「始吾於人也，聽其言而信其行，今吾於人也，聽其言而觀其行。於予與改是。」
　　　　案：邢疏：「『宰予晝寢』者，弟子宰我晝日寢寐也。」即今日所言白天睡覺。

　　《小傳》曰：「宰予晝寢。子曰：『朽木不可彫也。』云云。學者多疑宰予之過輕，而仲尼貶之重，此弗深考之蔽也。古者君子不晝夜居於內，晝居於內，則問其疾，所以異男女之節，屬人倫。如使宰予廢法縱欲，晝夜居於內，所謂亂男女之節，俾晝作夜，〈大雅〉之刺幽、屬是也。仲尼安得不深貶之？然則寢當讀為內寢之寢，而說者蓋誤為眠寢之寢。」

　　「內寢」一詞，見《禮記・內則》：「子生三月之末，漱澣夙齊，見於內寢。」鄭玄注云：「內寢，適妻寢也。」〔註10〕則是妻子之臥室。又「晝居於內，則問其疾」出於《禮記・檀弓上》：「古者君子不晝夜居於內，夫晝居於

─────────────────

〔註10〕《禮記注疏》，卷128，頁123。

內，問其疾可也；夜居於外，弔之可也。是故君子非有大故，不宿於外。非致齊也、非疾也，不晝夜居於內。」〔註11〕劉敞認爲宰予晝寢是無禮縱欲，反對舊注，不只白天睡覺那麼簡單，所以孔子才會如此嚴厲批評他。

4. 〈雍也〉：子見南子，子路不說。夫子矢之曰：「予所否者，天厭之！天厭之！」

　案：《小傳》曰：「舊說仲尼見南子，欲因以行道，非也。古者謂其君曰君，謂其夫人曰小君，仕者自當見小君。是時孔子仕於衛，故以禮見南子也。子路疑衛君無道，夫人無德，夫子不足復仕其朝，故孔子陳之曰：予所不仕者，皆棄絕於天者耳，衛君尚未也。或者子路謂衛君無道，夫人無德，疑夫子內貪仕其朝，而外託於禮，故夫子自陳其意曰：我所不用正者，使天厭之、天厭之。尋子路性鄙，不爲無此。而仲尼自謂，知我者其天乎，援天陳辭亦不足怪。」劉敞明言：「舊說……，非也。」先駁斥原說，再提出自己看法，認爲孔子是「以禮見南子也」。

5. 〈泰伯〉：武王曰：「予有亂臣十人。」孔子曰：「才難，不其然乎？唐虞之際，於斯爲盛。有婦人焉，九人而已。」

　案：此十人，馬融曰：「亂，治也。治官者十人，謂周公旦、召公奭、太公望、畢公、榮公、太顛、閎夭、散宜生、南宮适，其一人謂文母。」《小傳》曰：「舊說婦人即文母，予謂子無臣母之理。或云古文無臣字，如此則不成文。按武王即位已八十餘，未知文母猶存否？以義推之，此亂臣蓋邑姜，非文母也。武王使九人治外，而邑姜治內，故得以同之亂臣。」

劉敞認爲古說以「文母」爲其中十人之一，是不對的，原因有二，一是「子無臣母之理」，二是年齡問題。子臣母在早期部落時代並不一定沒有，以後代的禮教來看，自然不宜。而年齡者，據《禮記·文王世子》：「文王九十七乃終，武王九十三而終。」〔註12〕又《史記·周本紀》言，武王成功伐紂在十一年。〔註13〕如此則其母的確近百歲，是不太可能。但〈文王世子〉是否可信，又是另一問題了。而劉敞未說其根據所在，亦是不嚴謹處。

〔註11〕《禮記注疏》，卷7，頁13。
〔註12〕《禮記注疏》，卷120，頁3。
〔註13〕〔漢〕司馬遷：《史記》，卷4，頁10。

6.〈憲問〉：子曰：「賢者辟世，其次辟地，其次辟色，其次辟言。」子
曰：「作者七人矣。」

案：《小傳》：「七人所謂長沮、桀溺、丈人、石門、荷蕢、儀封人、楚
狂接輿。但取見於《論語》者，此說非也。辟世、辟地、辟色、
辟言不止此七人，七子與孔子同時耳。必同時又有老聃、子桑伯
子，非不能辟言色者。予謂作讀如『作者之謂聖』之『作』。仲尼
敘《書》始堯、舜，堯、舜以來始有典籍，故道典籍以來，聖人
得位而制作者凡七人，即堯也、舜也、禹也、湯也、文也、武也、
周公也是矣。其意蓋言己獨不得位，而無所制作云爾。此一章孤
立，偶與避世章相屬，學者不曉，故遂穿鑿妄解。」認為「子曰：
作者七人矣」是獨立的一章，和「子曰：賢者辟世，其次辟地，
其次辟色，其次辟言」無關。而後就「作」字發揮，認定「作」
是「作者之謂聖」的「作」義。「作者之謂聖」出於《禮記‧樂記》：
「作者之謂聖，述者之謂明；明聖者，述作之謂也。」則依《禮
記》所言，「作」是創造、創作之意。再聯繫堯、舜道統說，談典
籍制作。暗寓孔子因不得位故不制作（應是一併解釋〈述而〉：「子
曰：述而不作，信而好古，竊比於我老彭。」）劉敞又曰：「一說
七人者，即伯夷、叔齊、虞仲、夷逸、朱張、柳下惠、少連者也。
伯夷、叔齊不降其志，不辱其身，所謂辟世。柳下惠、少連，降
志辱身，言中倫，行中慮，所謂辟色也。虞仲、夷逸隱居放言，
所謂辟言也。朱張無事迹，其辟地者與。」提出另外一說。但此
乃結合〈微子〉章的七位「逸民」，各以不同的方式應世。這二種
講法，都是不同於傳統舊說。

（二）獨出新意

1.〈學而〉：有子曰：「禮之用，和為貴。先王之道，斯為美。小大由之，
有所不行。知和而和，不以禮節之，亦不可行也。」

案：馬融曰：「人知禮貴和，而每事從和，不以禮為節，亦不可行。」
〔註14〕馬融只講整章文意，未分開說釋。但從其所言，「和」者，

〔註14〕〔宋〕邢昺：《論語注疏》，頁32。以下所引古注及邢昺之文，全出於此書，
　　　　為求簡明，將不再作注。

應指「平和」、「和易」等。邢昺疏曰：「和，謂樂也。樂主和同，
故謂樂爲和。」將禮與樂結合起來。而《小傳》曰：「君所謂可，
而有否焉。君所謂否，而有可焉。此之謂和。」不同於前人。又
「小大由之」，馬曰：「每事從和。」邢昺曰：「由，用也。言每事
小大皆用禮。」《論語小傳》曰：「大，君臣也；小，父子也。」
則「小大」劉敞解作「父子君臣」，迥異於馬融、邢昺所謂的大小
事情。「有所不行」，邢昺曰：「則其政有所不行也。」《小傳》曰：
「有所不行者，在醜夷不爭之類是。」「在醜夷不爭」，出於《禮
記·曲禮上》：「凡爲人子之禮，冬溫而夏清，昏定而晨省，在醜
夷不爭。」鄭玄注：「醜，眾也；夷，猶儕也。」孔穎達疏云：「皆
等類之名。」〔註15〕維持一種安分和諧的秩序。「知和而和，不以
禮節之，亦不可行也。」邢疏：「言人知禮貴和，而每事從和，不
以禮爲節，亦不可行也。」劉敞曰：「此復說有所不行也。獻可替
否，和也。在醜夷不爭，禮也。但知貴和而和，而不知禮有常節
者，亦不可行也。故臣亦有三諫而去之道，若三諫而不去，是又
不以禮節者也。」所謂「三諫而去」，殆出於《公羊傳》莊公二十
四年：「戎將侵曹，曹羈諫曰：『戎眾以無義，君請勿自敵也。』
曹伯曰：『不可。』三諫，不從，遂去之，故君子以爲得君臣之義
也。」〔註16〕《禮記·曲禮下》亦載：「爲人臣之禮，不顯諫。三
諫而不聽，則逃之。」〔註17〕可見劉敞將之解說爲君臣關係，出
處原則，而非以和爲貴的禮樂之道。

2. 〈里仁〉：子曰：「君子懷德，小人懷土。君子懷刑，小人懷惠。」
　　案：孔曰：「懷，安也。」「小人懷土」，孔曰：「重遷。」「君子懷刑」，
　　　　孔曰：「安於法。」「小人懷惠」，包曰：「惠，恩惠。」邢昺疏曰：
　　　　「此章言君子小人所安不同也。『君子懷德，小人懷土』者，懷，
　　　　安也。君子執德不移，是安於德也。小人安安而不能遷者，難於
　　　　遷徙，是安於土也。『君子懷刑，小人懷惠』者，刑，法制；惠，
　　　　恩惠也。君子樂於法制齊民，是懷刑也。小人唯利是親，安於恩

〔註15〕《禮記注疏》，卷1，頁19。
〔註16〕《公羊注疏》，卷8，頁19。
〔註17〕《禮記注疏》，卷5，頁120。

惠，是懷惠也。」將前二句作一單位，後二句歸一單位，其中分別對比君子與小人之異處。

《小傳》曰：「君子懷德，小人懷土。」君子，在上位者也。言君子懷於為德，導之以德，則小人乃懷土重遷。如君子懷於用刑，導之以政，則小人不復懷土，將懷惠己者而歸之矣，所謂免而無恥也。此言小人之性無常，在上導之而已。」

劉敞亦是將前二句作一單位，後二句歸一單位，但其中不是君子與小人的對比，而是因果的關係。且明確定義「君子」是「在上位者也」，而後申說為政之道。

3. 〈子罕〉：「子欲居九夷。」

　案：馬融曰：「九夷，東方之夷，有九種。」邢昺疏：「『子欲居九夷』者，東方之夷有九種。孔子以時無明君，故欲居東夷。」又：「案〈東夷傳〉云：『夷有九種，曰畎夷，于夷，方夷，黃夷，白夷，赤夷，玄夷，風夷，陽夷。』又一曰玄菟，二曰樂浪，三曰高麗，四曰滿飾，五曰鳧臾，六曰索家，七曰東屠，八曰倭人，九曰天鄙。」大抵認為九夷是東方海外的九個民族，再以邢昺所引「一曰」來看，有「樂浪」、「高麗」、「倭人」等，應是今日朝鮮半島、日本等地區。孔子因為不遇，一時感慨下，故出此言。但《小傳》曰：「子欲居九夷。蓋徐州、莒、魯之閒中國之夷，非海外之夷也。何以言之？仲尼稱夷狄有君，不如諸夏之亡。則無緣忽欲去中國而欲從夷狄矣。周末時，蓋戎夷與中國雜居，仲尼周流未嘗三年淹留，故其羈旅之際，適偶可居九夷耳，非忿懟中國莫能宗己而去之也。」與傳統之說完全不同，「九夷」是「徐州、莒、魯之閒中國之夷」；亦非「忿懟中國莫能宗己而去之也」。理由是孔子曾說：「夷狄有君，不如諸夏之亡。」故不會去中國外的九夷之地。

4. 〈子路〉：子貢問曰：「鄉人皆好之，何如？」子曰：「未可也。」「鄉人皆惡之，何如？」子曰：「未可也。不如鄉人之善者好之，其不善者惡之。」

　案：此章是講當我們想要判斷某人時，切勿輕易從眾，反而要通過善人的肯認及惡人的否定，方可採信。故孔安國曰：「善人善己，惡

人惡己，是善善明，惡惡著。」邢昺也疏曰：「言鄉之善人善之，
惡人惡之，真善人也。」

《七經小傳》曰：「此言人當信己之信也。子貢問鄉人皆好之者，言有人
於此，鄉人皆好之，可信以賢乎？孔子曰未可者，或鄉原之人，在邦必聞故
也。又問鄉人皆惡之言者，有人於此，鄉人皆惡之，可信以不肖乎？孔子曰
未可者，或清士特立，慍於群小故也。不如以己觀鄉人之行，誠合於善者，
我因好之，其不合於善者，我亦惡之，此之謂信己。」自：「子貢問鄉人皆好
之者，言有人於此，鄉人皆好之，可信以賢乎？孔子曰未可者，或鄉原之人，
在邦必聞故也。又問鄉人皆惡之言者，有人於此，鄉人皆惡之，可信以不肖
乎？孔子曰未可者，或清士特立，慍於群小故也。」大致上與一般的理解差
不多，但隨後話鋒一轉，卻成：「不如以己觀鄉人之行，誠合於善者，我因好
之，其不合於善者，我亦惡之，此之謂信己。」脫出了原本的討論——如何
去判斷一個人，而變為我去觀察鄉人，而後加以好之惡之，這叫做相信自己。
此已是出於文本之外的誤解。

5. 〈衛靈公〉：子曰：「當仁不讓於師。」

案：孔安國曰：「當行仁之事，不復讓於師，言行仁急。」

《七經小傳》曰：「此言當仁者宜為人師。當仁者可不復讓於人師，當
仁而讓於人師，則道幾乎不傳。此孟子所謂樂得英才而教育之。然則才非當
仁，亦不可不讓為人師。」雖然「師」仍作「老師」解，意義完全不同於原
注，沒有了行仁急之意。但是孔子原不輕許人以「仁」，如何敢說自己「當
仁」呢？

6. 〈陽貨〉：公山弗擾以費畔，召，子欲往。子路不說，曰：「末之也已，
何必公山氏之之也？」子曰：「夫召我者，而豈徒哉！如有用我者，吾
其為東周乎？」

案：《七經小傳》：「此釋子路之疑也。吾其為東周乎者，言己不為東周
也。東周之俗，家臣則張私室以逼君，陪臣則張公室以逼天子，
故所不為也。此明雖之公山氏，非助其畔。」雖然一樣不是助紂
為虐，但「吾其為東周乎」，劉敞的解釋完全不同於何晏：「興周
道於東方，故曰東周。」反而認為「為東周」是臣不臣的舉動，
大加撻伐。

（三）雜染道家

1. 〈雍也〉：子貢曰：「如有博施於民而能濟眾，何如？可謂仁乎？」子曰：「何事於仁，必也聖乎！堯、舜其猶病諸！」

　　案：《七經小傳》：「博施者，言其守約施博而眾皆濟。在上則堯舜，在下則孔子是已。天地之內，性命之屬，莫不兼而利之，兼而愛之。物無愚智無大小，皆樂其性而得其生，可謂濟眾矣，爲聖人及之。」用「守約」、「物無愚智無大小，皆樂其性而得其生」等話語，明顯是道家之思考，尤其有郭象注《莊子》的色彩，如《莊子‧天地》「愛人利物之謂仁」一句，郭象注云：「此任其性命之情也。」〔註18〕這並非儒家聖人的模式，且看孔安國之注：「君能廣施恩惠，濟民於患難，堯、舜至聖，猶病其難。」「君能廣施恩惠，濟民於患難。」才是最平實具體的作法。

2. 〈述而〉：子曰：「志於道，據於德，依於仁，遊於藝。」

　　案：《七經小傳》：「此所謂全德，無內外之偏也。」「全德」一詞見於《莊子》，在〈德充符〉、〈天地〉、〈田子方〉、〈盜跖〉等篇皆有，是《莊子》中很重要的觀念，葆眞無累的境界，劉敞以之來形容孔子所欲培養之儒者，似不適當。

3. 〈泰伯〉：子曰：「大哉！堯之爲君也！巍巍乎！唯天爲大，唯堯則之！」

　　案：《七經小傳》：「此正言堯之讓也。天道，功成者去，爲而不恃。堯始以天下讓，故云唯堯則之。」從整段文字看來，其實並無「讓」之意，所以孔安國曰：「則，法也。美堯能法天而行化。」但劉敞將之解作堯之禪讓，並用《老子》「爲而不恃」，功成者去的精神爲說。

4. 〈子罕〉：子曰：「可與共學，未可與適道；可與適道，未可與立；可與立，未可與權。」

　　案：《七經小傳》：「反經之至，至於動天下，易君王，而當世不疑，後世不非，惟無心而體道者能之，湯、武、伊尹、周公是也。」「惟無心而體道者」，不是儒家聖人形象。

〔註18〕〔晉〕郭象：《莊子注》，卷5，頁12。

5. 〈先進〉：「子路、曾皙、冉有、公西華侍坐。」

　　案：《七經小傳》：「點之意以謂，上苟知也，固當以此知之也。此乃所謂事無事，爲無爲矣。是《易》之不事王侯，高尙其事者也。巢、由知於堯、舜，故能全其讓。夷、齊知於武王，故能全其隱。四皓知於漢高，故能全其處。然則不事其事者，乃所以事也；不爲其爲者，乃所以爲也。此全德之所能，非曾點所及。」「事無事，爲無爲。」「不事其事者，乃所以事也；不爲其爲者，乃所以爲也。」正是《道德經》：「爲無爲，事無事。」〔註19〕又言「全德」，足見有道家意味。

6. 〈衛靈公〉：子曰：「賜也，女以予爲多學而識之者與？」對曰：「然，非與？」曰：「非也，予一以貫之。」

　　案：《七經小傳》：「一以貫之者，仁也。惟仁爲能一，惟一爲能貫仁者之用心也。敦兮其若樸，寂兮其若谷，昭兮其若鑑，萬物莫足以嬰其中，萬物莫足以嬰其中，（案：此句當衍文。）則雖言而未嘗言，雖爲而未嘗爲矣。故終日言而一，終日爲而一，未嘗變而事物爲之應，在上也可，在下也可，耕稼也可，陶漁也可，版築也可，商儈也可，此皆外之變，而非內之一也。故誠守其一，萬物備矣。由是一可以應萬，而萬不可以應一，故曰非多學而識之者，多學在一之外故也。世之多學者眾矣，鮮能定乎一。得其末不得其本，逐物而不反。」雖然劉敞認爲「一」是「仁」，但他的「仁者」，實在是道家的人物；孔子絕非是「敦兮其若樸，寂兮其若谷，昭兮其若鑑，萬物莫足以嬰其中」的形象。「敦兮其若樸，寂兮其若谷」出於《道德經》：「敦兮其若樸，曠兮其若谷。」雖「寂」不同「曠」，但不妨其意。又「一可以應萬」，《文子・微明》有「執一而應萬」，是其類也。雖然文末，劉敞批評老、莊不學，但在說解過程中，已不自覺的流露出道家思考。

7. 〈陽貨〉：好仁不好學，其蔽也愚。

　　案：《七經小傳》：「此無仁者之資，而慕仁者之操者，故絕聖棄智，適足以愚。」「絕聖棄智」一語出於《老子》。

〔註19〕《老子道德經》，卷下，頁16。

8.〈微子〉：微子去之，箕子爲之奴，比干諫而死。孔子曰：「殷有三仁焉。」

　　案：《七經小傳》：「三人或死或生，其事不同，而同謂之仁者，明死生不足言仁也。夫仁者有成質，略舉其大方而言之，則不遷怒，不貳過，不樂生，不惡死，端而虛，靜而一，若是者人貌。」《莊子・大宗師》：「古之眞人，不知說生，不知惡死。」〔註20〕又談「虛」、「靜」、「一」。

9.〈子張〉：曾子曰：「堂堂乎張也，難與並爲仁矣。」

　　案：《七經小傳》：「仁者遺物忘形，無所矜者也。爲仁者亦當遺物而忘形，無所矜。有所矜，則有所屈矣。」「遺物」、「忘形」是道家的境界。

（四）引申政治

1.〈里仁〉：子曰：「君子懷德，小人懷土。君子懷刑，小人懷惠。」

　　案：《七經小傳》：「君子懷德，小人懷土。」君子，在上位者也。言君子懷於爲德，導之以德，則小人乃懷土重遷。如君子懷於用刑，導之以政，則小人不復懷土，將懷惠己者而歸之矣，所謂免而無恥也。此言小人之性無常，在上導之而已。

2.〈子路〉：子夏爲莒父宰，問政。子曰：「無欲速，無見小利。欲速則不達，見小利則大事不成。」

　　案：《七經小傳》：「此言王者之功必緩且大也。欲速者不任教化，而任賞罰。霸者之政，刑名之學是也。見小利者，內欺其民以益財，外欺其鄰以益地，諸富國強兵之術是也。」劉敞於此發揮其政治理念，宜任教化，不由霸道，才能有王者之功。但實際上，劉敞可能於此過度詮釋，因爲子夏只是擔任莒父宰而已，一個地方官員，不至於談到富國強兵。但可由此反映出劉敞的政治思考。

3.〈堯曰〉：孔子曰：「不知命，無以爲君子也。」

　　案：《七經小傳》曰：「臣事君，子事親，命也。」劉敞用《莊子・人間世》中孔子言：「子之愛親，命也，不可解於心。臣之事君，義

〔註20〕〔晉〕郭象：《莊子注》，卷3，頁12。

也，無適而非君也，無所逃於天地之間。」〔註21〕認爲君臣父子之事，乃爲人、爲政之要。而不取孔安國所謂：「命，謂窮達之分。」的命限際遇意。

4. 〈憲問〉：子路曰：「桓公殺公子糾，召忽死之，管仲不死。曰：未仁乎？」〈憲問〉：子貢曰：「管仲非仁者與？桓公殺公子糾，不能死，又相之。」

　　案：《七經小傳》曰：「子路、子貢皆以管仲不死，疑其不仁。然則仁者且必死耶？世言死君者，莫如比干、子胥。比干剖心，孔子謂之仁；子胥鴟夷，世不謂之仁。然則，仁不必死，死不必仁，明矣。子路、子貢何爲止以死不死，論仁不仁乎？其意以謂仁者不樂生不惡死也，而管仲可以死而不死，故疑也。夫謂仁者不樂生、不惡死是也。疑管仲死之爲仁，非也。管仲未仁，雖死之，固亦未仁。管仲苟仁，雖不死猶仁矣。微子去之，箕子爲之奴，比干諫而死。孔子曰：『殷有三仁焉。』

此之謂也。然則管仲功用之臣，自實惜其死，將以其功用，施之於世，以成其仁功而已。孟子所謂天民者也。」

　　首先，劉敞把子路與子貢對管仲質疑的二章，放在一起討論。而「天民」出於《孟子·盡心上》：「孟子曰：『有事君人者，事是君，則爲容悅者也。有安社稷臣者，以安社稷爲悅者也。有天民者，達可行於天下而後行之者也。有大人者，正己而物正者也。』」劉敞將管仲的修養與政治功績分開，認爲其有事功但無修養。而「仁」與死君也無關係，所以「管仲未仁，雖死之，固亦未仁。管仲苟仁，雖不死猶仁矣。」解開「仁」與死君長久以來的糾葛。透顯出劉敞不是絕對道德主義者，在政治層面評估上，當分別對待。

（五）大膽疑經

1. 〈憲問〉：問管仲。曰：「人也。奪伯氏駢邑三百，飯疏食，沒齒無怨言。」

　　案：《七經小傳》曰：「人上當失一字，仲尼必不直曰人而已。彼非人，而管仲乃獨曰人乎？不，乃管仲外舉非人者，是豈仲尼之意也。或曰人當做仁，亦非也。管仲之功爲仁耳，仁之道，非管仲所盡，

〔註21〕〔晉〕郭象：《莊子注》，卷12，頁11。

仲尼亦不輕予之。荀子謂之野人，亦非也，義不合。」

懷疑《論語》原經文「人」前，少了一個字。但何晏注：「猶《詩》言『所謂伊人』。」邢昺疏：「『人也』指管仲，猶云此人也。」皆直接解說，不疑有其他。

2.〈憲問〉：子曰：「賢者辟世，其次辟地，其次辟色，其次辟言。」子曰：「作者七人矣。」

案：《七經小傳》：「七人所謂長沮、桀溺、丈人、石門、荷蕢、儀封人、楚狂接輿。但取見於《論語》者，此說非也。辟世、辟地、辟色、辟言不止此七人，七子與孔子同時耳。必同時又有老聃、子桑伯子，非不能辟言色者。予謂作讀如『作者之謂聖』之『作』。仲尼敘《書》始堯、舜，堯、舜以來始有典籍，故道典籍以來，聖人得位而制作者凡七人，即堯也、舜也、禹也、湯也、文也、武也、周公也是矣。其意蓋言己獨不得位，而無所制作云爾。此一章孤立，偶與〈避世章〉相屬，學者不曉，故遂穿鑿妄解。」認爲「子曰：作者七人矣」是獨立的一章，和「子曰：賢者辟世，其次辟地，其次辟色，其次辟言」無關。懷疑《論語》經文錯置。

三、《論語小傳》之解經方式

（一）經文互證

劉敞對《論語》極熟悉，常能以經文互相說釋，如：

1.〈里仁〉：子曰：「君子懷德，小人懷土。君子懷刑，小人懷惠。」

案：《七經小傳》曰：「君子懷德，小人懷土。」君子，在上位者也。言君子懷於爲德，導之以德，則小人乃懷土重遷。如君子懷於用刑，導之以政，則小人不復懷土，將懷惠己者而歸之矣，所謂免而無恥也。此言小人之性無常，在上導之而已。」

「導之以德」、「導之以政」、「免而無恥」出於〈爲政〉：子曰：「道之以政，齊之以刑，民免而無恥；道之以德，齊之以禮，有恥且格。」

2.〈公冶長〉：子路有聞，未之能行，唯恐有聞。

案：《七經小傳》曰：「予謂聞讀如『聞斯行諸』之聞。行讀如『聞斯行諸』之行。」以「聞斯行諸」來解「聞」、「行」。

3. 〈雍也〉：哀公問：「弟子孰爲好學？」孔子對曰：「有顏回者好學，不遷怒，不貳過。不幸短命死矣！今也則亡，未聞好學者也。」

　　案：「有顏回者好學」，劉敞注：「三月不違仁，是好之。」「今也則亡，未聞好學者也。」注曰：「其餘則日月至焉而已矣。」以〈雍也〉：子曰：「回也，其心三月不違仁；其餘，則日月至焉而已矣。」來解顏回之好學。

4. 〈雍也〉：女爲君子儒，無爲小人儒。

　　案：劉敞曰：「君子儒將行之，所謂爲己者也。小人儒將言之，所謂爲人者也。」〈憲問〉有：子曰：「古之學者爲己，今之學者爲人。」劉敞以之結合「君子儒」、「小人儒」。

5. 〈雍也〉：（樊遲）問仁。曰：「仁者先難而後獲，可謂仁矣。」

　　案：劉敞注：「難讀如『爲之難』之難。」而「爲之難」出於〈顏淵〉：司馬牛問仁。子曰：「仁者，其言也訒。」曰：「其言也訒，斯謂之仁已乎？」子曰：「爲之難，言之得無訒乎？」

6. 〈述而〉：子不語：怪、力、亂、神。

　　案：《七經小傳》曰：「怪讀如『素隱行怪』之怪，詭采眾名，非中庸之法者也。力則子路問君子尚勇是矣。若孔文子問軍旅，白公問微言是矣。神者，季路問鬼與死是矣。」「子路問君子尚勇」原出於〈陽貨篇〉：「子路曰：『君子尚勇乎？』子曰：『君子義以爲上。君子有勇而無義爲亂，小人有勇而無義爲盜。』」「季路問鬼與死」則是〈先進篇〉：「季路問事鬼神。子曰：『未能事人，焉能事鬼？』曰：『敢問死。』曰：『未知生，焉知死？』」可見對於「力」及「神」皆用《論語》中他處語爲解。

7. 〈子罕〉：子罕言利與命與仁。

　　案：《七經小傳》曰：「希言仁，所謂中人以下，不可以語上也。既非其人不言，故問仁者，或曰人則吾弗之，或曰未知焉得仁。」此段話用了《論語》三處文字：「中人以下，不可以語上也」出於〈雍也〉：「子曰：『中人以上，可以語上也；中人以下，不可以語上也。』」「仁則吾弗之」則指〈憲問〉：「『克、伐、怨、欲不行焉，可以爲仁矣？』子曰：『可以爲難矣，仁則吾不知也。』」只是「吾不知」

－185－

意改作「吾弗之」。「或曰未知,焉得仁」則是〈公冶長〉:「子張問曰:『令尹子文三仕為令尹,無喜色;三已之,無慍色。舊令尹之政,必以告新令尹。何如?』子曰:『忠矣。』曰:『仁矣乎?』曰:『未知,焉得仁?』』『崔子弒齊君,陳文子有馬十乘,棄而違之。至於他邦,則曰:「猶吾大夫崔子也。」違之,之一邦,則又曰:「猶吾大夫崔子也。」違之。何如?』子曰:『清矣。』曰:『仁矣乎?』曰:『未知,焉得仁?』』」

8.〈子罕〉:子欲居九夷。

案:《七經小傳》曰:「子欲居九夷。蓋徐州、莒、魯之間中國之夷,非海外之夷也。何以言之?仲尼稱夷狄有君,不如諸夏之亡。則無緣忽欲去中國而欲從夷狄矣。周末時,蓋戎夷與中國雜居,仲尼周流未嘗三年淹,故其羈旅之際,適偶可居九夷耳,非忿懟中國莫能宗己而去之也。」「仲尼稱夷狄有君,不如諸夏之亡。」出於〈八佾〉:子曰:「夷狄之有君,不如諸夏之亡也。」

9.〈衛靈公〉:衛靈公問陳於孔子。孔子對曰:「俎豆之事,則嘗聞之矣。軍旅之事,未之學也。」

案:《七經小傳》曰:「不斥言其不當問,而自謂未之學,所謂邦無道則愚。」「邦無道則愚」見於〈公冶長〉:「子曰:甯武子,邦有道則知,邦無道則愚。其知可及也,其愚不可及也。」

10.〈衛靈公〉:子曰:「民之於仁也,甚於水火。水火,吾見蹈而死者矣,未見蹈仁而死者也。」

案:《七經小傳》曰:「此言蹈仁者未嘗死也,未嘗死者,非不死之謂也。言其安之無死地也。從此論之,仁者必壽,明矣。朝聞道夕死可矣。」仁者安之無死地,自然「壽」,連結了〈雍也〉:子曰:「知者樂水,仁者樂山。知者動,仁者靜。知者樂,仁者壽。」及〈里仁〉朝聞道語。也從此可見劉敞的「道」並非世道,而是「仁道」。

11.〈子張〉:子夏曰:「仕而優則學,學而優則仕。」

案:「仕而優則學」,《七經小傳》曰:「優謂優裕過人也。雖曰未學,吾必謂之學矣。」「學而優則仕」,《小傳》曰:「施於有政,是亦

爲政。」「雖曰未學，吾必謂之學矣。」出於〈學而〉：「子夏曰：『賢賢易色，事父母，能竭其力；事君，能致其身；與朋友交，言而有信。雖曰未學，吾必謂之學矣。』」邢疏：「言人生知行此四事，雖曰未嘗從師伏膺學問，然此爲人行之美矣，雖學亦不是過，故吾必謂之學矣。」強調前者重於後者，是所謂的「行有餘力，則以學文」。劉敞引之解「仕而優則學」，好好爲官就是學習。

〈爲政〉：「或謂孔子曰：子奚不爲政？」子曰：「《書》云：『孝乎惟孝，友于兄弟，施於有政。』是亦爲政，奚其爲爲政？」邢疏：「此章言孝、友與爲政同。」重點不在爲政，而是孝、友。劉敞引之配合「學而優則仕」，意謂如果學得好就是「仕」，有「仕」的效果。故二者結合起來，頗有當下即是之味。並非一般所解，「學」「仕」相關，只在階段性的區別，或先仕後學或先學後仕。

將《論語》連結爲有系統之話語，以經解經，彼此互解，彼此支援，彼此作證，這必須是非常熟悉《論語》才能辦得到。

（二）引證他書

1. 〈八佾〉：林放問禮之本。子曰：「大哉問！禮，與其奢也，寧儉。喪，與其易也，寧戚。」

   案：《七經小傳》曰：「故〈聘禮〉曰：幣美則沒。《禮》又曰：多貨則傷德。」出自《儀禮・聘》：「多貨，則傷于德；幣美，則沒禮。」〔註22〕又：「孟子曰：恭敬者，幣之未將然。」〔註23〕出於《孟子・盡心上》：「恭敬者，幣之未將者也。」

2. 〈公冶長〉：子貢曰：「夫子之文章，可得而聞也；夫子之言性與天道，不可得而聞也。」

   案：《七經小傳》曰：「此言惟聖人能盡人之性，盡物之性。」「能盡人之性，盡物之性。」出於《中庸》：「唯天下至誠，爲能盡其性；能盡其性，則能盡人之性；能盡人之性，則能盡物之性。」

3. 〈雍也〉：子曰：「知者樂水，仁者樂山；知者動，仁者靜；知者樂，仁者壽。」

〔註22〕《儀禮注疏》，卷8，頁123。
〔註23〕《孟子注疏》，卷13下，頁13。

案：劉敞注：「利仁者，明而誠之。……安仁者，誠而明之。……凡利仁者，去不善而就善，萬物皆備於我也。」明顯可見出於《中庸》與《孟子》。

4.〈雍也〉：君子可逝也，不可罔也。

案：劉敞注：「逝讀如『逝將去汝』之逝。」「逝將去汝」出自《詩·魏風·碩鼠》。

5.〈子罕〉：子曰：「法語之言，能無從乎？改之爲貴。巽與之言，能無說乎？繹之爲貴。」

案：《七經小傳》曰：「〈商書〉曰：『有言遜于汝志，必求諸非道。』求也，所謂繹也。」引文於《尚書·商書·太甲下》。

6.〈先進〉：子曰：「先進於禮樂，野人也；後進於禮樂，君子也。如用之，則吾從先進。」

案：《七經小傳》曰：「先進於禮樂者，言誠愨在禮樂之先。《孟子》曰：『恭敬者，幣之未將者也。』」出於《孟子·盡心上》：「恭敬者，幣之未將者也。恭敬而無實，君子不可虛拘。」

7.〈憲問〉：子路曰：「桓公殺公子糾，召忽死之，管仲不死。曰：未仁乎？」〈憲問〉：子貢曰：「管仲非仁者與？桓公殺公子糾，不能死，又相之。」

案：《七經小傳》：「子路、子貢皆以管仲不死，疑其不仁。然則仁者且必死耶？世言死君者，莫如比干、子胥。比干剖心，孔子謂之仁；子胥鴟夷，世不謂之仁。然則，仁不必死，死不必仁，明矣。子路子貢何爲止以死不死，論仁不仁乎？其意以謂仁者不樂生不惡死也，而管仲可以死而不死，故疑也。夫謂仁者不樂生不惡死是也。疑管仲死之爲仁，非也。管仲未仁，雖死之，固亦未仁。管仲苟仁，雖不死猶仁矣。微子去之，箕子爲之奴，比干諫而死。孔子曰：『殷有三仁焉。』此之謂也。然則管仲功用之臣，自實惜其死，將以其功用，施之於世，以成其仁功而已。孟子所謂天民者也。」「天民」出於《孟子·盡心上》「孟子曰：『有事君人者，事是君，則爲容悅者也。有安社稷臣者，以安社稷爲悅者也。有天民

者，達可行於天下而後行之者也。有大人者，正己而物正者也。』」
或有明引，或有暗用。

（三）以事為譬

1. 〈里仁〉：子曰：「人之過也，各於其黨。觀過，斯知仁矣。」

   案：《七經小傳》：「此言君子有過，小人亦有過，但各自附近為黨類
   耳。……譬如陳司敗問昭公知禮乎？孔子曰：『知禮。』此實過也，
   然仲尼之意，非不知過。蓋欲厚其君，不得不受以為過也。周公
   使管叔監殷，管叔以殷畔，此實過也，蓋欲親其兄，不得不受以
   為過也。」以孔子與周公為例，說明君子有過。大有助理解。

2. 〈述而〉：子不語：怪、力、亂、神。

   案：《七經小傳》：「怪讀如『素隱行怪』之怪，詭采眾名，非《中庸》
   之法者也。力則子路問君子尚勇是矣。若孔文子問軍旅，白公問
   微言是矣。神者，季路問鬼與死是矣。」「素隱行怪」出於《中庸》。
   「孔文子問軍旅」事出於《左傳》哀公十一年：「孔文子之將攻大
   叔也，訪於仲尼。仲尼曰：胡簋之事，則嘗學之矣，甲兵之事，
   未之聞也。」〔註24〕「白公問微言」見於《呂氏春秋・精諭》：「白
   公問於孔子曰：『人可與微言乎？』孔子不應。」〔註25〕以此二事
   為說，清楚呈現劉敞對「亂」的看法，較之王肅直注：「亂，謂臣
   弒君、子弒父。」更為明白。

3. 〈子罕〉：子曰：「可與共學，未可與適道；可與適道，未可與立；可
   與立，未可與權。」

   案：《七經小傳》：「曹人欲君子臧，吳人欲君季札，皆辭不從。兩人者
   自知審矣，以謂己適可以立，而未可以權也。」「曹人欲君子臧」
   見於《左傳》成公十三年、十五年、十六年。「吳人欲君季札」可
   見《左傳》襄公十四年：「吳子諸樊既除喪，將立季札，季札辭曰：
   曹宣公之卒也，諸侯與曹人不義曹君，將立子臧，子臧去之，遂
   弗為也，以成曹君。君子曰：能守節，君義嗣也，誰敢奸君。有

〔註24〕《左傳注疏》，卷58，頁40。
〔註25〕《呂氏春秋》（臺北市：臺灣商務印書館，2009年《景印文淵閣四庫全書》），
卷18，頁8。

國非吾節也，札雖不才，願附於子臧，以無失節，固立之，棄其室而耕，乃舍之。」〔註 26〕此亦一併談到「子臧」事。劉敞舉此二人例，來說明「權」之難。

4.〈憲問〉：子路曰：「桓公殺公子糾，召忽死之，管仲不死。曰：未仁乎？」

〈憲問〉：子貢曰：「管仲非仁者與？桓公殺公子糾，不能死，又相之。」

案：《七經小傳》：「子路、子貢皆以管仲不死，疑其不仁。然則仁者且必死耶？世言死君者，莫如比干、子胥。比干剖心，孔子謂之仁；子胥鴟夷，世不謂之仁。然則，仁不必死，死不必仁，明矣。子路、子貢何爲止以死不死，論仁不仁乎？其意以謂仁者不樂生不惡死也，而管仲可以死而不死，故疑也。夫謂仁者不樂生不惡死是也。疑管仲死之爲仁，非也。管仲未仁，雖死之，固亦未仁。管仲苟仁，雖不死猶仁矣。微子去之，箕子爲之奴，比干諫而死。孔子曰：『殷有三仁焉。』此之謂也。然則管仲功用之臣，自實惜其死，將以其功用，施之於世，以成其仁功而已。孟子所謂天民者也。」以微子、箕子、比干、子胥鴟夷等論列。

5.〈衛靈公〉：子曰：「賜也，女以予爲多學而識之者與？」對曰：「然，非與？」曰：「非也，予一以貫之。」

案：《七經小傳》：「無學不害，此原伯魯躓於前。」原伯魯的「無學不害」出自《左傳》昭公十八年：「秋，葬曹平公，往者見周原伯魯焉。與之語，不說學，歸以語閔子馬，閔子馬曰：周其亂乎，夫必多有是說，而後及其大人，大人患失而惑。又曰：可以無學，無學不害，不害而不學，則苟而可，於是乎下陵上替，能無亂乎，夫學，殖也，不學將落，原氏其亡乎。」〔註 27〕

《論語小傳》的特色已如上述，劉敞以經文互證、引證他書的方式，突破原有的舊說，以己意解經，重新詮釋了《論語》。其中有令人耳目一新者，但亦有標新立異，超出文本之外的穿鑿。四庫館臣曰：「敞之談經，雖好與先儒立異，而淹通典籍，具由心得，究非南宋諸家游談無根者比。故其文湛深

〔註 26〕《左傳注疏》，卷 32，頁 16。
〔註 27〕《左傳注疏》，卷 48，頁 126。

經術，具有本原。」〔註 28〕而王應麟的《困學記聞》：「自漢儒至慶曆間，談經者守故訓而鑿，《七經小傳》出稍尚新奇矣。」〔註 29〕指其是北宋學風改變的先驅者，皆具體說明了《論語小傳》的價值。

第二節　蘇軾《論語》學

一、蘇軾生平與《論語說》

《宋史》曰：

> 蘇軾字子瞻，眉州眉山人。生十年，父洵游學四方，母程氏親授以書，聞古今成敗，輒能語其要。嘉祐二年，試禮部。方時文磔裂詭異之弊勝，主司歐陽脩思有以救之，得軾〈刑賞忠厚論〉，驚喜，欲擢冠多士，猶疑其客曾鞏所爲，但置第二；復以《春秋》對義居第一，殿試中乙科。後以書見脩，脩語梅聖俞曰：「吾當避此人出一頭地。」聞者始譁不厭，久乃信服。丁母憂。五年，調福昌主簿。歐陽脩以才識兼茂，薦之祕閣。試六論，舊不起草，以故文多不工。軾始具草，文義粲然。……熙寧二年，還朝。王安石執政，素惡其議論異己，以判官告院。四年，安石欲變科舉、興學校，詔兩制、三館議。軾上議曰……時安石創行新法，軾上書論其不便。……軾見安石贊神宗以獨斷專任，因試進士發策，以「晉武平吳以獨斷而克，符堅伐晉以獨斷而亡，齊桓專任管仲而霸，燕噲專任子之而敗，事同而功異」爲問。安石滋怒，使御史謝景溫論奏其過，窮治無所得，軾遂請外，通判杭州。……徽宗立，移廉州，改舒州團練副使，徙永州。更三大赦。……建中靖國元年，卒于常州，年六十六。軾與弟轍，師父洵爲文，既而得之於天。嘗自謂：「作文如行雲流水，初無定質，但常行於所當行，止於所不可不止。」雖嬉笑怒罵之辭，皆可書而誦之。其體渾涵光芒，雄視百代，有文章以來，蓋亦鮮矣。洵晚讀《易》，作《易傳》未究，命軾述其志。軾成《易傳》，復作《論語說》；後居海南，作《書傳》；又有《東坡集》四十卷、《後集》

〔註28〕　〔清〕永瑢等：《欽定四庫全書總目》，卷 153，頁 5。
〔註29〕　〔宋〕王應麟：《困學記聞》，卷 8，頁 38。

　　二十卷、《奏議》十五卷、《內制》十卷、《外制》三卷、《和陶詩》

　　四卷。一時文人如黃庭堅、晁補之、秦觀、張耒、陳師道，舉世未

　　之識，軾待之如朋儔，未嘗以師資自予也。〔註30〕

蘇軾以忤王安石而多次貶至地方，但忠貞愛民之情始終未減。其文名滿天下，然除文藝之外，在學術研究上亦多有造詣，《論語說》便是他在論語學上的代表著作。

　　《論語說》成於黃州貶官時期，其〈與滕達道書〉曰：「某閑廢無所用心，專治經書，一二年間，欲了卻《論語》、《書》、《易》。」〔註31〕蘇轍〈亡兄子瞻端明墓誌銘〉〔註32〕也提到蘇軾在黃州已完成《論語說》及《易傳》兩部。根據元豐五年〈黃州上文潞公書〉：「到黃州無所用心，輒復覃思於《易》、《論語》。端居深念，若有所得，遂因先子之學，作《易傳》九卷，又自以意作《論語說》五卷。窮苦多難，壽命不可期，恐此書一旦復淪沒不傳。意欲寫數本留人間，念新以文字得罪，人必以為兇衰不祥之書，莫肯收藏。又自非一代偉人，不足托以必傳者。莫若獻之明公。而《易傳》文多，未有力裝寫，獨致《論語說》五卷。公退閑暇，一為讀之，就使無取，亦足見其窮不忘道，老而能學也。」〔註33〕可見在黃州時，他已完成了《論語說》五卷，並抄寫送呈文彥博審讀。蘇軾謫黃州於元豐三年，五年即完成《論語說》與《易傳》，可謂神速。上文中蘇軾說「自以意作《論語說》五卷」，是自己的一家之言。但據蘇轍的《論語拾遺》所記，他在少年時代曾作《論語略解》，而蘇軾之作「盡取以往」，〔註34〕即蘇軾採用了其中許多觀點，「今見於書者十二三也」。可見《論語說》成書之速是有原因的，也略可知二兄弟的《論語》學有相關性。

　　紹聖年間，蘇軾再貶惠州、儋州，又撰成《書傳》十三卷，還對《論語說》、《易傳》有所修訂，故《論語說》的最後定稿應在海南。在〈語李端叔三〉：「所喜者，海南了得《易》、《書》、《論語》傳數十卷。」〔註35〕元符三

〔註30〕〔元〕脫脫等：《宋史》，卷338，頁1。

〔註31〕〔宋〕蘇軾：《東坡全集》（臺北市：臺灣商務印書館，2009年《景印文淵閣四庫全書》），卷77，頁124。

〔註32〕〔宋〕蘇轍：《欒城後集》（臺北市：臺灣商務印書館，2009年《景印文淵閣四庫全書》），卷122，頁17。

〔註33〕〔宋〕蘇軾：《東坡全集》，卷73，頁15。

〔註34〕〔宋〕蘇轍：《論語拾遺》（臺北市：中國子學名著集成編印基金會印行，1978年），頁401。

〔註35〕〔宋〕蘇軾：《東坡全集》，卷78，頁11。

年〈題所作書易傳論語說〉：「吾作《易》、《書》、《論語說》，亦粗備矣。」〔註36〕都表明了三書最後完成是在海南時期。建中靖國元年，蘇軾渡海北歸，「所撰《書》、《易》、《論語》皆以自隨，而世未有別本。」〔註37〕將至虔州，修書〈答蘇伯固〉亦曰：「《論語說》得暇當錄呈，源、修二老行當見之，并道所論也。至虔州日，往諸剎遊覽，如見中原氣象，泰然不肉而肥矣。」〔註38〕後輾轉至常州，在病中，蘇軾把三書託付給好友錢濟明曰：「某前在海外了得《易》、《書》、《論語》三書，今盡以付子。」〔註39〕更證蘇軾在海南修訂過《論語說》，此書幾乎與其晚年生活相始終。

蘇軾對其《論語》著作很珍惜，於〈答蘇伯固書〉曰：「撫視《易》、《書》、《論語》三書，即覺此生不虛過。如來書所諭，其他何足道。」〔註40〕蘇轍〈亡兄子瞻端明墓誌銘〉說：「先君（蘇洵）晚歲讀《易》，玩其爻象，得其剛柔、遠近、喜怒、逆順之情，以觀其詞，皆迎刃而解。作《易傳》未完，疾革，命公述其志。公泣受命，卒以成書，然後千載之微言，煥然可知也。復作《論語說》，時發孔氏之秘。最後居南海，作《書傳》，推明上古之絕學，多先儒所未達。既成三書，撫之嘆曰：『今世要未能信，後有君子當知我矣。』」〔註41〕可見其用功之勤，寄意之厚。

《論語解》，晁公武《郡齋讀書志》卷一上、馬端臨《文獻通考》均作《東坡論語解》十卷。陳振孫《直齋書錄解題》卷三作《東坡論語傳》十卷。尤袤《遂初堂書目》作《蘇文忠論語傳》，不載卷數。《宋史·藝文志》、朱彝尊《經義考》卷二一三作《論語解》四卷。《蜀中廣記》卷九一作五卷。《國史經籍志》亦作十卷。可見不論在書名或卷數都有許多異解。一直到萬曆丁酉年，焦竑刻《兩蘇經解》時，已不見《論語說》了，其序稱：「子瞻《論語解》卒軼不傳。」可知此書在明萬曆時期已經難覓了。清人嘗從事輯佚，但不見流傳下來。而本論文所用之《論語說》，是由中國四川大學卿三祥、馬德富及舒大剛三位先生所輯佚補苴，印行於曾棗莊、舒大剛主編的《三蘇

〔註36〕　〔宋〕蘇軾：《東坡志林》（臺北市：臺灣商務印書館，2009年《景印文淵閣四庫全書》），卷1，頁8。

〔註37〕　〔宋〕蘇軾：《東坡全集》，卷101，頁1。

〔註38〕　〔宋〕蘇軾：東坡全集，卷85，頁13。

〔註39〕　〔宋〕何薳：《春渚紀聞》（臺北市：臺灣商務印書館，2009年《景印文淵閣四庫全書》），卷6，頁120。

〔註40〕　〔宋〕蘇軾：東坡全集，卷85，頁14。

〔註41〕　〔宋〕蘇轍：《欒城後集》，卷122，頁17。

全書》。〔註42〕而上述有關《論語解》的撰作過程與流傳存佚問題，皆由此書摘錄而出，這是必須先說明的。

二、《論語說》之內容特色

（一）批駁孟子

蘇軾在《論語說》中，明言：「予爲《論語說》，與孟子辨者八。」但筆者發現其實不只八處，以下分別介紹之。

1、批評孟子性善說

孟子的性善論是其最重要的思想之一，但蘇軾以《論語》的「性相近也，習相遠。惟上知與下愚不移」，孔子的說法來反對孟子：

> 昔之爲性論者多矣，而不能定於一。始孟子以爲善，而荀子以爲惡，揚子以爲善惡混。而韓愈者又取夫三子之說，而折之以孔子之論，離性以爲三品，曰：「中人可以上下，而上知與下愚不移。」以爲三子者，皆出乎其中，而遺其上下。而天下之所是者，於愈之説爲多焉。嗟夫！是未知乎所謂性者，而以夫才者言之。夫性與才相近而不同，其別不啻若白黑之異也。聖人之所與小人共之，而皆不能逃焉，是眞所謂性也。而其才固將有所不同。今夫木，得土而後生，雨露風氣之所養，暢然而遂茂者，是木之所同也，性也。而至於堅者爲轂，柔者爲輪，大者爲楹，小者爲角，角之不可以爲楹，輪之不可以爲轂，是豈其性之罪耶？天下之言性者，皆雜乎才而言之，是以紛紛而不能一也。孔子所謂中人可以上下，而上知與下愚不移者，是論其才也。而至於言性，則未嘗斷其善惡，曰「性相近也，習相遠也」而已。〔註43〕

> 性可亂也，而不可滅，可滅非性也。人之叛其性，至於桀、紂、盜蹠至矣。然其惡必自其所喜怒，其所不喜怒，未嘗爲惡也。故木之性上，水之性下。木抑之，可使輪圈下屬，抑者窮，未嘗不上也。水激之，可使噴湧上達，激者衰，未嘗不下也。此孟子之所見也。孟子有見於性而離於善。《易》曰：「一陰一陽之謂道，繼之者善也，成之者性也。」成道者性，而善繼之耳，非性也。性如陰陽，善如

〔註42〕 曾棗莊、舒大剛主編：《三蘇全書》（北京：語文出版社，2001年）。

〔註43〕 〔宋〕蘇軾：《東坡全集》，卷43，頁16。

萬物。萬物無非陰陽者，而以萬物爲陰陽則不可，故陰陽之者視之不見，聽之不聞，而非無也。今以其非無即有而命之，則凡有者皆物矣，非陰陽也，故天一爲水，而水非天一也。地二爲火，而火非地二也。人性爲善，而善非性也。使性而可以謂之善，則孔子言之矣。苟可以謂之善，亦可以謂之惡。故荀卿之所謂性惡者，蓋生於孟子；而揚雄所謂善惡混者，蓋生於二子也。性其不可以善惡命之，故孔子之言曰「性相近也，習相遠也」而已。夫苟相近，則上智下愚曷爲不可移也？曰：有可移之理，無可移之資也。若夫吾弟子由之論也，曰：「雨於天者，水也；流於江河，蓄於坎井，亦水也；積而爲涂泥者，亦水也。指泥涂而告人曰：『是有水之性。』可也。曰：『吾將候其清而飲之。』則不可。」是之謂上智與下愚不移也。蘇東坡云：予爲《論語說》，與孟子辨者八。〔註44〕

這一章有二個問題，一是「性」的善惡如何？一是爲何上智下愚不移？首先蘇軾認爲性無善惡，因爲如果是性善，孔子就會直接說出，不會只說「性相近」而已。而孔子的上智下愚不移之說，只是就「才」而言，是另一個層面問題，不必牽扯到「性」。但爲何上智下愚會不移呢？他認爲理論上是可以改變的，但要有實際上的力量資助才行，就因爲這個「資」太困難，所以孔子才會直接說「不移」，不能改變。然後舉蘇轍所言做譬況，不管是雨水，江、河、坎、井之水，泥涂都是水，雖然泥涂是髒水，但我們還是承認它是水，有水的本性。可是人們不會期待泥涂能變成乾淨可飲用的水。如果想要喝泥涂，定要花費許多的「資」，這不是容易做到的，所以才說：「『吾將候其清而飲之』則不可。」泥涂之喻應該就是指「下愚」，泥涂很難變成可以喝的水，所以如下愚「不移」。蘇軾的此番解釋，對於「不移」有彈性的說法，在今日看來，倒也是事實。但蘇軾的解說也有二個問題，一是這種理論上可以，實際上行不通的作法，是否就是孔子的意思呢？二是此譬喻只說下愚，那「上智」呢？

所以單就文本來看，孔子的確只說「性相近」，未說性善，因此蘇軾說孟子違背孔子是可以的。王若虛曰：「孟子語人每言性善，此止言人之資稟皆可使爲君子，蓋誘掖之教。而蘇氏曰：『孟子有見於性而離於善，善非性也，使性而可以謂之善，則亦可以謂之惡。』其說近於釋氏之無善惡，辨則辨矣，

〔註44〕曾棗莊、舒大剛主編：《三蘇全書》，頁1255。

而非孟子之意也。」〔註45〕是爲客觀之言。

2、批評孟子不近人情

如：

> 大凡物之可求者，求則得，不求則不得也。仁義未有不求而得之，
> 亦未有求而不得者，是以知其可求也。故曰：「仁遠乎哉，我欲仁，
> 斯仁至矣。」富貴有求而不得者，有不求而得者，是以知其不可求
> 也，故曰：「富而可求也，雖執鞭之士，吾亦爲之。如不可求，從吾
> 所好。」聖人之於利，未嘗有意於求也，豈問其可不可哉？然將直
> 告之以不求，則人猶有可得之心，特迫於聖人而止耳。夫迫於聖人
> 而止，則其止也有時而作矣，故告之以不可求者，曰：使其可求，
> 雖吾亦將求之。以爲高其干闊，固其扃鐍，不如開門發篋，而示之
> 無有也。而孟子曰：「食、色性也，有命焉。君子不謂性也。仁、義
> 命也，有性焉，君子不謂命也。」君子之教人，將以其實，何謂不
> 謂之有？夫以食色爲性，則是可求而得也，而君子禁之。以仁義爲
> 命，則是不可以求得也，而君子強之。禁其可求者，強其不可求者，
> 天下其孰能從之？故仁義之可求，富貴之不可求，理之誠然者也。
> 如以可爲不可，以不可爲可，雖聖人不能。〔註46〕

此爲蘇軾解說〈述而篇〉，孔子所說：「富而可求也，雖執鞭之士，吾亦爲之。
如不可求，從吾所好。」他認爲孔子很了解人性，知道用強迫的方式是無效
的，所以很有技巧的告訴大家：「使其可求，雖吾亦將求之。」欲人去反省應
去求仁義，不必求利。而對於孟子所曰：「食、色性也，有命焉。君子不謂性
也。仁、義命也，有性焉，君子不謂命也。」蘇軾表示既然「食、色性也」，
是人的本性，君子怎可不承認而禁之？「以仁義爲命」，命不可測，君子強求
而行，誰做得到呢？但實際上孟子說：「食、色性也，有命焉。君子不謂性也。」
只強調不去追求食色，並未說「君子禁之」，此東坡曲解了。「仁、義命也，
有性焉，君子不謂命也。」仁義在我，應發揮自我的主體性，是所謂可求而
不可必也。而東坡因不承認人性本善，所以仁義不是人的本性，君子強迫人
去同意接受，必不可行，此所以孟子不如孔子的高明。從不合人性、人情的
角度批駁孟子。

〔註45〕〔元〕王若虛：《滹南集》，卷8，頁5。
〔註46〕曾棗莊、舒大剛主編：《三蘇全書》，頁201。

3、批評孟子不知權變

子貢問政，子曰：「足食。足兵。民信之矣。」子貢曰：「必不得已而去，於斯三者何先？」曰：「去兵。」子貢曰：「必不得已而去，於斯二者何先？」曰：「去食。自古皆有死，民無信不立。」（〈顏淵〉）
蘇軾曰：

> 孟子較禮、食之輕重，禮重而食輕則去食，食重而禮輕則去禮，惟色亦然。而孔子去食存信，曰：「自古皆有死，民無信不立。」不復較其輕重，何也？曰：「禮信之於食色，如五穀之不殺人。」今有問者曰：「吾恐五穀殺人，欲禁之如何？」必答曰：「吾寧食五穀而死，不禁也。」此孔子去食存信之論也。今答曰：「擇其殺人者而禁之，其不殺人者勿禁也。」五穀安有殺人者哉？此孟子禮食輕重之論也。禮所以使人得妻也，廢禮而失妻者皆是，緣禮而不得妻者，天下未嘗有也。信，所以使人得食也，棄信而得食者皆是，緣信而不得食者，天下未嘗有也。今立法不從天下之所同，而從其所未嘗有，以開去取之門，使人以爲禮有時而可去取也，則將各以其私意權之，其輕重豈復有定物。從孟子之說，則禮廢無日矣。或曰：「舜不告而娶，則以禮則不得妻也。」曰：「此孟子之所傳，古無是說也。凡舜之塗廩、浚井、不告而娶，皆齊魯間野人之語，考之於《書》，舜之事父母，蓋『烝烝乂不至於姦』，無是說也。使不幸而有之，則亦非人理之所期矣。自舜以來，如瞽瞍者蓋亦有之，爲人父而不欲其子娶妻者，未之有也。故曰緣禮則不得妻者，天下無有也。或曰嫂叔不親授，禮也。禮嫂溺而不援，曰禮不親援，可乎？是禮有時而去取也。曰嫂叔不親授，禮也，嫂溺而援之以手，亦禮也。何去取之有？〔註47〕

此章較長，東坡所批包括了《孟子》三處，首先是《孟子‧告子下》：「任人有問屋廬子曰：『禮與食孰重？』曰：『禮重。』『色與禮孰重？』曰：『禮重。』曰：『以禮食則飢而死，不以禮食則得食，必以禮乎？親迎則不得妻，不親迎則得妻，必親迎乎？』屋廬子不能對。明日之鄒，以告孟子。孟子曰：『於答是也何有？不揣其本，而齊其末，方寸之木可使高於岑樓。金重於羽者，豈謂一鉤金與一輿羽之謂哉？取食之重者與禮之輕者而比之，奚翅食重？取色

〔註47〕曾棗莊、舒大剛主編：《三蘇全書》，頁223。

之重者與禮之輕者而比之，奚翅色重？往應之曰：「紾兄之臂而奪之食，則得食，不紾，則不得食，則將紾之乎？踰東家牆而摟其處子，則得妻，不摟，則不得妻，則將摟之乎？」』此即蘇軾所批評的「孟子較禮、食之輕重，禮重而食輕則去食，食重而禮輕則去禮，惟色亦然」。又《孟子‧離婁上》二則：「舜不告而娶，則以禮，則不得妻也。」及「淳于髡曰：『男女授受不親，禮與？』孟子曰：『禮也。』曰：『嫂溺則援之以手乎？』曰：『嫂溺不援，是豺狼也。男女授受不親，禮也。嫂溺援之以手者，權也。』」是蘇軾的二個「或曰」的批評處。

孟子所言「紾兄之臂得食」、「踰東家牆得妻」表明「得食」、「得妻」二者雖人之所欲，但不能用錯誤的（違禮）方式獲得，如果人人如此，那將陷入恐怖的爭奪，所以須有禮來規範控制，故禮重食輕、色亦輕。舜如果守禮則不得妻、嫂溺援手二事，雖表面上違禮，但因背後有一更高的價值存在，所以當下應棄一般之禮而服膺於最高價值，此為權。權是手段，是方便法門，是在特殊情況下才使用的，但同時並非放棄原有的信念，事後仍要回歸禮意，這是道德衝突下如何選擇的問題。因此〈告子下〉與〈離婁上〉所言的狀況是不同的，前者為是非問題，後者才涉及了權衡，應視實際情形，不該一體而論，正是孟子說的「不揣其本，而齊其末，方寸之木可使高於岑樓」。

而東坡不相信孟子所舉「舜」的例子，認為歷史上無此事，且「為人父而不欲其子娶妻者」這種違背人情之事不可能發生。至於嫂溺援手亦是禮，無取捨的問題。孔子直接回答子貢去食存信，並不像孟子還去比較禮食的輕重，代表孔子重禮，且如果「從孟子之說，則禮廢無日矣」。將導致嚴重後果。但孔子做這個選擇時，其實也已經先比較過兵、食、信之間的輕重，不得已的選擇下，最後才以信為最高價值。而蘇軾言：「緣禮而不得妻者，天下未嘗有也。」「緣信而不得食者，天下未嘗有也。」是有問題的，因為事實不一定如此。是以東坡雖然重權變，但於此處對孟子的駁難卻不夠合理。而從「今立法不從天下之所同，而從其所未嘗有，以開去取之門，使人以為禮有時而可去取也，則將各以其私意權之，其輕重豈復有定物」，或許是在暗中諷刺王安石之新法，因王氏喜孟子，故藉批孟子而痛責之。

4、批評孟子之「信」

子貢問曰：「何如斯可謂之士矣？」子曰：「行己有恥，使於四方，不辱君命，可謂士矣。」曰：「敢問其次。」曰：「宗族稱孝焉，鄉黨

稱弟焉。」曰：「敢問其次。」曰：「言必信，行必果，硜硜然小人哉！抑亦可以為次矣。」曰：「今之從政者何如？」子曰：「噫！斗筲之人，何足算也。」（〈子路〉）

蘇軾曰：

> 立然諾以為信，犯患難以為果，此固孔子之所小也。孟子因之，固曰：「大人者，言不必信，行不必果。」此非孔子所謂大人也。大人者，不立然諾，而言未嘗不信也；不犯患難，而行未嘗不果也。今也以「不必信」為大，是開廢信之漸，非孔子去兵、去食之意。〔註48〕

東坡批評孟子說「言不必信」，將開廢信之惡。但查考《孟子》原文，是這麼說的：孟子曰：「大人者，言不必信，行不必果，惟義所在。」（〈離婁下〉）但蘇軾引文少了「惟義所在」一句，而沒有「惟義所在」這個前提，當然「言不必信，行不必果」就有問題了。如此是蘇軾斷章取義，不足為憑。

5、批評孟子「殺民」說

季康子問政於孔子曰：「如殺無道，以就有道，何如？」孔子對曰：「子為政，焉用殺？子欲善，而民善矣。君子之德風，小人之德草。草上之風，必偃。」（〈顏淵〉）

蘇軾曰：

> 蓋雖堯、舜在上，不免於殺無道，然君子終不以殺勸其君，民之不幸而自蹈於死，則有之，吾未嘗殺也。孟子言：「以生道殺民，雖死不怨殺者。」使後世暴君污吏皆曰：「吾以生道殺之。」故孔子不忍言之。〔註49〕

認為：「殺無道以就有道，為政者之所不免，……而孔子惡之如此，惡其恃殺以為政也。」〔註50〕而孟子卻云：「以生道殺民，雖死不怨殺者。」（〈盡心上〉）這樣是違背了自古以來聖君、孔子不忍殺民的作法。但孟子居然大刺刺的說「以生道殺民」，將因此給後世暴君污吏，殘害百姓一個藉口，有始作俑者之罪。但實際上「雖堯、舜在上，不免於殺無道」。這人人盡知的秘密，應不必獨責孟子吧。

〔註48〕曾棗莊、舒大剛主編：《三蘇全書》，頁1233。
〔註49〕曾棗莊、舒大剛主編：《三蘇全書》，頁1226。
〔註50〕曾棗莊、舒大剛主編：《三蘇全書》，頁1226。

6、批評孟子之論子產

　　　　或問子產。子曰:「惠人也。」(〈憲問〉)

蘇軾曰:

> 子產爲鄭作封洫,立謗政,鑄刑書。其死也,教子太叔以猛。其用
> 法深,其爲政嚴,有及人之近利,無經國之遠猷。故渾罕、叔向皆
> 譏之,而孔子以爲「惠人」,不以爲仁,蓋小之也。孟子曰:「子產
> 以乘輿濟人於溱洧,惠而不知爲政。」蓋因孔子之言而失之也。子
> 產之於政,整齊其民賦,完治其成郭、道路,而以時修其橋梁,則
> 有餘矣。豈以乘輿濟人者哉?《禮》曰:「子產,人之母也,能食之
> 而不能教。」此又因孟子之言而失之也。〔註51〕

對於孔子不許子產以仁,只稱其「惠人」的原因,蘇軾認爲是子產用法深刻,
「有及人之近利,無經世之遠圖」。〔註52〕但孟子卻以爲是「以其乘輿濟人於
溱、洧,惠而不知爲政」。〔註53〕東坡批評孟子所說有誤,認爲子產爲政,能
修治成郭、道路,橋梁,不必以自己的乘輿濟人,施小惠討人民喜歡。且孟
子之說,影響了《禮》書上的記載,扭曲子產,貽誤後人。

　　其實孔子評論子產爲「惠人」的理由,蘇軾與孟子也都只是猜測而已。
孟子所謂「以其乘輿濟人於溱、洧」一事的根據何在?而如果救一時之急,
也不至於就是施小惠討好吧。蘇軾又如何能證明子產未做過此事?所以二者
之說皆不足取,蘇軾之批駁孟子亦不勝。

7、批評孟子之論管仲

　　在《論語》中,弟子子路與子貢,都曾經向孔子質疑過管仲的忠誠問題,
但孔子反而稱讚管仲:「如其仁!如其仁!」(〈憲問〉)對於管仲此一爭議人
物,蘇軾的看法是:

> 以管仲爲仁,則召忽爲不仁乎?曰:量力而行之,度德而處之。管
> 仲不死,仁也。召忽死之,亦仁也。伍尚歸死於父,孝也。伍員逃
> 之,亦孝也。時有大小耳。〔註54〕

〔註51〕 曾棗莊、舒大剛主編:《三蘇全書》,頁1237。
〔註52〕 〔宋〕黎靖德編:《朱子語類》,卷57,頁12。
〔註53〕 全文爲:「子產聽鄭國之政,以其乘輿濟人於溱、洧。孟子曰:『惠而不知爲
　　　　政,歲十一月徒杠成,十二月輿梁成,民未病涉也。君子平其政,行辟人可
　　　　也;焉得人人而濟之?故爲政者,每人而悅之,日亦不足矣。』」(〈離婁下〉)
〔註54〕 曾棗莊、舒大剛主編:《三蘇全書》,頁1241。

又：

> 大哉，管仲之相桓公也。辭子華之請，而不違曹沫之盟，皆盛德之
> 事也。齊可以王矣。恨其不學道，不自誠意正身以刑其國，使家有
> 三歸之病，而國有六嬖之禍，故桓公不王，而孔子小之。然其予之
> 也至矣，曰「桓公九合諸侯，不以兵車，管仲之力也。如其仁，如
> 其仁。」曰：「仲尼之徒，無道桓、文之事者。」孟子蓋過矣。〔註55〕

認爲管仲能審時度勢，發揮長才，爲齊建立大功業，雖然個人道德修養不夠，
但孔子已經給他最高的榮譽了。孟子如何能夠批評他，且說「仲尼之徒無道
桓、文之事者」呢？此語原出於〈梁惠王上〉，齊宣王問孟子：「齊桓、晉文
之事，可得聞乎？」孟子因對曰：「仲尼之徒無道桓、文之事者，是以後世無
傳焉，臣未之聞也。」並緊接著告訴齊王：「保民而王，莫之能禦也。」可見
原本對話場景是孟子欲齊君學仁義之道，故不願意談齊桓、晉文之霸。〔註56〕
東坡將「無道桓、文之事者」，解爲不談相關之事，而不能理解孟子鄙夷霸道，
不喜談桓、文、管仲之意，其實有些吹毛求疵，亦代表其政治理念不同於孟
子。

8、批評孟子違背孔子之說

在〈衛靈公〉篇，孔子告訴顏淵爲邦之道：「行夏之時，乘殷之輅，服周
之冕，樂則韶舞。放鄭聲，遠佞人。鄭聲淫，佞人殆。」蘇軾就「放鄭聲」
一事，批評孟子：

> 鄭、衛之害與佞人等。而孟子曰：「今樂猶古樂。」何也？使孟子爲
> 政，豈能存鄭聲而不去也哉。其曰：「今樂猶古樂。」特因王之所悅
> 而入其言耳。且不獨此也，好色、好貨、好勇，是諸侯之三疾也，而
> 孟子皆曰無害，從吾之說，百姓唯恐王之不好也。譬之於醫，以藥之
> 不可口也，而以其所嗜爲藥，可乎？使聲色與貨而可以王，則利亦可

〔註55〕曾棗莊、舒大剛主編：《三蘇全書》，頁1241。
〔註56〕又如《孟子‧公孫丑上》：公孫丑問曰：「夫子當路於齊，管仲、晏子之功，
可復許乎？」孟子曰：「子誠齊人也，知管仲、晏子而已矣。或問乎曾西曰：
『吾子與子路孰賢？』曾西蹙然曰：『吾先子之所畏也。』曰：『然則吾子與
管仲孰賢？』曾西艴然不悅曰：『爾何曾比予於管仲？管仲得君如彼其專也，
行乎國政如彼其久也，功烈如彼其卑也。爾何曾比予於是！』」曰：「管仲，
曾西之所不爲也，而子爲我願之乎？」曰：「管仲以其君霸，晏子以其君顯，
管仲、晏子猶不足爲與？」

以進仁義，和獨拯梁王之深乎？此豈非失其本心也哉？〔註57〕

「今樂猶古樂」出於《孟子・梁惠王下》，孟子告訴齊王之言；「好色」、「好貨」、「好勇」皆出於〈梁惠王下〉齊宣王語。這三處的記載，國君原本以為「好樂」、「好色」、「好貨」、「好勇」，是不對的，但孟子卻直言無妨，只是勿忘照顧百姓，而後引申出與民同樂的主旨。蘇軾認為這和孟子曾勸阻梁惠王事衝突，〔註58〕抨擊孟子失去自己的原則。孔子說「放鄭聲」，而非鼓勵國君「好樂」。其實這是孟子不得已之下，所使用的說話技巧，面對那些望之不似人君的掌權者，要如何引起其共鳴，使他們願意聽從改變呢？只好因勢利導，逐漸誘掖。如余允文云：「好色、好貨、好勇，固是諸侯三疾，孟子亦因其疾而用藥，可謂善醫者矣。苟不因人之所嗜，專投不可口之藥，隨治隨嘔，何益於疾哉？」〔註59〕亦是相同之意。故蘇軾此一批評不盡完善。

9、批評孟子所言不當

在〈雍也〉篇，孔子稱讚顏回其心三月不違仁。蘇軾曰：

> 子曰：回也，其心三月不違仁，其餘則日月至焉而已矣。孔子曰：吾之於人也，誰毀誰譽？如有所譽，必有所試。其於顏淵，試之也熟而觀之也審矣。蓋嘗默而察之，閱三月之久，而其顛沛造次，無不一出於仁者，是以知其終身之弗叛也。君子之觀人也，必於其所不慮焉觀之。此其所慮者容有偽也，雖終身不得其真。故三月之久，則必有備慮之所不及者。偽之與真無以異，而君子賤之，何也？有利害臨之，則敗也。孟子曰：「堯、舜性之也；湯、武，身之也；五霸，假之也。久假而不歸，安知其非有也？」假之與性，其本亦異矣，豈論其歸與不歸哉？使孔子視之，有終日而決，不待三月也，何不知之有？〔註60〕

〔註57〕曾棗莊、舒大剛主編：《三蘇全書》，頁1246。

〔註58〕《孟子・梁惠王上》：孟子見梁惠王，王曰：「叟！不遠千里而來，亦將有以利吾國乎？」孟子對曰：「王何必曰『利』？亦有『仁義』而已矣。王曰『何以利吾國？』大夫曰『何以利吾家？』士庶人曰『何以利吾身？』上下交征利，而國危矣。萬乘之國，弒其君者，必千乘之家；千乘之國，弒其君者，必百乘之家。萬取千焉，千取百焉，不為不多矣。苟為後義而先利，不奪不饜。未有『仁』而遺其親者也；未有『義』而後其君者也。王亦曰『仁義』而已矣，何必曰『利』？」

〔註59〕〔宋〕余允文：《尊孟續辨》，卷下，頁9。

〔註60〕曾棗莊、舒大剛主編：《三蘇全書》，頁193。

東坡認爲孔子有一套觀人之法，且經過長期審愼考察，辨別眞僞，才眞正肯定顏回，絕不是隨便說的。孟子之語出於〈盡心上〉，「久假不歸，惡知其非有」可以有二種解法，一是五霸長久以來假借仁義，自居仁義，時間一久，甚至自以爲就是仁義之君，忘了自己不仁不義的本質了！二是如余允文所說：「孟子之言『久假不歸』者，進人之與爲善也。謂五霸本假仁而行，使其行之又行之，而終始焉，則雖未能如堯、舜性之，亦可與湯、武身之相侔也。其可謂之非仁乎？故言焉，知其非有也。……揚子不云乎：『假儒衣書服而讀之，三月不歸，孰曰非儒乎？』亦久假不歸之意也。」〔註61〕大概是就地合法也沒什麼不好。看來東坡是採取第一種看法，而辨說本性（眞）與假借（僞）本來就不同，哪有什麼歸與不歸的問題，而以孔子之智一看便能判斷出。東坡分辨眞僞，反對孟子「久假不歸」，可說合理；但最後卻拉出孔子來分判，實在顯得奇怪，所以王若虛亦不禁言道：「嗚呼！孟子豈誠不能辨此乎？蘇氏幾於不解事。」〔註62〕東坡的確說得粗糙不當。

　　蘇軾在《論語說》中明言欲與孟子辯，以上述九則看來，蘇軾之辯固有言之成理部分，但亦有不勝之處。

（二）異於二程之學

　　茲以下列九例，二程常津津樂道且有重要發揮者，與蘇軾相較，以見其不同意向。

1. 〈公冶長〉：子貢曰：「夫子之文章，可得而聞也；夫子之言性與天道，不可得而聞也。」

案：理學家將「性」與「天道」視爲重要的觀念，所以《論語》中不能不論及，因此在這裡就必須硬要扭曲子貢之語爲「性與天道，此子貢初時未達，此後能達之，故發此嘆辭，非謂孔子不言。其意淵奧如此，人豈易到」？〔註63〕指出孔子亦談論性與天道，然因精微奧妙，一般人不易理解，唯有子貢能親達其理，並由衷生發出嘆美之辭。如此一解，理學家就可振振有詞的大談性與天道，因爲他們找到了孔子作根據。但已非《論語》原義。而蘇軾曰：「故孔子罕言命，以爲知者少也。子貢曰：夫子之文章，可得而聞也；

〔註61〕　〔宋〕余允文《尊孟續辨》，卷下，頁 12。
〔註62〕　〔元〕王若虛《滹南集》，卷 8，頁 31。
〔註63〕　〔宋〕程顥、程頤：《二程集》，頁 1205。

夫子之言性與天道，不可得而聞也。夫性命之說，自子貢不得聞，而今之學者，恥不言性命，此可信也哉！」〔註64〕東坡依照《論語》文本，直說：「夫性命之說，自子貢不得聞。」原因是「孔子罕言命，以爲知者少也。」「孔子罕言命」出於〈子罕〉篇：「子罕言利與命與仁。」故東坡以經解經，又依原文句說子貢未得而聞，較符合此章原義。而再言「今之學者，恥不言性命，此可信也哉！」或許正是反對理學之說。也曾說：「顏淵死，弟子無可與微言者。性與天道，自子貢不得聞。」〔註65〕

2.〈陽貨〉：子曰：「性相近也，習相遠也。」子曰：「唯上知與下愚不移。」

　案：二程的「性論」與蘇軾大不相同。以下是二程的說法：伊川曰：「『性相近也，習相遠也。』性一也，何以言相近？」曰：「此只是言性質之性，如俗言性急性緩之類，性安有緩急？此言性者，生之謂性也。」又問：「上智下愚不移是性否？」曰：「此是才。須理會得性與才所以分處。」又問：「中人以上可以語上，中人以下不可以語上，是才否？」曰：「固是。然此只是大綱說，言中人以上可以與之說近上話，中人以下不可以與說近上話也。」「生之謂性」，凡言性處，須看他立意如何。且如言人性善，性之本也。生之謂性，論其所秉也。孔子言性相近，若論其本，豈可言相近？只論其所秉也。告子所云固是，爲孟子問他，他說，便不是也。〔註66〕

　又：「性相近也」，生質之性。〔註67〕

　又：伊川曰「性相近」對「習相遠」而言，相近猶相似也。上智下愚才也，性則皆善。自暴自棄然後不可移，不然則可移。〔註68〕

　程子認爲孔子此處所言之「性」不是孟子所說人人皆有的善性，而是所秉的氣質之性，會受後天習染影響的，故稱相近。上智下愚是才，人之爲聖知或狂愚，決定權在於自己。但實際上《論語》原文並未說性是否善惡的問

〔註64〕曾棗莊、舒大剛主編：《三蘇全書》，頁188。

〔註65〕曾棗莊、舒大剛主編：《三蘇全書》，頁184。

〔註66〕〔宋〕程顥、程頤：《二程集》，頁1207。

〔註67〕〔宋〕程顥、程頤：《二程集》，頁102。

〔註68〕另外如伊川也說：「此言所秉之性，不是言性之本。孟子所言，便正言性之本。」、「人性本善，有不可移者，何也？語其性則皆善也，語其才則有下愚之不移。」

題，當然可能是有性善之意，但不能武斷認定即是如此。更甚者，絕不可能會有氣質之性與天命之性的分別，但程頤卻逕解此處之性爲「生質之性」，顯與《論語》有相當差異。又明明《論語》言上知與下愚不移，伊川增字解經「自暴自棄然後不可移」，導至結果是「不然則可移。」認爲可移，那就是反對孔子所說的不移了。正如錢穆先生所云：「程子單說下愚不移，已不合。又據《孟子》自暴自棄說之，自暴自棄既非下愚，亦非不移，故程子曰其質非昏且愚。又曰：雖昏愚之至，皆可漸磨而進。然則程子語豈非針對《論語》原文而特加以駁正乎？」〔註 69〕所以《論語》僅言性相近，不是說性善；而且上知與下愚不移。但程子遵奉孟子的理論，既談性善且認爲上知與下愚可改變，俱是違背了《論語》的文本。

　　而蘇軾曰：「性其不可以善惡命之，故孔子之言曰『性相近也，習相遠也』而已。夫苟相近，則上智下愚曷爲不可移也？曰：有可移之理，無可移之資也。若夫吾弟子由之論也，曰：『雨於天者，水也；流於江河，蓄於坎井，亦水也；積而爲涂泥者，亦水也。指泥涂而告人曰「是有水之性。」可也。曰「吾將候其清而飲之」則不可。』是之謂上智與下愚不移也。」〔註 70〕此部分的解釋已於前說明，茲不再贅。蘇軾的說法，雖然對於「不移」有彈性的說法，但在今日看來，是爲事實，不至於如程子之違背原旨。

　　3.〈雍也〉：子曰：「回也，其心三月不違仁，其餘則日月至焉而已矣。」
　　　案：明道曰：「純亦不已」，天德也；「造次必於是，顛沛必於是」，「三月不違仁」之氣象也；又其次，則「日月至焉」者矣。〔註 71〕
　　又伊川：周伯溫問：「『回也三月不違仁』，如何？」曰：「不違處，只是無纖毫私意。有少私意，便是不仁。」〔註 72〕又「三月不違仁」，言其久；過此，則「從心不逾矩」，聖人也。聖人則渾然無間斷，故不言三月。此孔子所以惜其未止也。〔註 73〕可見二程讚嘆顏回能久無纖毫私意，有天德的氣象，幾至仁的境界，對之推崇備至，與其聖賢之學有關。蘇軾則曰：
　　　子曰：回也，其心三月不違仁，其餘則日月至焉而已矣。孔子曰：

〔註 69〕　錢穆：《孔子與論語》（臺北市：聯經出版事業公司，1984 年），頁 131～132。
〔註 70〕　曾棗莊、舒大剛主編：《三蘇全書》，頁 1255。
〔註 71〕　〔宋〕程顥、程頤：《二程集》，頁 135。
〔註 72〕　〔宋〕程顥、程頤：《二程集》，頁 1284。
〔註 73〕　〔宋〕程顥、程頤：《二程集》，頁 366。

吾之於人也，誰毀誰譽？如有所譽，必有所試。其於顏淵，試之也
熟而觀之也審矣。蓋嘗默而察之，閱三月之久，而其顛沛造次，無
不一出於仁者，是以知其終身之弗叛也。君子之觀人也，必於其所
不慮焉觀之。此其所慮者容有偽也，雖終身不得其真。故三月之久，
則必有備慮之所不及者。〔註74〕

蘇軾之說很實在，指出是孔子經過三月之長期觀察，才對顏淵下此判斷。
重點放在孔子身上，故再接下來引申出「君子之觀人」的議論。對於仁、顏
回沒有特別的發揮。

4.〈衛靈公〉：子曰：「賜也，女以予為多學而識之者與？」對曰：「然，
　　非與？」曰：「非也，予一以貫之。」

　　案：伊川曰：「正其理則萬事一，一以貫之也。」〔註75〕

蘇軾：「昔者仲尼自衛反魯，網羅三代之舊聞，蓋經禮三百，曲禮三千，
終年不能究其說，夫子謂子貢曰：「賜，爾以吾為多學而識之者歟？非也，予
一以貫之。」天下苦其難而未之能用也，不知夫子之有以貫之也。是故堯舜
與湯文武周公之法度、禮樂、刑政，與當世之賢人君子百氏之書，百工之技
藝，九州之內，四海之外，九夷八蠻之事，荒忽誕漫而不可考者，雜然皆列
乎胸中，而有卓然不可亂者，此固有以一之也。是以博學而不亂，深思而不
惑，非天下之至精，其孰能與於此？蓋嘗求之於六經，至於《詩》與《春秋》
之際，而後知聖人之道始終本末各有條理。」〔註76〕

蘇軾的「一以貫之」是配合著孔子的修經傳經言，盛讚孔子是文化文明
的傳承者。而伊川以「理」解之，完全進入其以理為本的理學系統。

5.〈陽貨〉：子曰：「予欲無言。」子貢曰：「子如不言，則小子何述焉？」
　　子曰：「天何言哉？四時行焉，百物生焉，天何言哉？」

　　案：程子曰：「孔子之道，譬如日星之明，猶患門人未能盡曉，故曰『予
　　欲無言』。若顏子則便默識，其他則未免疑問，故曰『小子何述』。」
　　又曰：「『天何言哉，四時行焉，百物生焉』，則可謂至明白矣。」

　　　〔註77〕

〔註74〕曾棗莊、舒大剛主編：《三蘇全書》，頁193。
〔註75〕〔宋〕程顥、程頤：《二程集》，頁389。
〔註76〕曾棗莊、舒大剛主編：《三蘇全書》，頁1245。
〔註77〕〔宋〕朱熹：《論語集注》，頁132。

又伊川云：「曰『吾欲無言』，蓋爲子貢多言，故告之以此。」〔註78〕

蘇軾曰：「天子法天恭己，正南面，守法度，信賞罰而天下治，三代令王，莫不由此。若天下大事，安危所繫，心之精微，法令有不能盡，則天子乃言。在三代爲訓誥誓命，自漢以下爲制詔，皆所以鼓舞天下，不輕用也。若每行事立法之外，必以王言隨而叮嚀之，則是朝廷自輕其法，以爲不叮嚀則未必行也。言既屢出，雖復叮嚀，人亦不信。」〔註79〕

程子的方向在於評議弟子，顏子則便默識，其他則未免疑問，子貢多言，與其聖賢之學有關。且待後述。蘇軾則完全由政治面發揮，爲其君道思考。

6.〈子張〉：子夏曰：「博學而篤志，切問而近思，仁在其中矣。」

明道曰：「『博學而篤志，切問而近思。』何以言『仁在其中矣』？學者要思得了，了此，便是徹上徹下之道。」〔註80〕

又伊川曰：「范季平問：『博學而篤志，切問而近思，仁在其中。』如何？曰：『仁即道也，百善之首也。苟能學道，則仁在其中矣。』亨仲問：『如何是近思？』曰：『以類而推。』」〔註81〕

蘇軾曰：「博學而志不篤，則大而無成。泛問遠思，則勞而無功。」〔註82〕

案：明道的「徹上徹下」說，伊川「仁即道」涉及形上，蘇軾平實。

7.〈顏淵〉：顏淵問仁。子曰：「克己復禮爲仁。一日克己復禮，天下歸仁焉。爲仁由己，而由人乎哉？」顏淵曰：「請問其目。」子曰：「非禮勿視，非禮勿聽，非禮勿言，非禮勿動。」顏淵曰：「回雖不敏，請事斯語矣。」

案：明道曰：「克己則私心去，自然能復禮，雖不學文，而禮意已得。」〔註83〕又「持國常論克己復禮，以謂克卻不是道。伯淳言：『克便是克之道。』持國又言：『道則不須克。』伯淳言：『道則不須克，卻不是持國事。在聖人，則無事可克；今日持國，須克得己便然後復禮。』」〔註84〕又：「視聽言動，非禮不爲，即是禮，禮即是

〔註78〕　〔宋〕程顥、程頤：《二程集》，頁426。
〔註79〕　曾棗莊、舒大剛主編：《三蘇全書》，頁1262。
〔註80〕　〔宋〕程顥、程頤：《二程集》，頁437。
〔註81〕　〔宋〕程顥、程頤：《二程集》，頁438。
〔註82〕　曾棗莊、舒大剛主編：《三蘇全書》，頁1278。
〔註83〕　〔宋〕程顥、程頤：《二程集》，頁446。
〔註84〕　〔宋〕程顥、程頤：《二程集》，頁448。

理也。不是天理，便是私欲。人雖有意於爲善，亦是非禮。無人
欲即皆天理。」〔註85〕

蘇軾曰：「夫視聽期於聰明而已，何與於禮？非禮勿視，非禮勿聽，是禮
也，何與於仁？曰：視聽不以禮，則聰明之害物也，慎於聲瞽。何以言之？
明之過也，則無所不視，掩人之私，求人之所不及。聰之過也，則無所不聽，
浸潤之譖，膚受之愬或行焉。此其害，豈特聾瞽而已哉！故聖人一之於禮，
君臣上下，各視其所當視，各聽其所當聽，而仁不可勝用也。」〔註86〕

此章是二程重要的修養理論及方法。東坡只用在政治上，是聖人的爲政
之道，而非所有人的修養上。

8.〈述而〉：子曰：「志於道，據於德，依於仁，游於藝。」

　　案：子曰：「志於道。」凡物皆有理，精微要妙無窮，當志之耳。德者
　　　　得也，在己者可以據。「依於仁」者，凡所行必依著於仁，兼內外
　　　　而言之也。〔註87〕又子曰：「志於道。」凡物皆有理，精微要妙無
　　　　窮，當志之爾。德者得也，在己者可以據。「依於仁」者，凡所行
　　　　必依著於仁，兼內外而言之也。〔註88〕

蘇軾曰：志者，無求無作，志於心而已。孟子所謂心勿忘。據者，可求
可作之謂也。依者，未嘗須臾離。而游者，出入可也。君子志於道，則物莫
能留。而游於藝，則道德有自生矣。〔註89〕

二程說「道」即理，故「志於道」是凡物皆有理，精微要妙無窮，當志
之耳。蘇軾反而用孟子的「心勿忘」說法，言「志於心」即「志於道」。

〔註85〕此章二程所論甚多，又如：「『克』者，勝也。難勝莫如己，勝己之私則能有
　　　　諸己，是反身而誠者也。凡言仁者，能有諸己也。必誠之在己，然後爲『克
　　　　己』。『禮』亦理也，有諸己則無不中於理。君子慎獨，『敬以直內，義以方
　　　　外』，所以爲『克己復禮』也。克己復禮則事事皆仁，故曰『天下歸仁。』人
　　　　之視最先，『非禮』而視，則所謂開目便錯了。次聽，次言，次動，有先後之
　　　　序。人能克己，則心寬體胖，養不愧，俯不怍，其樂可知，有息則餒矣。」
　　　　又伊川：「棣又問：『克己復禮，如何是仁？』曰：『非禮處便是私意。既是私
　　　　意，如何得仁？凡人須是克盡己私後，只有禮，始是仁處。』心本至需，必
　　　　應物無迹也。蔽交於前，其中則遷。故視聽言動，必復於禮，制於外所以安
　　　　其中也，久則誠矣。」等等。
〔註86〕曾棗莊、舒大剛主編：《三蘇全書》，頁1221。
〔註87〕〔宋〕程顥、程頤：《二程集》，頁102。
〔註88〕〔宋〕程顥、程頤：《二程集》，頁107。
〔註89〕曾棗莊、舒大剛主編：《三蘇全書》，頁199。

9. 子曰：「參乎！吾道一以貫之。」曾子曰：「唯。」子出，門人問曰：
「何謂也？」曾子曰：「夫子之道，忠恕而已矣。」

　　案：明道：「以己及物，仁也；推己及物，恕也。忠恕一以貫之。忠者
　　　　天理，恕者人道。忠者無妄，恕者所以行乎忠也。忠者體，恕者
　　　　用，大本達道也。此與「違道不遠」異者，動以天爾。」〔註90〕
　　　　明道又曰：「維天之命，於穆不已，不其忠乎！天地變化草木蕃，
　　　　不其恕乎！」〔註91〕伊川曰：「維天之命，於穆不已，忠也；乾道
　　　　變化，各正性命，恕也。」〔註92〕

　　又伊川曰：「忠者，無妄之謂也。忠，天道也。恕，人事也。忠爲體，恕
爲用。『忠恕違道不遠』，非一以貫之之忠恕也。」〔註93〕

　　蘇軾：「一以貫之者，難言也。雖孔子莫能名之，故曾子「唯」而不問，
知其不容言也。雖然，論其近似，使門人庶幾知之，不亦可乎？曰：非門人
之所及也，非其所及而告之，則眩而失其眞矣。然則盍亦告之以非其可及乎？
曰：不可。門人將自鄙其所得而勞心於其所不及，思而不學，去道益遠。故
告之以忠恕，其曾子之妙也。」〔註94〕又「師弟子答問，未嘗不『唯』，而曾
子之『唯』獨記於《論語》。一『唯』之外，口耳俱喪，而門人方欲問其所謂，
此繫風捕影之流也。何足實告哉！」〔註95〕

　　二程以「忠恕」二字談孔子之道，認爲道是一種宇宙創生並運行的原理，
有宇宙論、本體論或形上學的內涵，大加發揮天人相與之道。蘇軾卻在此別
出心裁的討論曾子的回答，認爲「忠恕」二字是曾子隨口之應，不賦予「忠
恕」特別意義。此說並獲得王若虛的贊同。〔註96〕

〔註90〕　〔宋〕程顥、程頤：《二程集》，頁124。
〔註91〕　〔宋〕程顥、程頤：《二程集》，頁392。
〔註92〕　〔宋〕程顥、程頤：《二程集》，頁392。
〔註93〕　〔宋〕程顥、程頤：《二程集》，頁1274。
〔註94〕　曾棗莊、舒大剛主編：《三蘇全書》，頁184。
〔註95〕　〔宋〕蘇軾：〈曾參曰唯〉，《東坡全集》，卷92，頁12。另又如「顏淵死，弟
　　　　　子無可與微言者。性與天道，自子貢不得聞，惟曾子信道篤學不仕，從孔子最
　　　　　久。師弟子答問，未嘗不唯者。而曾子之唯，獨記於《論語》，吾是以知孔子
　　　　　之妙傳於一唯。枘鑿相應，間不容髮，一唯之外，口耳皆喪，而門人區區方欲
　　　　　問其所謂，此乃繫風捕影之流，不足以實告者，悲夫！」《三蘇全書》，頁184。
〔註96〕　〔元〕王若虛：子由〈進策〉曰：「盡天下萬物之理，而制其所當處，是之謂
　　　　　『一』。」然則「一」者，所以主宰眾善，使之不過者耳。夫子又嘗語子貢曰：
　　　　　吾非多學，一以貫之。何晏曰：善有元，事有會，天下殊途而同歸，百慮而

　　由以上九則篇章的簡單分析，可知蘇軾的論語學與二程多有不同，以致有洛蜀之爭，〔註97〕自不在話下。

三、《論語說》之解經方式

　　蘇軾註解《論語》的方式，是以經解經，引書爲證，茲列舉於下：

　　（一）〈述而〉：子曰：「富而可求也，**雖執鞭之士，吾亦爲之。如不可求，**
　　　　　從吾所好。」

　　　　蘇軾：「大凡物之可求者，求則得，不求則不得也。仁義未有不求而得之，亦未有求而不得者，是以知其可求也。故曰：『仁遠乎哉，我欲仁，斯仁至矣。』」〔註98〕

　　引〈述而〉孔子所言「仁遠乎哉，我欲仁，斯仁至矣」爲證，頗能夠講出人的主體性。

　　（二）〈里仁〉：子曰：「我未見好仁者，惡不仁者。好仁者，無以尚之；
　　　　　惡不仁者，其爲仁矣，不使不仁者加乎其身。有能一日用其力於
　　　　　仁矣乎？我未見力不足者。蓋有之矣，我未之見也。」

　　　　蘇軾：「仁之可好，甚於美色；不仁之可惡，甚於惡臭。而人終不知所趨避者，物欲蔽塞之也。解其蔽，達其塞，不用力可乎？故又

一致，知其元則眾善舉。可謂近之矣。及至此章，乃置而不論，蓋亦禍於忠恕之語歟？或者又曰：彼是論學，此是論道，是亦不然，其實一理也，近觀《論語集義》，楊龜山、周氏、游氏皆以忠恕爲姑應門人之語，則疑此者不獨東坡也，予故從之。」《濟南集》，卷4，頁10。

〔註97〕這場政爭大體起自元祐元年（1086）九月司馬光病逝，至八年（1093）高太后去世爲止，共七年時間。洛黨與蜀黨之所以形成，並勢如水火，關鍵在於「道不同」，即學術主張有所不同。程頤和蘇軾二人，當時一爲崇政殿說書，一爲翰林學士，官位都不高，無左右世局的實權，但在學術上一攻治理學，一以文辭博學著稱，皆是推重一時的學術界人物。據初步考察，洛黨以程頤爲領袖，韓維、王岩叟、朱光庭、賈易、杜純、王覿等人爲羽翼。（注《宋元學案》記程頤爲洛學之祖，韓維爲其講友，朱光庭、賈易爲門人，王岩叟、王覿爲同調，杜純與韓維友善。）蜀黨以蘇軾蘇轍爲領袖，呂陶、顧臨、胡宗愈、孔文仲、范百祿、黃庭堅、王鞏、秦觀等爲同志（注《宋元學案》記呂陶、孔文仲爲同調，黃庭堅、王鞏、秦觀爲門人，顧臨、胡宗愈、范百祿的學術與蘇學相近，並得蘇氏稱許。）王岩叟即言：「二黨道不同，互相非毀。」（《二程集》，頁344。）詳參：胡昭曦、劉復生、粟品孝：《宋代蜀學研究》（四川：巴蜀書社，1997年），頁105～110。

〔註98〕曾棗莊、舒大剛主編：《三蘇全書》，頁1201。

曰：『自勝者強。』又曰：『克己復禮爲仁。』」〔註99〕

「克己復禮爲仁」出於〈顏淵〉，「自勝者強」出於《老子》第三十三章。

（三）〈八佾〉：定公問：「君使臣，臣事君，如之何？」孔子對曰：「君
　　　使臣以禮，臣事君以忠。」

　　蘇軾：禮者，君臣之大義也，無時而已也。漢高祖以神武取天下，
其得人可謂至矣。然恣慢而侮人，洗足箕踞，溺冠跨頂，可謂無禮矣。
故陳平論其臣，皆嗜利無恥者，以是進取可也，至於守成，則殆矣。
高帝晚節不用叔孫通、陸賈，其禍豈可勝言哉！呂后之世，平、勃背
約，而王諸呂，幾危劉氏，以廉恥不足故也。武帝踞廁見衛青，不冠
不見汲黯。青雖富貴，不改奴僕之姿；而黯社稷臣也，武帝能禮之而
不能用，可以太息矣。〔註100〕

此段文字，引用了一連串《史記》記載，有〈高組本紀〉、〈酈生陸賈列
傳〉、〈陳丞相世家〉、〈呂太后本紀〉、〈汲鄭列傳〉等。

（四）〈八佾〉：子曰：「管仲之器小哉！」或曰：「管仲儉乎？」曰：「管
　　　氏有三歸，官事不攝，焉得儉？」「然則管仲知禮乎？」曰：「邦
　　　君樹塞門，管氏亦樹塞門；邦君爲兩君之好，有反坫，管氏亦有
　　　反坫。管氏而知禮，孰不知禮？」

　　蘇軾：自修身、正家，以至於國，則其本深，其及者遠，是謂大
器，揚雄所謂「大器猶規矩準繩，先自治而後治人」者是也。〔註101〕

這是引用揚雄之語。

（五）〈里仁〉：子曰：「人之過也，各於其黨。觀過，斯知仁矣。」

　　蘇軾：「揚雄有言：『有人則作之，無人則輟之。』夫苟見其作，
而不見其輟，雖盜跖爲伯夷可也。……故晉文公以壺飧得趙衰，郭林
宗以破甑得孟敏，是豈一道也哉？夫與仁同功而謂之仁，則公孫布被
與子路之縕袍何異？陳仲子之螬李與顏淵之簞瓢何辨？何則？功者
人所趨也，過者人所避也，審其趨避，而眞僞見矣。古人有言曰：『鉏
麑違命也，推其仁可以托國。』斯其爲觀過知仁也歟！」〔註102〕

〔註99〕曾棗莊、舒大剛主編：《三蘇全書》，頁192。
〔註100〕曾棗莊、舒大剛主編：《三蘇全書》，頁177。
〔註101〕曾棗莊、舒大剛主編：《三蘇全書》，頁175。
〔註102〕曾棗莊、舒大剛主編：《三蘇全書》，頁179。

這一段觀人之語，引用了揚雄的話，又包括《左傳》僖公二十五年「壺飧」事，《後漢書·郭符許列傳》郭林宗事，「公孫布被」見於《史記·平津侯主父列傳》，陳仲子在《孟子·滕文公》、《列女傳·楚於陵妻》可參考，鉏麑之違則載於《左傳》宣公二年。

（六）〈公冶長〉：子貢問曰：「孔文子何以謂之文也？」子曰：「敏而好學，不恥下問，是以謂之文也。」

　　蘇軾曰：「孔文子使太叔疾出其妻而妻之。疾通於初妻之娣，文子怒，將攻之。訪於仲尼，仲尼不對，命駕而行。疾奔宋，文子使疾弟遺室孔姞。其爲人如此而謚曰文，此子貢之所以疑而問也。孔子不沒其善，言能如此，亦足以爲文矣，非經天緯地之文也。」〔註103〕

此典故出於《左傳》哀公十一年。對於理解子貢之問，極有幫助。

（七）〈陽貨〉：子曰：「鄙夫可與事君也與哉？其未得之也，患得之；既得之，患失之。苟患失之，無所不至矣。」

　　蘇軾：「鄙夫止於營私，其害至於亡國。李斯之立胡亥，張禹之右王氏，其謀皆始於患失，故孔子深畏之。曰『無所不至』者，言其必至於亡國也。」〔註104〕

又蘇軾云：孔子曰：「鄙夫可以事君也歟？其未得之也，患不得之；既得之，患失之。苟患失之，無所不至矣。」臣始讀此書，疑其太過，以爲鄙夫之患失，不過備位而苟容。及觀李斯憂蒙恬之奪其權，則立二世以亡秦。盧杞憂李懷光之數其惡，則誤德宗以再亂。其心本生於患失，而其禍乃至於喪邦。孔子之言，良不爲過。〔註105〕

李斯事見《史記·秦始皇本紀》，張禹見《漢書·匡張孔馬傳》，盧杞憂李懷光事出於《舊唐書·盧杞傳》及〈李懷光傳〉。

（八）〈陽貨〉：子貢曰：「君子亦有惡乎？」子曰：「有惡：惡稱人之惡者，惡居下流而訕上者，惡勇而無禮者，惡果敢而窒者。」曰：「賜也亦有惡乎？」「惡徼以爲知者，惡不孫以爲勇者，惡訐以爲直者。」

　　蘇軾：孔子曰：「惡居下流而訕上，惡訐以爲直。」而劉歆、谷

〔註103〕曾棗莊、舒大剛主編：《三蘇全書》，頁1202。
〔註104〕曾棗莊、舒大剛主編：《三蘇全書》，頁1260。
〔註105〕曾棗莊、舒大剛主編：《三蘇全書》，頁1261。

永之徒，又相與彌逢其闕而緣飾之，故其衰也，靡然如蛇龍釋其風雲
之勢，而安於豢畜之樂，終以不誤，使其肩披股裂登於匹夫之俎，豈
不悲哉！〔註106〕

劉歆、谷永之黨王氏行爲，見《漢書・王莽傳》、《漢書・谷永杜鄴傳》。

（九）〈陽貨〉：子曰：「唯女子與小人爲難養也，近之則不孫，遠之則怨。」
　　　蘇軾：子曰「唯女子與小人爲難養也。」使與聞外事且不可，曰：
　　　「牝雞之臣，惟家之索。」而況可使攝位而臨天下乎？女子爲政而國
　　　安，惟齊之君王后，吾宋之曹、高，向也，蓋亦千一矣。自東漢馬、
　　　鄧，不能無譏；而後呂后、魏胡武靈、唐武氏之流，蓋不勝其亂。王
　　　莽、楊堅遂因以易姓。〔註107〕

齊之君王后見《北齊書・后妃列傳一》；「吾宋之曹、高、向」，見《宋史・
后妃傳上》：「慈聖光獻曹后擁佑兩朝，宣仁聖烈高后垂簾聽政，而有元祐之
治。」〔註108〕「東漢馬、鄧」見《後漢書・后妃紀》，「魏胡武靈」見《魏書・
皇后列傳第一》。

（十）〈子張〉：子夏曰：「百工居肆以成其事，君子學以致其道。」
　　　蘇軾：道可致而不可求。何謂致？孫武曰「善戰者致人，不致於
　　　人。」子夏曰「百工居肆以成其事，君子學以致其道。」莫之求而自
　　　至，斯以爲致也與。〔註109〕

引用了《孫子兵法》。

此可看出其對《論語》及古籍非常熟稔，以古文家筆法，引經據典，言
之有物。

四、《論語說》對朱熹的影響

北宋有極激烈的蜀洛之爭，到南宋時，蘇學仍盛，「人傳元祐之學，家有
眉山之書」。〔註110〕「流傳四方，學者家傳而人誦之。」〔註111〕然朱熹基於

〔註106〕曾棗莊、舒大剛主編：《三蘇全書》，頁1263。
〔註107〕曾棗莊、舒大剛主編：《三蘇全書》，頁1264。
〔註108〕〔元〕脫脫等：《宋史》，卷1242，頁12。
〔註109〕曾棗莊、舒大剛主編：《三蘇全書》，頁1268。
〔註110〕〔宋〕羅大經：《鶴林玉露》（臺北市：臺灣商務印書館，2009年《景印文淵閣四庫全書》），卷9，頁17。
〔註111〕〔宋〕朱熹：《御纂朱子全書》，卷59，頁13。

道學立場，〔註112〕「極不滿於二蘇」，〔註113〕「於蘇氏兄弟攻擊如仇」。〔註114〕認為：「蘇氏之學，壞人心術，學校尤宜禁絕。」〔註115〕「誠懼其亂吾學之傳，而失人心之正。」〔註116〕但也不得不承認「蘇氏學不正而言成理」，〔註117〕「蘇氏之學，卻成個物事」。〔註118〕肯定東坡的《書傳》〔註119〕及《論語說》。今日吾人知朱熹的《論語》學博大精深，但其實他也接受了蘇軾的影響。茲將朱熹曾論及有關蘇軾的說法，分三類觀之，以見其中的關係。

（一）朱熹認同蘇軾之說法

1. 〈學而〉：子曰：「弟子入則孝，出則弟，謹而信，汎愛眾，而親仁。行有餘力，則以學文。」

朱熹《論語或問》：蘇氏之說，又有以正近世好高躐等之失，則尤讀者所宜詳味也。〔註120〕

2. 〈學而〉：曾子曰：「慎終追遠，民德歸厚矣。」

朱熹《論語或問》：此外又有蘇氏、洪氏之說，亦可觀焉。〔註121〕

3. 〈里仁〉：子曰：「我未見好仁者，惡不仁者。好仁者，無以尚之；惡不仁者，其為仁矣，不使不仁者加乎其身。有能一日用其力於仁矣乎？我未見力不足者。蓋有之矣，我未之見也。」

朱熹《論語或問》：（問）曰：「為仁者亦用力乎？」曰：「蘇氏言之

〔註112〕如朱熹曰：「看當時如此，不當論相容與不相容，只看是因什麼不同，各家所爭是爭個什麼，東坡與荊公固是爭新法，東坡與伊川是爭個什麼，……只看東坡所說云：『幾時得與他打破這敬字！』看這說話，只要奮手捋臂，放意肆志，無所不為便是。只看這處，是非曲直自易見。」《朱子語類》，卷130，頁126。敬乃程頤重要的修養工夫，卻被蘇軾詆毀，自是朱熹無法忍受。

〔註113〕〔清〕永瑢等：〈龍川略志提要〉，《欽定四庫全書總目》，卷140，頁12。

〔註114〕〔清〕永瑢等：〈雙溪集提要〉，《欽定四庫全書總目》，卷157，頁122。

〔註115〕〔宋〕羅大經：《鶴林玉露》，卷9，頁17。

〔註116〕〔清〕黃宗羲撰，全祖望補訂：《增補宋元學案》，卷99，頁15。

〔註117〕〔宋〕朱熹：《御纂朱子全書》，卷59，頁13。

〔註118〕〔宋〕黎靖德編：《朱子語類》，卷130，頁12。

〔註119〕四庫館臣於《東坡書傳》曰：「或問諸家《書》解誰最好，莫是東坡？曰：然。又問但若失之太簡？曰：亦有只須如此解者。則又未嘗以簡為病。洛、閩諸儒以程子之故，與蘇氏如水火，惟於此書有取焉，則其書可知矣。」《欽定四庫全書總目》，卷11，頁6。

〔註120〕〔宋〕朱熹：《論語或問》，卷6，頁124。

〔註121〕〔宋〕朱熹：《論語或問》，卷6，頁129。

矣。」〔註122〕

4.〈里仁〉：子曰：「君子懷德，小人懷土；君子懷刑，小人懷惠。」

朱熹〈答程允夫〉：此蘇氏說之精者，亦可取也。〔註123〕

5.〈公冶長〉：子謂子賤：「君子哉若人！魯無君子者，斯焉取斯？」

朱熹〈答陳安卿二〉：陳曰：「子賤之成德實出於聖門，夫子歸於魯多賢者，聖人謙厚，於此事可見。而蘇軾說恐未盡。」朱曰：「不然。」〔註124〕

6.〈公冶長〉：子曰：「吾未見剛者。」或對曰：「申棖。」子曰：「棖也慾，焉得剛？」

朱熹《論語或問》：諸說皆善，而蘇氏亦有味。〔註125〕

7.〈雍也〉：子謂仲弓曰：「犂牛之子騂且角，雖欲勿用，山川其舍諸？」

朱熹《論語或問》：蘇氏以爲此其論仲弓云爾，非與仲弓言也。此說得之矣。〔註126〕

8.〈雍也〉：子曰：「質勝文則野，文勝質則史。文質彬彬，然後君子。」

《朱子語類》：「初亦未有那質，只因後來文，便稱爲質。」〔註127〕

9.〈雍也〉：子曰：「人之生也直，罔之生也幸而免。」

朱熹《論語或問》：蘇氏之說亦近之。〔註128〕

10.〈雍也〉：樊遲問知。子曰：「務民之義，敬鬼神而遠之，可謂知矣。」
　　問仁。曰：「仁者先難而後獲，可謂仁矣。」

朱熹《論語或問》：蘇氏、曾氏之說亦可觀矣。〔註129〕

11.〈雍也〉：宰我問曰：「仁者，雖告之曰：『井有仁焉。』其從之也？」
　　子曰：「何爲其然也？君子可逝也，不可陷也；可欺也，不可罔也。」

〔註122〕〔宋〕朱熹：《論語或問》，卷9，頁12。
〔註123〕〔宋〕朱熹：《晦庵集》（臺北市：臺灣商務印書館，2009年《景印文淵閣四庫全書》），卷41，頁125。
〔註124〕〔宋〕朱熹：《晦庵集》，卷57，頁73。
〔註125〕〔宋〕朱熹：《論語或問》，卷10，頁11。
〔註126〕〔宋〕朱熹：《論語或問》，卷11，頁6。
〔註127〕〔宋〕黎靖德編：《朱子語類》，卷125，頁17。
〔註128〕〔宋〕朱熹：《論語或問》，卷11，頁18。
〔註129〕〔宋〕朱熹：《論語或問》，卷11，頁121。

朱熹《論語或問》：蘇氏之說，所以處於輕重緩急之間者，密矣。〔註130〕

12.〈述而〉：子曰：「述而不作，信而好古，竊比於我老彭。」

朱熹《論語或問》：或問首章之說，曰：「程子之《解》善矣，《語錄》之說則未安。然《解》之云亦合之以蘇氏之說，然後為善。」〔註131〕

13.〈述而〉：子曰：「志於道，據於德，依於仁，游於藝。」

《朱子語類》：包顯道言「向前義是先引傳、注數條，後面卻斷以己意，如東坡數條，卻尚得。」先生然之。〔註132〕

14.〈述而〉：子曰：「富而可求也，雖執鞭之士，吾亦為之。如不可求，從吾所好。」

蘇軾：「聖人未嘗有意於求富也，豈問其可不可哉？為此語者，特以明其決不可求爾。」

朱熹〈答方伯謨〉：「『富而可求』，以文義推之，當從謝、楊之說，東坡說亦是此意，似更分明。」〔註133〕

15.〈述而〉：子在齊聞韶，三月不知肉味。曰：「不圖為樂之至於斯也！」

朱熹《論語或問》：蘇氏說亦得之。〔註134〕

16.〈子罕〉：大宰問於子貢曰：「夫子聖者與？何其多能也？」子貢曰：「固天縱之將聖，又多能也。」

朱熹《論語或問》：「舊說訓『將』為大，今以為殆，何也？」曰：「此蘇氏說也。『將』固有訓大者，然與此書前後文體不類，故從蘇氏耳。」〔註135〕

17.〈子罕〉：子曰：「法語之言，能無從乎？改之為貴。巽與之言，能無說乎？繹之為貴。說而不繹，從而不改，吾末如之何也已矣。」

朱熹《論語或問》：或問：二十三章之說，（略）曰：蘇氏之說，又別一意，然亦可觀。〔註136〕

〔註130〕〔宋〕朱熹：《論語或問》，卷11，頁126。
〔註131〕〔宋〕朱熹：《論語或問》，卷12，頁1。
〔註132〕〔宋〕黎靖德編：《朱子語類》，卷34，頁121。
〔註133〕〔宋〕朱熹：《晦庵集》，卷44，頁30。
〔註134〕〔宋〕朱熹：《論語或問》，卷12，頁12。
〔註135〕〔宋〕朱熹：《論語或問》，卷14，頁4。
〔註136〕〔宋〕朱熹：《論語或問》，卷14，頁11。

18.〈子罕〉：子曰：「主忠信，毋友不如己者，過則勿憚改。」

朱熹《論語或問》：蘇氏之說，蓋得其略。〔註137〕

19.〈顏淵〉：子張問明。子曰：「浸潤之譖，膚受之愬，不行焉，可謂明也已矣。浸潤之譖，膚受之愬，不行焉，可謂遠也已矣。」

朱熹《論語或問》：此章之旨，惟楊氏（時）爲得之。而蘇氏之說，亦中不明、不遠者之病，學者所當深戒也。〔註138〕

20.〈子路〉：子路問政。子曰：「先之，勞之。」請益。曰：「無倦。」

《朱子語類》：問：「『勞之』恐是以言語勸勉他？」曰：「如此說，不盡得爲政之理。若以言語勸勉他，亦不甚要緊，亦是淺近處。聖人自不用說，亦不見得無倦底意。勞是勤於事，勤於事時，便有倦底意，所以教他勞。東坡下『行』字與『事』字最好。」〔註139〕

21.〈子路〉：子路曰：「衛君待子而爲政，子將奚先？」子曰：「必也正名乎！」子路曰：「有是哉，子之迂也！奚其正？」子曰：「野哉，由也！君子於其所不知，蓋闕如也。名不正，則言不順；言不順，則事不成；事不成，則禮樂不興；禮樂不興，則刑罰不中；刑罰不中，則民無所措手足。故君子名之必可言也，言之必可行也。君子於其言，無所苟而已矣！」

《朱子語類》：又問：「子路之死於衛，其義如何？」曰：「子路只見得下一節道理。孔悝之事，他知道是『食焉不避其難』，卻不知食出公之食爲不義。東坡嘗論及此。」〔註140〕

22.〈子路〉：魯、衛之政，兄弟也。

朱熹《論語或問》：蘇氏之言詳矣。〔註141〕

23.〈憲問〉：子曰：「士而懷居，不足以爲士矣。」

朱熹《論語或問》：蘇氏引管仲之言曰：（略）尤學者所宜深念也。〔註142〕

〔註137〕〔宋〕朱熹：《論語或問》，卷6，頁129。
〔註138〕〔宋〕朱熹：《論語或問》，卷17，頁10。
〔註139〕〔宋〕朱熹：《朱子語類》，卷43，頁1。
〔註140〕〔宋〕朱熹：《朱文公文集》，卷43，頁12。
〔註141〕〔宋〕朱熹：《論語或問》，卷13，頁4。
〔註142〕〔宋〕朱熹：《論語或問》，卷19，頁3。

24.〈憲問〉：或問子產。子曰：「惠人也。」……問管仲。曰：「人也。
奪伯氏駢邑三百，飯疏食，沒齒無怨言。」

《朱子語類》：東坡云「有及人之近利，無經世之遠圖。」亦說得盡。
〔註 143〕

25.〈憲問〉：子問公叔文子於公明賈曰：「信乎夫子不言、不笑、不取乎？」
公明賈對曰：「以告者過也。夫子時然後言，人不厭其言；樂然後笑，
人不厭其笑；義然後取，人不厭其取。」子曰：「其然，豈其然乎？」

朱熹《論語或問》：蘇氏得之矣。〔註 144〕

26.〈衛靈公〉：子曰：「人無遠慮，必有近憂。」

朱熹〈答李公晦一〉：所喻數條，蘇氏遠慮之說只是譬喻，未必專以地言。
〔註 145〕

27.〈衛靈公〉：子曰：「不曰『如之何如之何』者，吾末如之何也已矣。」

朱熹《論語或問》：范、侯、尹氏用舊說，謝氏為一說，《集註》又有兩
說，而其一近蘇氏。〔註 146〕

28.〈季氏〉：陳亢問於伯魚曰：「子亦有異聞乎？」對曰：「未也。嘗獨
立，鯉趨而過庭。曰：『學《詩》乎？』對曰：『未也。』『不學《詩》，
無以言。』鯉退而學詩。他日又獨立，鯉趨而過庭。曰：『學《禮》
乎？』對曰：『未也。』『不學《禮》，無以立。』鯉退而學《禮》。聞
斯二者。」陳亢退而喜曰：「問一得三，聞《詩》，聞《禮》，又聞君
子之遠其子也。」

朱熹《論語或問》：蘇氏之說亦善。〔註 147〕

29.〈陽貨〉：公山弗擾以費畔，召，子欲往。子路不說，曰：「末之也已，
何必公山氏之之也。」子曰：「夫召我者而豈徒哉？如有用我者，吾
其為東周乎？」

朱熹《論語或問》：程子之說善矣，但「東周」當從舊註及張子說，其頗

〔註 143〕〔宋〕黎靖德編：《朱子語類》，卷 57，頁 12。
〔註 144〕〔宋〕朱熹：《論語或問》，卷 19，頁 8。
〔註 145〕〔宋〕朱熹：《晦庵集》，卷 59，頁 124。
〔註 146〕〔宋〕朱熹：《論語或問》，卷 120，頁 14。
〔註 147〕〔宋〕朱熹：《論語或問》，卷 121，頁 10。

未盡者，蘇氏得之。〔註148〕

> 30.〈子張〉：子游曰：「子夏之門人小子，當洒掃、應對、進退，則可矣。抑末也，本之則無。如之何？」子夏聞之曰：「噫！言游過矣！君子之道，孰先傳焉？孰後倦焉？譬諸草木，區以別矣。君子之道，焉可誣也？有始有卒者，其惟聖人乎！」

朱熹〈與張敬夫論癸巳論語說〉：「焉可誣也」，東坡得之。〔註149〕

> 31.〈堯曰〉：子曰：「不知命，無以爲君子也。不知禮，無以立也。不知言，無以知人也。」

朱熹〈論語或問〉：蘇氏疑此章有顛倒失次者，恐或有之。〔註150〕

又《論語集註》中，朱熹明引蘇軾12處：

> 1.〈八佾〉：「然則管仲知禮乎？」曰：「邦君樹塞門，管氏亦樹塞門；邦君爲兩君之好，有反坫，管氏亦有反坫。管氏而知禮，孰不知禮？」

蘇氏曰：「自修身正家以及於國，則其本深，其及者遠，是謂大器。揚雄所謂『大器猶規矩準繩』，先自治而後治人者是也。管仲三歸反坫，桓公內嬖六人，而霸天下，其本固已淺矣。管仲死，桓公薨，天下不復宗齊。」〔註151〕

> 2.〈公冶長〉：子謂子賤，「君子哉若人！魯無君子者，斯焉取斯？」

蘇氏曰：「稱人之善，必本其父兄師友，厚之至也。」〔註152〕

> 3.〈公冶長〉：子貢問曰：「孔文子何以謂之文也？」子曰：「敏而好學，不恥下問，是以謂之文也。」

蘇氏曰：「孔文子使太叔疾出其妻而妻之。疾通於初妻之娣，文子怒，將攻之。訪於仲尼，仲尼不對，命駕而行。疾奔宋，文子使疾弟遺室孔姞。其爲人如此而謚曰文，此子貢之所以疑而問也。孔子不沒其善，言能如此，亦足以爲文矣，非經天緯地之文也。」〔註153〕

〔註148〕　〔宋〕朱熹：《論語或問》，卷122，頁7。
〔註149〕　〔宋〕朱熹：《晦庵集》，卷44，頁60。
〔註150〕　〔宋〕朱熹：《論語或問》，卷125，頁3。
〔註151〕　〔宋〕朱熹：《論語集註》，頁67。
〔註152〕　〔宋〕朱熹：《論語集註》，頁76。
〔註153〕　〔宋〕朱熹：《論語集註》，頁79。

4.〈述而〉：子曰：「富而可求也，**雖執鞭之士，吾亦爲之。如不可求，從吾所好。」**

蘇氏曰：「聖人未嘗有意於求富也，豈問其可不可哉？爲此語者，特以明其決不可求爾。」〔註154〕

5.〈泰伯〉：子曰：「狂而不直，侗而不愿，悾悾而不信，吾不知之矣。」

蘇氏曰：「天之生物，氣質不齊。其中材以下，有是德則有是病。有是病必有是德，故馬之蹄齧者必善走，其不善者必馴。有是病而無是德，則天下之棄才也。」〔註155〕

6.〈鄉黨〉：君子不以紺緅飾。

蘇氏曰：「此孔氏遺書，雜記〈曲禮〉，非特孔子事也。」〔註156〕

7.〈子路〉：子路問政。子曰：「先之，勞之。」

蘇氏曰：「凡民之行，以身先之，則不令而行。凡民之事，以身勞之，則雖勤不怨。」〔註157〕

8.〈憲問〉：子曰：「愛之，能勿勞乎？忠焉，能勿誨乎？」

蘇氏曰：「愛而勿勞，禽犢之愛也；忠而勿誨，婦寺之忠也。愛而知勞之，則其爲愛也深矣；忠而知誨之，則其爲忠也大矣。」〔註158〕

9.〈衛靈公〉：子曰：「人無遠慮，必有近憂。」

蘇氏曰：「人之所履者，容足之外，皆爲無用之地，而不可廢也。故慮不在千里之外，則患在几席之下矣。」〔註159〕

10.〈季氏〉：孔子曰：「祿之去公室，五世矣；政逮於大夫，四世矣；故夫三桓之子孫，微矣。」

蘇氏曰：「禮樂征伐自諸侯出，宜諸侯之強也，而魯以失政。政逮於大夫，宜大夫之強也，而三桓以微。何也？強生於安，安生於上下之分定。今諸侯大夫皆陵其上，則無以令其下矣。故皆不久而失之也。」〔註160〕

〔註154〕〔宋〕朱熹：《論語集註》，頁96。
〔註155〕〔宋〕朱熹：《論語集註》，頁107。
〔註156〕〔宋〕朱熹：《論語集註》，頁119。
〔註157〕〔宋〕朱熹：《論語集註》，頁141。
〔註158〕〔宋〕朱熹：《論語集註》，頁150。
〔註159〕〔宋〕朱熹：《論語集註》，頁164。
〔註160〕〔宋〕朱熹：《論語集註》，頁171。

11.〈陽貨〉：子曰：「年四十而見惡焉，其終也已。」

蘇氏曰：「此亦有爲而言，不知其爲誰也。」〔註161〕

12.〈子張〉：子夏曰：「博學而篤志，切問而近思，仁在其中矣。」

蘇氏曰：「博學而志不篤，則大而無成；泛問遠思，則勞而無功。」〔註162〕

其中有與前31處重複者，但皆可見蘇軾的《論語》學對朱熹的影響。

（二）朱熹批評蘇軾之說法

1.〈學而〉：子曰：「父在，觀其志；父沒，觀其行；三年無改於父之道，可謂孝矣。」

朱熹《延平答問》：東坡謂「可改者不待三年」，熹以爲使父之道有不幸不可不即改者，亦當隱忍遷就於義理之中，使事體漸正，而人不見其改之之迹，則雖不待三年，而謂之無改可也。〔註163〕

2.〈學而〉：子貢曰：「貧而無諂，富而無驕，何如？」子曰：「可也。未若貧而樂，富而好禮者也。」子貢曰：「《詩》云：『如切如磋，如琢如磨。』其斯之謂與？」子曰：「賜也，始可與言詩已矣！告諸往而知來者。」

朱熹《論語或問》：（問）曰：「然則蘇軾之釋亦若此矣，子剟其說而沒其名，何耶？」曰：「蘇氏之說，於文意最爲得之，吾之說誠不異於彼。然其大旨，則有不同焉者，故不得據以爲說也。蓋彼謂樂而好禮未足爲至，自是而不已，則是將有至焉者矣。而吾謂以貧富而爲言，則至於樂與好禮而無以加矣。夫蘇氏之意，豈以爲將有忘乎貧富者，然後爲至耶？此老佛之餘，而非孔子之意矣。故胡氏非之曰：『貧而樂，非顏子不能。富而好禮，非周公不能。夫子所以誘掖子貢者高矣。猶以爲未至，則孰可以爲至者耶？』其說當矣。」〔註164〕

3.〈爲政〉：子曰：「人而無信，不知其可也。大車無輗，小車無軏，其何以行之哉？」

〔註161〕〔宋〕朱熹：《論語集註》，頁182。

〔註162〕〔宋〕朱熹：《論語集註》，頁189。

〔註163〕〔宋〕朱熹：《延平答問》，頁12。

〔註164〕〔宋〕朱熹：《論語或問》，卷6，頁41。

朱熹〈答范伯崇〉：本文只言車無輗軏不可行，譬如人無信亦不可行，今乃添入馬牛於其間，此蘇氏之鑿。〔註165〕

4.〈八佾〉：哀公問社於宰我。宰我對曰：「夏后氏以松，殷人以柏，周人以栗，曰使民戰栗。子聞之曰：「成事不說，遂事不諫，既往不咎。」

朱熹《論語或問》：或問：「『使民戰栗』，或者以為哀公之言，信乎？」曰：「使是言果出哀公，則當以『公曰』發之。而夫子之責宰予，亦不若是之迂且晦矣。」曰：「蘇氏以為『公與宰我謀誅三桓，而為隱辭以相語。』則固無嫌於晦矣。」曰：「吾聞之，昔嘗有以是問于尹子，尹子怫然不答，既而曰：『說經而欲新奇，則亦何所不致矣。』此言可謂也哉。」〔註166〕

5.〈季氏〉：孔子曰：「祿之去公室，五世矣。政逮於大夫，四世矣。故夫三桓之子孫，微矣。」

朱熹《論語或問》：（問）曰：「蘇氏如何？」曰「不然也。」〔註167〕

6.〈子張〉：子夏曰：「百工居肆以成其事，君子學以致其道。」

朱熹〈與張敬夫論癸巳論語說〉：君子學以致其道，致者。及其致也。恐當云：「致者。及其所致也。」自未合者言之，非用力以致之，則不能有諸躬。道固欲其有諸躬，然此經意但謂極其所至耳，不為有諸躬者發也。若曰有諸躬，則當訓「致」為「致師」之致，如蘇氏之說矣。然本文意不如此。〔註168〕

（三）朱熹認同兼批評蘇軾之說法

1.〈為政〉：子曰：「《詩》三百，一言以蔽之，曰『思無邪』。」

《朱子語類》：東坡說「思無邪」，有數語極好。他說：「才有思，便有邪，無思時，又只如死灰。卻要得無思時不如死灰，有思時卻不邪。」〔註169〕

朱熹《論語精義》：或問：「蘇子瞻曰：『有思皆邪也，無思則土木也。思無邪者，惟有思而無所思乎？』如何？」（楊時）曰：「《書》曰『思曰睿，睿作聖。』孔子曰：『君子有九思。』思可以作聖，而君子於貌言視聽，必有思焉，而謂有思皆邪，可乎？〈繫辭〉曰『《易》無思、無為、寂然不動，感而

〔註165〕〔宋〕朱熹：《晦庵集》，卷39，頁70。
〔註166〕〔宋〕朱熹：《論語或問》，卷8，頁17。
〔註167〕〔宋〕朱熹：《論語或問》，卷121，頁4。
〔註168〕〔宋〕朱熹：《晦庵集》，卷31，頁40。
〔註169〕〔宋〕黎靖德編：《朱子語類》，卷41，頁19。

遂通天下之故。』非天下之至神，其孰能與於此夫？自神而下，蓋未能無思也。惟無思爲足以感通天下之故，而謂『無思土木』，可乎？此非窮神知化，未足與議也。」〔註170〕

朱熹《論語或問》：楊氏所以辨蘇氏者，善矣。〔註171〕

2.〈八佾〉：孔子謂季氏：「八佾舞於庭，是可忍也，孰不可忍也？」

朱熹〈偶讀謾記〉：《說文》：「佾，振佾也，從肉，入聲，許訖反。」東坡疑从入，無緣爲佾聲，而謂舞必八人爲列，乃謂佾即佾字，从八从肉。今按，此乃《說文》之誤，東坡疑之是也，而其所以爲說則非。〔註172〕

3.〈八佾〉：儀封人請見。曰：「君子之至於斯也，吾未嘗不得見也。」
　　　從者見之。出曰：「二三子，何患於喪乎？天下之無道也久矣，天將以
　　　夫子爲木鐸。」

朱熹《論語或問》：或問：「二十四章之說，諸家皆以『喪』爲斯文之喪，子獨以爲失位之喪，何也？」曰：「此劉侍讀之說，而蘇氏因之，得其旨也。（略）蘇氏以（略）恐未安也。」〔註173〕

4.〈公冶長〉：子曰：「伯夷、叔齊不念舊惡，怨是用希。」

朱熹《論語或問》：或問「夷、齊之有舊惡，何也？」曰：「蘇氏蓋嘗言之，然無所考，未敢斷以爲必然也。」曰：「其不念而怨希也。」〔註174〕

又《朱子語類》：問：「蘇氏言『二子之出，意其父子之間有違言焉，若申生之事歟。』『不念舊惡』，莫是父子之間有違言處否？」曰：「然。」……問：「蘇氏父子違言之說，恐未穩否？」曰：「蘇氏之說，以爲己怨，而『希』字猶有些怨在。然所謂『又何怨』，則絕無怨矣，又不相合。」〔註175〕

5.〈述而〉：葉公問孔子於子路，子路不對。子曰：「女奚不曰：其爲人
　　　也，發憤忘食，樂以忘憂，不知老之將至云爾。」

朱熹《論語或問》：蘇氏蓋亦得之，而不能無病者也。〔註176〕

〔註170〕〔宋〕朱熹：《論語精義》，卷1下，頁4。
〔註171〕〔宋〕朱熹：《論語或問》，卷7，頁4。
〔註172〕〔宋〕朱熹：《晦庵集》，卷71，頁12。
〔註173〕〔宋〕朱熹：《論語或問》，卷8，頁120。
〔註174〕〔宋〕朱熹：《論語或問》，卷10，頁123。
〔註175〕〔宋〕黎靖德編：《朱子語類》，卷129，頁129。
〔註176〕〔宋〕朱熹：《論語或問》，卷12，頁15。

《朱子語類》：此說非不好，但如此，則是聖人已先計較，方為此說，似非聖人之意。〔註177〕

6.〈泰伯〉：舜有臣五人而天下治。武王曰：「予有亂臣十人。」孔子曰：「才難，不其然乎？唐虞之際，於斯為盛。有婦人焉，九人而已。三分天下有其二，以服事殷。周之德，可謂至德也已矣。」

《朱子語類》：東坡言：「三分天下有其二，文王只是不管他。」此說也好。但文王不是無思量，觀他戡黎、伐崇之類時，也顯然是在經營。〔註178〕

7.〈子罕〉：「唐棣之華，偏其反而。豈不爾思？室是遠而。」子曰：「未之思也，夫何遠之有？」

《朱子語類》：問「唐棣之華，偏其反而。」曰：「此自是一篇詩，與今〈常棣〉之詩別。（略）此逸詩，不知詩人當時思個甚底。東坡謂『思賢而不得之詩。』看來未必是思賢。」〔註179〕

朱熹《御纂朱子全書》：「且今〈小雅‧常棣〉之詩，章句聯屬，不應別有一章如此，蓋逸詩爾。《論語》此下別為一章，不連上文，范氏、蘇氏已如此說。但以為思賢之詩，則未必然耳。」〔註180〕

8.〈鄉黨〉篇

朱熹〈答趙恭父〉：趙曰：「『君子不以紺緅飾』，注云：『君子謂孔子』。下文蘇氏曰：『此孔子遺書，雜記〈曲禮〉，非特孔子事。』」朱曰：「此二義兼存，以待學者之自擇，未有一定之說。」〔註181〕

9.〈憲問〉：子曰：「愛之，能勿勞乎？忠焉，能勿誨乎？」

朱熹《論語或問》：蘇、楊、尹氏之說皆善。然聖人之意，正所以明夫愛而不勞者之不足為愛，忠而不誨者之不足為忠，則三說者皆未及也。〔註182〕

10.〈衛靈公〉：子曰：「人無遠慮，必有近憂。」

朱熹〈答李公晦一〉：所喻數條，蘇氏遠慮之說只是譬喻，未必專以地

〔註177〕〔宋〕黎靖德編：《朱子語類》，卷34，頁58。
〔註178〕〔宋〕黎靖德編：《朱子語類》，卷35，頁12。
〔註179〕〔宋〕黎靖德編：《朱子語類》，卷37，頁125。
〔註180〕〔宋〕朱熹：《御纂朱子全書》，卷16，頁30。
〔註181〕〔宋〕朱熹：《晦庵集》，卷59，頁63。
〔註182〕〔宋〕朱熹：《論語或問》，卷19，頁4。

言。〔註183〕

11. 〈季氏〉：季氏將伐顓臾。冉有、季路見於孔子曰：「季氏將有事於顓臾。」孔子曰：「求！無乃爾是過與？夫顓臾，昔者先王以爲東蒙主，且在邦域之中矣，是社稷之臣也。何以伐爲？」冉有曰：「夫子欲之，吾二臣者皆不欲也。」孔子曰：「求！周任有言曰：『陳力就列，不能者止。』危而不持，顛而不扶，則將焉用彼相矣？且爾言過矣。虎兕出於柙，龜玉毀於櫝中，是誰之過與？」冉有曰：「今夫顓臾，固而近於費。今不取，後世必爲子孫憂。」孔子曰：「求！君子疾夫舍曰欲之，而必爲之辭。丘也聞有國有家者，不患寡而患不均，不患貧而患不安。蓋均無貧，和無寡，安無傾。夫如是，故遠人不服，則修文德以來之。既來之，則安之。今由與求也，相夫子，遠人不服而不能來也；邦分崩離析而不能守也。而謀動干戈於邦內。吾恐季孫之憂，不在顓臾，而在蕭牆之內也。」

朱熹《論語或問》：而蘇氏所推兩條，考之尤密。但均無貧、安無傾、遠人不服等說，亦爲不然耳。蕭牆之禍，亦本泛言，非預知哀公以越伐魯之事也。〔註184〕

12. 〈陽貨〉：子曰：「鄉原，德之賊也。」

朱熹《論語或問》：而蘇氏之說亦當。但其所謂「安於陋而不可與有爲」者，未中鄉原之病也。〔註185〕

13. 〈陽貨〉：子曰：「鄙夫可與事君也與哉？其未得之也，患得之；既得之，患失之。苟患失之，無所不至矣。」

朱熹《論語或問》：范、侯、謝氏得之，而蘇氏亦足以驗其事實。但「患得之」文義自通，不必增字。今《家語》亦作「患不得之」，恐或他論之文耳。〔註186〕

是以上述的情況可知，蘇軾之說不管在字詞訓詁、章句、文意、考證等，對朱熹都有所影響。認同、批評、質疑都是刺激與學習，朱熹明言：「東坡天

〔註183〕〔宋〕朱熹：《晦庵集》，卷59，頁124。
〔註184〕〔宋〕朱熹：《論語或問》，卷121，頁1。
〔註185〕〔宋〕朱熹：《論語或問》，卷122，頁12。
〔註186〕〔宋〕朱熹：《論語或問》，卷122，頁13。

資高明，其議論、文詞自有人不到處，如《論語說》亦煞有好處。」〔註187〕
弟子黃震亦曾表示《論語集注》「亦取東坡之傳」。〔註188〕蘇軾正以此豐富了
朱熹的《論語》學。而所謂能令敵人佩服的人，才是厲害的人，蘇軾之於朱
熹正是如此吧。

第三節　蘇轍《論語》學

一、蘇轍生平與《論語拾遺》

《宋史》記道：

> 蘇轍字子由，年十九，與兄軾同登進士科，又同策制。……時王安
> 石以執政與陳升之領三司條例，命轍為之屬。呂惠卿附安石，轍與
> 論多相牾。……又以書抵安石，力陳其不可。安石怒，將加以罪，
> 升之止之，以為河南推官。會張方平知陳州，辟為教授。三年，授
> 齊州掌書記。又三年，改著作佐郎。復從方平簽書南京判官。居二
> 年，坐兄軾以詩得罪，謫監筠州鹽酒稅，五年不得調。移知績溪
> 縣。……哲宗覽奏，以為引漢武方先朝，不悅。落職知汝州。居數
> 月，元豐諸臣皆會於朝，再責知袁州。未至，降朝議大夫、試少府
> 監，分司南京，筠州居住。三年，又責化州別駕，雷州安置，移循
> 州。徽宗即位，徙永州、岳州，已而復太中大夫，提舉鳳翔上清太
> 平宮。崇寧中，蔡京當國，又降朝請大夫，罷祠，居許州，再復太
> 中大夫致仕。築室于許，號潁濱遺老，自作傳萬餘言，不復與人相
> 見。終日默坐，如是者幾十年。政和二年，卒，年七十四。追復端
> 明殿學士。淳熙中，諡文定。〔註189〕

蘇轍字子由，一字同叔，生於宋仁寶元二年，卒於宋徽宗政和二年，仕
宦生涯與北宋的黨爭相始終，幾經浮沉。《宋史・藝文志》著錄的作品有《論
語拾遺》一卷、《詩解集傳》二十卷、《春秋集傳》十二卷等。〔註190〕

《論語拾遺》的撰作，蘇轍在書前的自序云：「予少年為《論語略解》，

〔註187〕〔宋〕黎靖德編：《朱子語類》，卷130，頁31～32。
〔註188〕〔宋〕黃震：〈回制參黃通判〉，《宋元學案補遺》，卷99，頁113。
〔註189〕〔元〕脫脫等：《宋史》，卷339，頁19。
〔註190〕〔元〕脫脫等：《宋史》，卷1202，頁122。

子瞻謫居黃州爲《論語說》，盡取以往。今見於其書者十二三也。」可見在《論語拾遺》之前已寫過《論語略解》，但此書現今不傳。而且，應在蘇軾的《論語說》中可見部分，但《論語說》亦是失傳，今日只能依輯佚本（參見上一節），故二書皆無法得見。又言：「大觀丁亥，閒居穎川，爲孫籀、簡、筠講《論語》。子瞻之說，意有所未安，時爲籀等言之，凡二十有七章，謂之《論語拾遺》，恨不得一質子瞻也。」大觀丁亥是徽宗大觀元年，當時蘇轍六十九歲，而蘇軾於辛巳年去世，是以此書之作已距蘇軾離世六年。故從蘇轍的序中文可知《論語拾遺》是因爲蘇轍看過蘇軾《論語略解》後，寫《論語說》一書；而蘇轍見到《論語說》後，「意有所未安」，所以再寫了二十七章的《論語拾遺》，其中並對蘇軾的部分說法做了批駁。茲表列如下：

《論語拾遺》共 127 章	《論語》出處	備　註
巧言令色鮮矣仁	學而第一	
告諸往而知來者	學而第一	
思無邪	爲政第二	
志學至於從心	爲政第二	
信如輗軏	爲政第二	
處約處樂	里仁第四	
無惡也	里仁第四	
君子無終食之間違仁	里仁第四	
朝聞道夕死可也	里仁第四	
無所取材	公冶長第五	
未知焉得仁	公冶長第五	
子見南子	雍也第六	駁蘇軾
泰伯至德	泰伯第八	駁蘇軾
三年學不至於穀	泰伯第八	
亂臣十人	泰伯第八	
彼哉彼哉	憲問第十四	
請討陳恆	憲問第十四	駁蘇軾
明日遂行	憲問第十四	
人能弘道	憲問第十四	
好行小慧	衛靈公第十五	

君子上達小人下達	衛靈公第十五	
貧而無怨難	衛靈公第十五	
六言六弊	陽貨第十七	
汝爲周南召南	陽貨第十七	
予欲無言	陽貨第十七	
孔子行	微子第十八	
切問而近思	子張第十九	

　　《論語拾遺》一書，現今所見大致有以下幾個版本：一、四庫本，收在臺灣商務印書館所發行的《文淵閣四庫全書》第一九六冊。二、臺北藝文印書館所印《百部叢書》第五十四《指海》中。三、臺北藝文印書館印《無求備齋論語集成》。四、中國子學名著集成編印基金會印行的《中國子學名著集成、論語彙函》。五、上海古籍出版社的《說郛三種》。六、北京中華書局的《蘇轍集》。總共有六種。其中北京中華書局的《蘇轍集》所收的《論語拾遺》爲排印本，文中次序與《說郛三種》本相同，但分章略有差異。《四庫》本爲江蘇採進本，《指海》本則據清道光時錢熙祚校刊者重印。《無求》本所據是《指海》本，《彙函》本則是明萬曆丁酉畢氏所刊之《兩蘇經解》本。《蘇轍集》則未說明。〔註191〕而本文所採者爲中國子學名著集成編印基金會印行的《論語彙函》本。

　　雖然《論語拾遺》只有二十七章，但在探討蘇轍的《論語》學時，依然是最寶貴的資料，以下分三點論述之。

二、《論語拾遺》之思想內容

（一）仁

　　仁是《論語》中的重點，蘇轍亦有所論：

> 巧言令色，世之所說也。剛毅木訥，世之所惡也。惡之斯以爲不仁矣。仁者直道而行，無求於人，望之儼然，即之也溫，聽其言也厲。而何巧言令色之有？彼爲是者，眞務外不仁耳。故曰：「巧言令色，鮮矣仁。」又曰：「剛毅木訥，近仁。」〔註192〕

〔註191〕陳昇輝：〈蘇轍《論語拾遺》試探〉，《問學集》第 12 期（2003 年 6 月），頁 160。
〔註192〕〔宋〕蘇轍：《論語拾遺》，頁 401。

此則釋《論語‧學而》「巧言令色，鮮矣仁」及〈子路篇〉「剛毅木訥，近仁」。
認爲巧言令色目的在濟其不仁，有掩飾作用。實則更足以彰顯其不仁，故聖
人言以警惕之。仁者直道而行，何須巧言令色？剛毅木訥不求掩飾，世以爲
不仁，實則其本意爲善，故近仁。是故巧言爲惡，木訥爲善，勉人取仁而去
不仁。〔註193〕並以學生對孔子之形貌描述「望之儼然，即之也溫，聽其言也
厲」證之。又：

> 仁者無所不愛，人之至於無所不愛也，其蔽盡矣。有蔽者必有所愛，
> 有所不愛，無蔽者無不愛矣。子曰：「惟仁者能好人，能惡人。」以
> 其無蔽也。夫然猶有惡也，無所不愛則無所惡矣，故曰苟至於仁矣，
> 無惡也。其不仁也，亦哀之而已。〔註194〕

　　仁者之居心無蔽，能公平對待他人，好人與惡人皆不失爲仁。而對於不
仁之人，也僅哀憐而非痛惡之。孔子諄諄勉人行仁，但不輕易許人以仁，蘇
轍以意承之曰：

> 令尹子文三仕爲令尹，無喜色，三已之，無慍色。孔子以忠許之，
> 而不與其仁。崔子弑齊君，陳文子有馬十乘，棄而違之。孔子以清
> 許之，而不與其仁。此二人者皆春秋之賢大夫也，而孔子不以仁與
> 之，孔子之以仁與人也固難。殷之三仁，孤竹君之二子，至於近世
> 惟齊管仲，然後以仁許之。如令尹子文、陳文子雖賢，未可以列於
> 仁人之目。故冉有、子路之政事，公西華之應對與子文之忠，文子
> 之清，一也。〔註195〕

對前二賢大夫許之以忠與清，未仁。後六人則許之以仁。令尹子文、陳文子
及弟子冉有、子路、公西華亦是未仁。在《論語》中，孔子許仁者只有三處，
〈微子〉「殷有三仁」、〈述而〉伯夷、叔齊「求仁而得仁」、〈憲問〉評論管仲
「如其仁」，此三者謂之仁。又提到臧文仲：

> 臧文仲，魯之君子也。其言行載於魯，而孔子少之曰：臧文仲不仁
> 者三，不智者三。下展禽，廢六關，妾織蒲三不仁也。作虛器，縱
> 逆祀，祀爰居三不智也。捨是六者，其餘皆仁且智也歟？孔子曰君

〔註193〕吳武雄：〈〈蘇轍論語拾遺〉探討〉，《中臺人文社會學報》第15期1卷（2004
　　　　年12月），頁92。
〔註194〕〔宋〕蘇轍：《論語拾遺》，頁406。
〔註195〕〔宋〕蘇轍：《論語拾遺》，頁409。

子而不仁者有矣夫，君子而不仁則臧文仲之類歟？〔註196〕

臧文仲雖爲君子，仍有三不仁與三不智，此中孔子評論之語，乃引自《左傳》文公二年，另〈公冶長〉有：子曰「臧文仲居蔡，山節藻梲，何如其知也。」孔子鄙其不智。〈衛靈公〉：子曰「臧文仲其竊位者與？知柳下惠之賢，而不與立也。」孔子鄙其不能舉賢，爲竊位之人。所以臧文仲是「君子而不仁」的例子，提醒君子必須戒愼而恐懼之。否則「君子不由其道，則陷於不仁」。

　　《論語》中，孔子對於管仲給予「仁」的評價，歷來多有爭議，莫衷一是，而蘇轍的意見爲：

> 不仁而久約，則怨而思亂；久樂，則驕而忘患。故曰：「不仁者不可以久處約，不可以長處樂。」然則何所處之而可？曰：仁人在上，則不仁者約而不怨，樂而不驕。管仲奪伯氏駢邑三百，飯疏食，沒齒無怨言。與豎刁、易牙俱事桓公，終仲之世，二子皆不敢動，而況管仲之上哉？〔註197〕

蘇轍先解釋〈里仁〉「不仁者不可以久處約，不可以長處樂」之意義——不仁者處約、處樂則怨且驕，正如齊國的伯氏、豎刁、易牙。而面對這些不仁者時，當如之何？對治的方式即是——「仁人在上，則不仁者約而不怨，樂而不驕」。即以「仁者」制約「不仁者」，使其無法爲惡。管仲能奪伯氏邑而不敢怨，豎刁、易牙不敢恃寵而驕，甚至助無德的齊桓公稱霸，所以他是仁者，孔子才許管仲以仁。這與一般從道德修養談「仁」與「不仁」完全不同，著眼的是管仲在實際政治上所發揮的作用，達成的功效，可說是非常特殊的角度。又蘇轍拿顏回與管仲作對比，說道：

> 君子無終食之間違仁，造次必於是，顛沛必於是，非不違仁也。外物之害既盡，惟一而不雜，未嘗不仁也。若顏子者，性亦治矣，然而土未盡去，薪未盡化，力有所未逮也。是以能三月不違仁矣，而未能遂以終身也。其餘則土盛而薪彊，水火不能勝，是以日月至焉而已矣。故顏子之心，仁人之心也，不幸而死，學未及究其功，不見於世，孔子以其心許之矣。管仲相桓公，九合諸侯，一匡天下，此仁人之功也。孔子以其功許之矣，然而三歸、反坫，其心猶累於物，此孔、顏之所不爲也。使顏子而無死，切而磋之，琢而磨之，將

〔註196〕〔宋〕蘇轍：《論語拾遺》，頁410。
〔註197〕〔宋〕蘇轍：《論語拾遺》，頁405。

> 造次顛沛於是，何三月不違而止哉。如管仲生不由禮，死而五公子之
> 禍起，齊遂大亂，君子之爲仁，將取其心乎？將取其功乎？二者不可
> 得兼，使天相人以顏子之心，收管仲之功，庶幾無後患也夫。〔註198〕

將二人分屬「仁心」與「仁功」二類型加以反省。顏回的修養已至「仁人之
心」，但因早死，「學未及究其功，不見於世」。只完成了前半階段，不及建立
事功。而管仲其器小、不儉、不知禮，亦孔子所批評，雖有一時之功業，但
影響力有限，死後齊國遂亂，無法維持長治久安的局面，故管仲之仁是以其
事功言之。而「君子之爲仁，將取其心乎？將取其功乎」？點出個人德性與
社會實際事功之間，究竟該如何看待的問題，甚有價值，直至南宋，朱熹與
陳亮依舊是在此衝突上夾纏不清。當然，最理想是「以顏子之心，收管仲之
功」，內聖結合外王，就不待而言了。

（二）學道

《論語》開宗明義首章第一句話就是「學而時習之」，談到學習的精神態
度。孔子也屢屢提醒學生應努力學習，他自己更以好學聞名。蘇轍在《拾遺》
中亦多方談到學習，如「子曰：三年學，不至於穀，不易得也」一章，蘇轍
取孔注古義：「穀，善也。」再云：「善之成而可用，如苗之實而可食也。盡
其心力於學，三年而不見其成功者，世無有也。」〔註199〕以穀喻學，認爲學
習三年，必有所成，如禾苗之結實，人可收其穀而食。三年而不成功，世上
無有。勉人力學不輟。又：「君子無所不學，然不可以勝志也。志必有所一而
後可志，無所一，雖博猶雜學也。」〔註200〕說明學與立志關係，篤志則專一，
可以爲之不厭，故多而不雜。又：「小人以言害意，因言以失道，則言可畏也。
予欲無言，聖人之教人亦多術矣。行止語默，無非教者。」〔註201〕教者有不
同的教學法，學習者當從各種方式學習。又曰：

> 弟子入則孝，出則弟，謹而信，汎愛眾，而親仁。行有餘力，則以
> 學文。孝悌忠信汎愛而親仁者其質也，有其質矣，而無學以文之者，
> 皆未免於有過也，故曰：好仁不好學，其蔽也愚。好智不好學，其
> 蔽也蕩。好信不好學，其蔽也賊。好直不好學，其蔽也絞。好勇不

〔註198〕〔宋〕蘇轍：《論語拾遺》，頁 407～408。
〔註199〕〔宋〕蘇轍：《論語拾遺》，頁 419。
〔註200〕〔宋〕蘇轍：《論語拾遺》，頁 417。
〔註201〕〔宋〕蘇轍：《論語拾遺》，頁 417。

好學，其蔽也亂。好剛不好學，其蔽也狂。此六者皆美質也，而無
學以文之，則其病至此，故曰十室之邑必有忠信如丘者焉，不如丘
之好學也。質如孔子而不知學，皆六蔽之所害，蓋無足怪也。〔註202〕

指出如不知學習，即使本來有好的美質，亦會產生敝病。既然學很重要，那
學習的內容該是什麼呢？蘇轍認為是「道」。他說：

道之大，充塞天地，贍足萬物，誠得其人而用之，無所不至也。苟
非其人，道雖存七尺之軀有不能充矣，而況其餘乎？故曰：人能弘
道，非道弘人。〔註203〕

人去學習道後，再加以宏揚。又：

終日不食，終夜不寢，致力於思。徒思而無益，是以知思之不如學
也。故十有五而志於學，則所由適道者順矣。〔註204〕

蘇轍將〈衛靈公〉篇中，孔子自述其學思的經驗：「吾嘗終日不食，終夜不寢，
以思，無益，不如學也。」連結孔子的成德歷程，認為只有透過穩健紮實的
學習，才能走上正確的方向，之後也才能有一連串生命提升的過程。若孔子
沒有「志於學」，則以下將無著落，以此顯出學習的重要。又：

古之教人必以學，學必教之以道。道有上下，其形而上者，道也，
其形而下者，器也。君子上達知其道也，小人下達得其器也。上達
者不私於我，不役於物，故曰：君子學道則愛人。下達者知義之不
可犯，禮之不可過，故曰：小人學道則易使也。如使人而不知道，
雖至於君子有不仁者矣，小人則無所不至也，故曰：君子而不仁者
有矣夫，未有小人而仁者也。〔註205〕

不論是小人或君子，都必須學道，雖然道有不同層次，但小人學形而下的道，
就能知禮義，君子學形上的道，就可提升修養層次；反之，不學道，小人將
至悖理犯義，君子會不仁。又：「有道者不知貧富之異，貧而無怨，富而無驕，
一也。」〔註206〕只有懷道者才能達到視貧富如一的境界。相對的「苟未聞道，
雖多學而識之，至於生死之際，未有不自失也。」〔註207〕要真正能「死而不

〔註202〕〔宋〕蘇轍：《論語拾遺》，頁418～419。
〔註203〕〔宋〕蘇轍：《論語拾遺》，頁416。
〔註204〕〔宋〕蘇轍：《論語拾遺》，頁403。
〔註205〕〔宋〕蘇轍：《論語拾遺》，頁414～415。
〔註206〕〔宋〕蘇轍：《論語拾遺》，頁415。
〔註207〕〔宋〕蘇轍：《論語拾遺》，頁408。

亂，而後可謂學矣。」〔註208〕所以學習並非只是「多學而識之」的外在知識，還要是一種生命的轉化昇華。另又有云不學道之弊：

> 人生於欲。不知道者，未有不爲欲所蔽也。故曰：「人之少也，血氣未定，戒之在色。」始學者未可以語道也，故古之教者，必始於周南、召南。周南、召南知欲之不可已也，而道之以禮，以禮濟欲，夫是以樂而不淫。始學者安焉，由是以免於蔽。子謂伯魚曰：「汝爲〈周南〉、〈召南〉矣乎？人而不爲〈周南〉、〈召南〉，其猶正墻面而立也歟？」言欲之蔽也。〔註209〕

不學道，則將被欲控制，無所不至。而學道之法須循序漸進，對於初學者，先教以「禮」，以〈周南〉、〈召南〉爲入門教材，導之以外在行爲規範，才能進至道之境界。

　　孔子重視學習，蘇轍頗能於其中有所體會，故所論甚多；而其於前〈序〉云，此書是「閒居穎川，爲孫籀、簡、筠講《論語》」。既是爲兒孫講學，強調學道，指出正確的方向態度，期勉晚輩努力，自是合理。亦見其殷殷期盼之情，溢於言表。

（三）釋道思想

　　在佛道盛行的北宋，知識分子多雜染釋道思想，蘇轍亦不例外。他說：

> 道之大，充塞天地，贍足萬物，誠得其人而用之，無所不至也。〔註210〕

但孔子的道不是精微奧妙的形而上道體，蘇轍此觀念應源於道家。又：

> 然而飢寒切於身而心不動，非忘身者不能。〔註211〕

　　「忘身」的概念，出自於《老子》。又：

> 《易》曰：「無思無爲，寂然不動，感而遂通天下之故。」《詩》曰：「思無邪。」孔子取之，二者非異也。惟無思，然後思無邪；有思，則邪矣。火必有光，心必有思，聖人無思，非無思也。外無物，內無我，無我既盡，心全而不亂，物至而知可否，可者作，不可者止，因其自然，而吾未嘗思，未嘗爲，此所謂無思無爲，而思之正也。

〔註208〕〔宋〕蘇轍：《論語拾遺》，頁408。
〔註209〕〔宋〕蘇轍：《論語拾遺》，頁416～417。
〔註210〕〔宋〕蘇轍：《論語拾遺》，頁416。
〔註211〕〔宋〕蘇轍：《論語拾遺》，頁415。

> 若夫以物役思者，其邪矣。如使寂然不動與木石爲偶，而以爲無思
> 無爲，則亦何以通天下之故也哉？故曰：「思無邪。思馬斯徂。」苟
> 思馬而馬應，則凡思之所及，無不應也，此所以爲感而遂通天下之
> 故也。〔註212〕

蘇轍將《易‧繫辭上》「《易》無思也，無爲也，寂然不動，感而遂通天下之
故」及《詩‧魯頌》「思無邪，思馬斯徂」合而觀之，認爲：「孔子取之，二
者非異也。」因爲：「惟無思，然後思無邪，有思則邪矣。火必有光，心必有
思。聖人無思，非無思也，外無物，內無我。無我既盡，心全而不亂，物至
而知可否，可者作，不可者止。因其自然而吾未嘗思，未嘗爲此，所謂無私
無爲而思之正也。」〔註213〕雖然他引用的是《易經》與《詩經》，但解讀時卻
將這些話語帶到道家的方向。如王弼言：「聖人茂於人者神明也，同於人者五
情也，神明茂故能體沖和以通無，五情同，故不能無哀樂以應物，然則聖人
之情，應物而無累於物者也。今以其無累，便謂不復應物，失之多矣。」〔註
214〕此爲「聖人有情」說。將蘇轍所說「聖人無思，非無思也，外無物，內無
我。無我既盡，心全而不亂，物至而知可否，可者作，不可者止」，和王弼的
「五情同，故不能無哀樂以應物，然則聖人之情，應物而無累於物者也」比
較，王弼說聖人也是人，卻能不累於物；蘇轍說聖人無思並不是什麼都不想，
而是去除了內外之別，泯去物我之別，故其心「全而不亂」。二者非常近似，
但王弼是解老而發，而蘇轍卻是拿來解說《論語》，可見蘇轍之援道入儒。〔註
215〕蘇轍又是如此理解孔子晚年的境界：

> 耳目所遇，不思而順矣，然猶有心存焉，以心御心，乃能中法，惟
> 無心然後從心而不踰矩，故七十而從心所欲不踰矩。〔註216〕

大談「有心」、「以心御心」、「無心」，已是近於佛道之無執境域，絕非眞實孔
子的人生修養。又：

> 古之傳道者必以言，達者得意而忘言，則言可尚也。小人以言害意，
> 因言以失道，則言可畏也。故曰：予欲無言，聖人之教人亦多術矣。

〔註212〕〔宋〕蘇轍：《論語拾遺》，頁402～403。
〔註213〕〔宋〕蘇轍：《論語拾遺》，頁402～403。
〔註214〕佚名：《三國志文類》（臺北市：臺灣商務印書館，2009年《景印文淵閣四庫
全書》），卷60，頁5。
〔註215〕陳昇輝：〈蘇轍：《論語拾遺》試探〉，頁54。
〔註216〕〔宋〕蘇轍：《論語拾遺》，頁417。

行止語默，無非教者。〔註217〕

「得意而忘言」出於《莊子・外物》：「筌者所以在魚，得魚而忘筌；蹄者所以在兔，得兔而忘蹄；言者所以在意，得意而忘言。吾安得夫忘言之人而與之言哉！」〔註218〕將孔子「不言之教」與《莊子》「得意忘言」相互配合闡發。

《四庫提要》曰：「蓋眉山之學，本雜出於二氏故也。」〔註219〕看來是可信的。

（四）孔子形象

理學家大抵上都很在意聖人的形貌，因為人是要去學聖人的。那蘇轍眼中的聖人是如何呢？

> 或問子西。孔子曰：「彼哉，彼哉。」鄭公孫僑無足焉者，蓋非所問也。楚令尹子西相昭王，楚以復國，而孔子非之，何也？昭王欲用孔子，子西知孔子之賢，而疑其不利楚國，使聖人之功不見於世，所以深疾之也。世之不知孔子者眾矣，孔子未嘗疾之，疾其知我而疑我爾。〔註220〕

蘇轍認為孔子批評子西，是因為楚昭王原欲進用孔子，但子西因嫉妒孔子之賢，又深怕孔子將不利於楚國，所以勸阻昭王，結果孔子因此而無法施展長才，見用於世。但朱熹非常嚴厲反擊蘇轍，曰：「子由之論彼子西，皆以利害言之也。」〔註221〕王若虛（1174～1243）也說：「穎濱以公孫夏不足問，固似有理，然其自為說亦未當也。夫子之論人，毀譽抑揚，一以至公，而無容心焉。今以沮己而遂短之，是其言出於私怨也，聖人恐不如是。」〔註222〕認為孔子道德高尚，不會因一己之怨而去批評他人。蘇轍認為孔子之不悅，並非是為一己之欲，而是「知我而疑我」的遺憾。呈現出孔子也是有喜怒悲哀，但不是為求個人之名利而發。又：

> 孔子歷試而不用，慨然而歎曰：「道不行，乘桴浮於海。從我者其由歟？」此非孔子之誠言，蓋其一時之歎云爾。子路聞之而喜，子路亦豈誠欲入海者耶？亦喜孔子之知其勇耳。子曰：「由也好勇過我，

〔註217〕〔宋〕蘇轍：《論語拾遺》，頁410。
〔註218〕〔晉〕郭象：《莊子注》，卷9，頁8。
〔註219〕〔清〕永瑢等：《四庫全書總目》，卷35，頁14。
〔註220〕〔宋〕蘇轍：《論語拾遺》，頁412～413。
〔註221〕〔宋〕朱熹：〈答汪尚書〉，《晦庵集》，卷30，頁12。
〔註222〕〔元〕王若虛：《滹南集》，卷6，頁10。

無所取材。」蓋曰無所取材以爲是桴也，亦戲之云爾。雖聖人其與
人言亦未免有戲也。〔註223〕

一般說法會認爲子路在此顯現出他的勇敢和莽撞，但蘇轍卻認爲這些比較像
孔子的牢騷，孔子也不是要眞的說子路不好。雖然孔子是聖人，但是也會有
一般人的情緒，所以在「道不行」的情勢下，不免興起不如歸去之感。但究
竟只是一時所感，不妨其志，也藉此和學生子路開開玩笑。所以蘇轍眼中的，
並非凜然高不可攀，神話了的聖人。另外，蘇轍又曰：

孔子居魯，陽貨欲見而不往。陽貨時其亡也，而饋之豚。孔子亦時
其亡也，而往拜之。遇諸塗，與孔子三言。孔子答之無違。孔子豈
順陽貨者哉？不與之較耳。孟子曰：「當是時，陽貨先，豈得不見？」
夫先之而必答，禮之而必報，孔子亦有不得已矣。孔子之見南子，
如見陽貨，必有不得已焉。子路疑之，而孔子不辨也。故曰：「予所
否者，天厭之，天厭之。」以爲世莫吾知，而自信於天云爾。〔註224〕

陽貨欲請孔子出來輔佐他，凡三言：「懷其寶而迷其邦，可謂仁乎？」「好從
事而亟失時，可謂知乎？」「日月逝矣，歲不我與。」孔子不欲，只好用閃躲
的方式回答「不可」、「不可」、「諾，吾將仕矣」。表示自己的拒絕，此乃不得
已的無奈。又如孔子見南子一事，子路不能通聖人之心意，孔子只好自誓以
明志，故蘇轍認爲孔子的出處進退，極有分寸，行爲守禮而得當。又：

孔子以禮樂游於諸侯，世知其篤於學而已，不知其他也。犁彌謂齊
景公曰：「孔丘知禮而無勇，若使萊人以兵劫魯侯，必得志焉。」衛
靈公之所以待孔子者，始亦至矣，然其所以知之者，猶犁彌也，久
而厭之，將傲之以其所不知，蓋問陳焉。孔子知其決不用也，故明
日而行，使誠用之，雖及軍旅之事可也。〔註225〕

犁彌謂齊景公語，出自於《左傳》定公十年，乃犁彌慫恿景公違禮欺凌魯國，
但被當時爲相的孔子，一一解危之事。「衛靈公之所以待孔子者」是《論語‧
衛靈公》中「衛靈公問陳於孔子。孔子對曰：『俎豆之事，則嘗聞之矣；軍旅
之事，未之學也。』明日遂行」一事。認爲孔子不徒知禮樂而已，亦懂得軍
旅之事。只是不願意以此來邀功稱譽。可見孔子智勇雙全，亦有自我的原則。

〔註223〕〔宋〕蘇轍：《論語拾遺》，頁408～409。
〔註224〕〔宋〕蘇轍：《論語拾遺》，頁410～411。
〔註225〕〔宋〕蘇轍：《論語拾遺》，頁415～416。

故蘇轍眼中的孔子依舊是聖人，才德兼備；而孔子之所以爲聖人，在於他能處事得當，進退合宜，同時也是有眞實情感的人，並非像理學家眼中那種高不可攀的境界，從此亦可見二派的區別。

（五）三駁蘇軾

在這二十七章中，蘇轍引子瞻曰者三處，且直言「予以爲不然」，最是容易看見兄弟二人之異。以下分述之。

1、〈庸也〉：子見南子，子路不說。夫子矢之曰：「予所否者，天厭之！天厭之！」、〈微子〉：齊人歸女樂，季桓子受之。三日不朝，孔子行。

《論語拾遺》：

> 衛靈公以南子自汙，孔子去魯，從之不疑。季桓子以女樂之故，三日不朝，孔子去之，如避寇讎。子瞻曰：「衛靈公未受命者，故可。季桓子已受命者，故不可。」予以爲不然，孔子之世，諸侯之過如衛靈公者多矣，而可盡去乎？齊人以女樂間孔子，魯君大夫既食其餌矣，使孔子安而不去，則坐待其禍，無可爲矣，非衛南子之比也。

〔註226〕

此異見在於孔子的出處進退。衛靈公本身及夫人南子名譽不佳，孔子卻從魯至衛，盼得靈公任用。齊國饋女樂，魯君與季桓子，三日不朝，孔子就自動的離開。究竟孔子對於一個理想君主的看法如何？他的出處原則又爲何？蘇軾曰：「衛靈公未受命，故可。季桓子已受命，故不可。」認爲衛靈公未受周王任命，不是諸侯，故可以接受；而魯君是諸侯，季桓子是大夫，故不可。但如以衛靈公未受命言可，那孔子前往不就是「地下官員」嗎？衛靈公未受命而自稱公，則是僭越不可取，孔子會去投靠這樣一位國君嗎？且受命與否並不代表靈公便可以「以南子自汙」。

而蘇轍曰：「孔子之世，諸侯之過如衛靈公者多矣，而可盡去乎？」靈公的確不是個明君，〈憲問〉篇就記道：「子言衛靈公之無道也，康子曰：『夫如是，奚而不喪？』」孔子曰：『仲叔圉治賓客，祝鮀治宗廟，王孫賈治軍旅。夫如是，奚其喪？』」可見孔子曾直接批評衛靈公，只因有其他大臣輔弼，才能安於位。蘇轍認爲當時君不君者比比皆是，若只著眼於此（南子），將很難施展抱負，故孔子願意等待機會。但「使孔子安而不去，則坐待其禍，無可

〔註226〕〔宋〕蘇轍：《論語拾遺》，頁420。

爲矣」，相較下，齊人饋女樂是在耍手段，是針對孔子而來，將不利於他，所以孔子自當離開，因爲若不離開，則有性命之憂，這個影響是見南子所比不上的。

故「南子」、「女樂」二者皆與國君的女色有關，但孔子的反應不同，蘇軾從名實角度言，蘇轍從政治上的利害角度言，考量了當時的歷史背景與環境，較近於一般人情。

2、〈泰伯〉：泰伯其可謂至德也已矣！三以天下讓，民無得而稱焉。

《論語拾遺》：

> 泰伯以國授王季，逃之荊蠻。天下知王季文武之賢，而不知泰伯之德，所以成之者遠矣。故曰：「泰伯其可謂至德也已矣，三以天下讓，民無得而稱焉。」子瞻曰：「泰伯斷髮文身，示不可用，使民無得而稱之，有讓國之實，而無其名，故亂不作。彼宋宣、魯隱皆存其實而取其名者也，是以宋、魯皆被其禍。」予以爲不然，人患不誠，誠無爭心，苟非豺狼，孰不順之？魯之禍始於攝，而宋之禍成於好戰，皆非讓之過也。漢東海王彊以天下授顯宗，唐宋王成器以天下授玄宗，兄弟終身無間言焉，豈亦斷髮文身哉？子貢曰：「泰伯端委以治吳，仲雍繼之斷髮文身。」孰謂泰伯斷髮文身示不可用者？太史公以意言之爾。〔註227〕

對於孔子稱讚泰伯之事，二人看法不同。蘇軾以爲：「泰伯斷髮文身，示不可用。使民無得而稱之，有讓國之實而無讓國之名，故亂不作。」既有讓國的事實，又不願人知博取美名，所以日後國家安定。然後推衍之，以此來探討春秋時宋與魯國亂亡之因，乃肇於「宋宣、魯隱皆存其實而取其名者也，是以宋、魯皆被其禍」。認爲宋、魯二國爲何無法安然無恙，乃是因爲名實都要，因此釀禍。但蘇轍不同意蘇軾的說法，認爲最重要的是讓國是否有誠心，如果有誠心，則以上問題都不會出現，且眞有讓國之心時，不必斷髮文身，遠走他鄉，亦能圓滿完成。如歷史上漢東海王彊以天下授顯宗，此見《後漢書·光武帝紀下》，唐宋王成器以天下授玄宗，見《舊唐書·玄宗本紀上》，依舊是佳話。並間接對「泰伯斷髮文身」一事，質疑《史記》的記載。

關於魯隱公事，《公羊傳》的紀錄是：魯惠公死，他的嫡妻所生子名軌（即

〔註227〕〔宋〕蘇轍：《論語拾遺》，頁411～412。

魯桓公），時還年幼，所以國人共立息姑攝政，行君事。在位十一年，隱公始終牢記自己是攝政行君事，一心等待魯桓公長大後把國君的位置讓給他。因此，當公子翬提出請求殺死魯桓公時，隱公斷然拒絕；結果反被公子翬誣陷害死。〔註228〕宋宣公事可參《左傳》隱公三年：宋宣公把君位傳給他的弟弟子和，是宋穆公。宋穆公九年，宋穆公病危，他叫來了大司馬孔父，對他說：「先君宣公捨棄太子與夷而把君位讓給我，我不敢忘記。我死以後，一定要立與夷爲國君。」孔父說：「百官都願意立公子子馮。」宋穆公說：「不要立子馮爲國君，我不能辜負宣公。」之後，宋穆公使公子子馮到鄭國去居住。宋穆公逝世後，按照宋穆公的遺願，與夷繼承了君位，他就是宋殤公。宋殤公即位後，任命孔父嘉爲司馬，任命華督爲太宰。太宰華督貪戀孔父嘉妻子的美色，殺死孔父嘉，奪取了他的妻子。宋殤公對華督的行爲感到十分憤怒，華督得知宋殤公惱恨自己的情況，就索性一不做二不休，將宋殤公也殺了。之後，華督從鄭國迎回了公子子馮，擁立他做了國君，他就是宋莊公。〔註229〕所謂「子貢之言」，見《左傳》哀公七年，「大伯端委以治周禮，仲雍嗣之，斷髮文身，臝以爲飾，豈禮也哉。」〔註230〕而《史記‧吳太伯世家》記道：「於是太伯、仲雍二人乃犇荊蠻，文身斷髮，示不可用，以避季歷。」〔註231〕蘇轍雖未明言，但實際上乃據《左傳》批評《史記》之誤。

〔註228〕《左傳》隱公元年：「惠公元妃孟子。孟子卒，繼室以聲子，生隱公。宋武公生仲子。仲子生而有文在其手，曰爲魯夫人，故仲子歸于我。生桓公而惠公薨，是以隱公立而奉之。」《左傳注疏》，卷1，頁12～5。又隱公四年：「翬者何？公子翬也。何以不稱公子？貶。曷爲貶？與弒公也。其與弒公奈何？公子翬諂乎隱公，謂隱公曰：『百姓安子，諸侯說子，盍終爲君矣？』隱曰：『吾否，吾使修塗裘，吾將老焉。』公子翬恐若其言聞乎桓，於是謂桓曰：『吾爲子口隱矣。隱曰：「吾不反也。」』桓曰：『然則奈何？』曰：『請作難，弒隱公。』於鐘巫之祭焉弒隱公也。」〔元〕程端學：《春秋三傳辨疑》（臺北市：臺灣商務印書館，2009年《景印文淵閣四庫全書》），卷1，頁42。

〔註229〕《左傳》隱公三年：「宋穆公疾，召大司馬孔父而屬殤公焉，曰：『先君舍與夷而立寡人，寡人弗敢忘。若以大夫之靈，得保首領以沒；先君若問與夷，其將何辭以對？請子奉之，以主社稷。寡人雖死，亦無悔焉。』對曰：『群臣願奉馮也。』公曰：『不可。先君以寡人爲賢，使主社稷。若棄德不讓，是廢先君之舉也，豈曰能賢？光昭先君之令德，可不務乎？吾子其無廢先君之功！』使公子馮出居於鄭。八月，庚辰，宋穆公卒，殤公即位。君子曰：『宋宣公可謂知人矣。立穆公，其子饗之，命以義夫！〈商頌〉曰：「殷受命咸宜，百祿是荷。」其是之謂乎！』」《左傳注疏》，卷12，頁11。

〔註230〕《左傳注疏》，卷58，頁11。

〔註231〕〔漢〕司馬遷：《史記》，卷13，頁12～3。

　　揆諸以上記載，魯、宋之亂亡的確不一定與讓國有關。《左傳》還歌詠了宋宣公，認為他知人，有先見之明，並不以後事來批評宣公的作法。而魯隱公的問題如蘇轍言是「攝」而非「讓」。果然蘇轍之說是優於蘇軾的。朱熹在《論語或問》中評蘇軾曰：「此以利害言之，故不足以論聖賢之心。」批蘇轍：「此引子貢之言，則其事固有不可考者，然以漢唐二事例之，則亦未足以盡聖賢之心也。」〔註232〕皆以不能明白「聖賢之心」為由，對二兄弟不滿意，此以理學的道德角度看待，固與蘇氏從實際層面論不同。

　　3、〈憲問〉：陳成子弒簡公。孔子沐浴而朝，告於哀公曰：「陳恆弒其君，請討之。」公曰：「告夫三子！」孔子曰：「以吾從大夫之後，不敢不告也。」

《論語拾遺》：

　　陳成子弒簡公，孔子沐浴而朝，告於哀公，曰：「陳恆弒其君，請討之。」公曰：「告夫三子。」孔子曰：「以吾從大夫之後，不敢不告也。」君曰：「告夫三子。」之三子告，不可。孔子曰：「以吾從大夫之後，不敢不告也。」孔子為魯大夫，鄰國有弒君之禍，而恬不以為言，則是許之也。哀公，三桓之不足與有立也，孔子既知之矣，知而猶告，以為雖無益於今日，而君臣之義猶有儆於後世也。子瞻曰：「哀公患三桓之偪，嘗欲以越伐魯而去之，以越伐魯，豈若從孔子而伐齊？既克田氏，則魯公室自張，三桓將不治而自服，此孔子之志也。」予以為不然，古之君子，將有立於世，必先擇其君。齊桓雖中主，然其所以任管仲者，世無有也，然後九合之功，可得而成。今哀公之妄，非可以望桓公也，使孔子誠克田而返，將誰與保其功？然則孔子之憂，顧在克齊之後，此則孔子之所不為也。〔註233〕

「以越伐魯」一事見《左傳》哀公二十七年，〔註234〕要解決三桓之患，蘇軾假設伐齊的效果比以越伐魯佳，因為他認為這是一種政治策略的應用，也就

〔註232〕〔宋〕朱熹：《論語或問》，卷8，頁104。

〔註233〕〔宋〕蘇轍：《論語拾遺》，頁413～414。

〔註234〕《左傳》哀公七年：「公患三桓之侈也，欲以諸侯去之；三桓亦患公之妄也，故君臣多間。公游于陵阪，遇孟武伯於孟氏之衢，曰：『請有問於子：余及死乎？』對曰：『臣無由知之。』三問，卒辭不對。公欲以越伐魯而去三桓，秋，八月甲戌，公如公孫有陘氏。因孫於邾，乃遂如越。國人施公孫有山氏。」《左傳注疏》，卷60，頁39。

是藉著彰顯自己的武力，來迫使三桓臣服。而蘇轍認為假如哀公真的答應這樣做，孔子也贏了，但是哀公本身並非是令人敬服的君主，最終也不會有好結果，因此孔子不能也不會出兵伐齊。實際上，此為哀公十四年事，而孔子卒於哀公十六年，應不可能再帶兵出征。二人說法，似乎都太過簡單，一廂情願的設想而已，很難於現實面上執行。令人懷疑所言是否為《論語》原意呢？

四庫館臣曰：「其顯駁軾說者凡三條，其說皆較軾為長。」〔註235〕而由上所述，第一、二條可謂蘇轍較勝，第三條則筆者以為皆不足採。

四、《論語拾遺》之解經方式

（一）以《論語》互解

此即指蘇轍用《論語》中的章節文字來相互解釋，加以融合。譬如第一則，蘇轍解說「子曰：巧言令色，鮮矣仁」、「子曰：剛毅木訥，近仁」二章，蘇轍先簡單曰：「巧言令色，世之所說也；剛毅木訥，世之所惡也，惡之斯以為不仁矣。仁者直道而行，無求於人。」〔註236〕然後再引子夏「望之儼然，即之也溫，聽其言也厲」來說明君子的樣貌應是「剛毅木訥」而非「巧言令色」。他認為世人常所喜的是「巧言令色」，所惡的是「剛毅木訥」，但君子為「望之儼然，即之也溫，聽其言也厲」，所以君子怎麼可能表現「巧言令色」，所以應是「剛毅木訥」，這才是君子的本質。在此蘇轍以《論語》中的章句，解說有關「巧言令色」和「剛毅木訥」二處，進而說明君子的形象。而後半部分主要是以孔子與子貢的問答為主：

> 子貢曰：「貧而無諂，富而無驕，何如？」子曰：「可也，未若貧而樂，富而好禮者也。」夫「貧而無諂，富而無驕」，亦可謂賢矣。然「貧而樂」雖欲諂，不可得也。「富而好禮」雖欲驕，亦不可得也。子貢聞之而悟，曰：「士之至於此者，抑其如切如磋之功至也。」孔子善之，曰：「賜也，始可與言《詩》已矣！告諸往而知來者。」舉其成功而告之，而知其所從來者，所謂聞一以知二也歟。〔註237〕

蘇轍以為「貧而無諂，富而無驕」已可說是賢了，但是如果依孔子所說「貧

〔註235〕〔清〕永瑢等：《欽定四庫全書總目》，卷35，頁14。
〔註236〕〔宋〕蘇轍：《論語拾遺》，頁401～402。
〔註237〕〔宋〕蘇轍：《論語拾遺》，頁402。

樂、富禮」，則欲「諂、驕」亦不可得。之後並認爲子貢自道的「賜也聞一以知二」，乃是指「告諸往而知來者；舉其成功而告之，而知其所從來者」。亦即能在面對問題與答案時有所反應，如此方能起到「切磋琢磨」之功。蘇轍利用兩段部分相關的《論語》文句，將其合而觀之，作出自己的解釋，呈現出一種融會後的理趣。又如第六則，他釋「子曰『唯仁者能好人，能惡人』」，云：「仁者無所不愛，人之至於無所不愛也，其蔽盡矣。有蔽者必有所愛，有所不愛，無蔽者，無不愛矣。」意謂仁者之所以能「好人」、「惡人」乃是因爲「無蔽」，故能對世人表現出適當的態度，但是「好人」、「惡人」本身就是一種區別，既然有「好惡」就有愛與不愛，如何能是無蔽呢？蘇轍接著引用「子曰：苟志於仁矣，無惡也」，表示「其於不仁也，亦哀之而已」。由此可見蘇轍所謂的「好惡」是仁者對世間的了解，仁者眞實地看出每個人的善與不善，而對於不善者，仁者對他的態度是「哀之」的嘆惋之意。因爲一個「無蔽」的仁者乃是無所不愛的。〔註238〕此二則的意旨，雖已於最前面說明「仁」的思想時提過，於此不憚厭煩再述，乃因著重點不同，故有必要再加以說明。

另外如第三章把〈衛靈公〉：子曰：「吾嘗終日不食，終夜不寢，以思，無益，不如學也。」和〈爲政〉篇，子曰：「吾十有五而至於學，三十而立，四十而不惑，五十而知天命，六十而耳順，七十而從心所欲不逾矩。」二段文字放一起，很簡單的說出孔子立志求學的原因，強調學習的重要。第八章將〈里仁〉「朝聞道夕死可矣」，連結〈衛靈公〉「多學而識之」，闡明其學道之義。第十章談仁，把十一個人物放在一起討論，令尹子文和陳文子出自〈公冶長〉，「殷之三仁」出於〈微子〉：「微子去之，箕子爲之奴，比干諫而死。孔子曰：『殷有三仁焉。』」「孤竹君之二子」爲伯夷、叔齊，出於〈述而〉：「冉有曰：『夫子爲衛君乎？』子貢曰：『諾，吾將問之。』入，曰：『伯夷、叔齊何人也？』曰：『古之賢人也。』曰：『怨乎？』曰：『求仁而得仁，又何怨？』出，曰：『夫子不爲也。』」「齊管仲」則是〈憲問〉：「子路曰：『桓公殺公子糾，召忽死之，管仲不死。』曰：『未仁乎？』子曰：『桓公九合諸侯，不以兵車，管仲之力也。如其仁，如其仁。』」及：「子貢曰：『管仲非仁者與？桓公殺公子糾，不能死，又相之。』子曰：『管仲相桓公，霸諸侯，一匡天下，民到于今受其賜。微管仲，吾其被髮左衽矣。豈若匹夫匹婦之爲諒也，自經於溝瀆而莫之知也？』」「冉有、子路之政事，公西華之應對。」出於〈公冶

〔註238〕陳昇輝：〈蘇轍《論語拾遺》試探〉，頁164。

長〉:「孟武伯問:『子路仁乎?』子曰:『不知也。』又問。子曰:『由也,千
乘之國,可使治其賦也,不知其仁也。』『求也何如?』子曰:『求也,千室
之邑,百乘之家,可使為之宰也,不知其仁也。』『赤也何如?』子曰:『赤
也,束帶立於朝,可使與賓客言也,不知其仁也。』」又比如第二十一章,談
到以禮制欲以臻於道的過程,舉例以「人之少也,血氣未定,戒之在色」為
欲,然後教以基本的〈周南〉、〈召南〉,可道之以禮而濟欲,達到「始學者安
焉,由是以免於蔽」的效果。用了〈季氏〉「君子有三戒」與〈陽貨〉孔子告
誡伯魚讀〈周南〉、〈召南〉事。最後二十四章,強調學習,共用了〈學而〉「弟
子入則孝」章、〈陽貨〉「六言六蔽」章,〈公冶長〉「十室之邑」章,以孔子
之語來證明好學的重要。

蘇轍能用以經說經方式談《論語》,可見其對《論語》相當熟悉,才能信
手拈來,運用自如。

(二)引他書以證《論語》

除了以《論語》中的字句互解外,蘇轍也利用其他書的說法來解釋《論
語》。如第二章用《易·繫辭下》:「《易》无思也,无為也,寂然不動,感而
遂通天下之故。」解釋《詩》的「思無邪」(〈為政〉篇:子曰:「《詩》三百,
一言以蔽之,曰『思無邪』。」),無形中將之導入道家之說。第十一章談到臧
文仲事,蘇轍引用了《左傳》文公二年文:「仲尼曰:『臧文仲其不仁者三,
不知者三。下展禽,廢六關,妾織蒲,三不仁也。作虛器,縱逆祀,祀爰居,
三不知也。』」其實在《論語》中提到臧文仲只有二處,〈公冶長〉的「子曰:
『臧文仲居蔡,山節藻梲,何如其知也?』」及〈衛靈公〉:「子曰:『臧文仲
其竊位者與?知柳下惠之賢而不與立也。』」但蘇轍在討論臧文仲時,卻未提
及上二則,而用涵括性較大的《左傳》。所謂的「下展禽」指的是上引〈衛靈
公〉中臧文仲使柳下惠屈於己下之事。而「作虛器」則是〈公冶長篇〉臧文
仲居蔡、住所豪奢有違禮法一事。蘇轍藉由《左傳》之文,補充了《論語》
中所記的不足之處,如此方能顯出蘇轍所說:「夫君子而不仁,則臧文仲之類。」
第十三章駁蘇軾用了《後漢書》、《舊唐書》、《史記》三書。第十四章討論〈泰
伯〉:「武王曰:『予有亂臣十人。』孔子曰:『才難,不其然乎?唐、虞之際,
於斯為盛。有婦人焉,九人而已。』」何晏注云:「十人,謂周公旦、召公奭、
太公望、畢公、榮公、太顛、閎夭、散宜生、南宮适,其一人謂文母。劉侍
讀以為子無臣母之義,蓋邑姜也。九人治外,邑姜治內。」其中的「婦人」,

有說是武王母親，也有以爲是武王之后。而蘇轍認爲是武王之母——太姒，並引《左傳》文公九年文「秦人來歸，僖公成風之襚」爲說。第二十三章語及「切問而近思」，要從近者開始，而「君子之道，造端乎夫婦，及其至也，察乎天地」乃出於《中庸》。

引書以詮釋文本的方式，有助於說者解釋發揮；而我們亦發現蘇轍《論語拾遺》敍述聖人時，非常的實際，呈現出融合三教，重視人情的特色。

唐韓愈興起「古文運動」，欲重振儒家之學；宋初儒者再繼續發揚古文運動的精神，拒斥佛老，維護儒學正統。蘇洵在〈史論〉云：「雖然經以道法勝，史以事詞勝。經不得史，無以證其褒貶。史不得經，無以酌其輕重。經非一代之實錄，史非萬世之常法。體不相沿，而用實相資焉。」〔註239〕可說代表了當時古文寫作者對經、史之尊敬態度，與以經觀史，以史證經的看法，體現文以載道的精神。在本章，我們觀察到了，劉敞、蘇軾、蘇轍以古文家的方式詮解《論語》，多方引書爲證，而這個模式與邢昺的注疏之學其實相差不大，猶有注疏之風，可視爲邢昺之延續。但他們引書爲證的目的不是解釋舊說，而是爲自己立論，這又是日後義理之學的特色，可見古文家無形中扮演了承上啟下的角色。同時他們的廣泛引用諸書，與日後的理學系統只喜引《大學》、《中庸》、《孟子》爲說，亦是一大區別。

〔註239〕〔宋〕蘇洵：《嘉祐集》（臺北市：臺灣商務印書館，2009年《景印文淵閣四庫全書》），卷9，頁12。

第六章　理學派《論語》學（上）

　　理學派包括胡瑗、孫復、周敦頤、張載、二程等人。因文字較多，故分二章呈現，此章分四節介紹胡瑗、孫復、周敦頤、張載，二程則於第七章再論。

第一節　胡瑗《論語》學

　　胡瑗（993～1059）、孫復（992～1057）、石介（1005～1045）三人號稱「宋初三先生」。《宋元學案》的第一個案主就是胡瑗的〈安定學案〉，全祖望在案語說：

> 宋世學術之盛，安定、泰山為之先河，程、朱二先生皆以為然。安定沈潛，泰山高明；安定篤實，泰山剛健，各得其性稟之所近。要其力肩斯道之傳，則一也。安定似較泰山為更醇。小程子入太學，安定方居師席，一見異之。講堂之所得，不已盛哉！述〈安定學案〉。
> 〔註1〕

由此可見胡瑗、孫復在理學中的地位，以下且依《宋元學案》之順序，先看胡瑗的《論語》學。

一、胡瑗生平

　　據《宋史》記，胡瑗首次進京當官的經過是這樣的：

> 胡瑗字翼之，泰州海陵人。以經術教授吳中，年四十餘。景祐初，

〔註 1〕〔清〕黃宗羲撰，全祖望補訂：《增補宋元學案》（臺北市：臺灣中華書局，《四庫備要》據清道光道州何氏刻校刊本），卷首，頁1。

更定雅樂，詔求知音者。范仲淹薦瑗，白衣對崇政殿。與鎮東軍節
度推官阮逸同較鐘律，分造鐘磬各一虡。以一黍之廣爲分，以制尺，
律徑三分四釐六毫四絲，圍十分三釐九毫三絲。又以大黍累尺，小
黍實龠。丁度等以爲非古制，罷之。授瑗試祕書省校書郎。范仲淹
經略陝西，辟丹州推官。以保寧節度推官教授湖州。瑗教人有法，
科條纖悉備具，以身先之。雖盛暑必公服坐堂上，嚴師弟子之禮。
視諸生如其子弟，諸生亦信愛如其父兄。從之游者常數百人。慶曆
中，興太學，下湖州取其法，著爲令。召爲諸王宮教授，辭疾不行。
爲太子中舍，以殿中丞致仕。〔註2〕

由上可知，胡瑗的興起，范仲淹對他的推薦是關鍵。從祕書省校書郎、丹州
推官、保寧節度推官，然後成就湖州學風，都是因爲范仲淹的知遇。後來再
度進入朝廷，爲太子中舍、殿中丞，成爲皇族的老師，影響又擴大許多。所
以《宋史》才會在孫復本傳說：「瑗治經不如復，而教養諸生過之。」〔註3〕
其實胡瑗就是因爲教授湖州而成就其教養之功的，根據〈安定學案〉記：

滕宗諒知湖州，聘爲教授。先生倡明正學，以身先之。雖盛暑，必
公服坐堂上，嚴師弟子之禮。視諸生如子弟，諸生亦愛敬如父兄。
其教人之法，科條纖悉具備。立「經義」、「治事」二齋：經義則選
擇其心性疏通、有器局、可任大事者，使之講明《六經》。治事則一
人各治一事，又兼攝一事，如治民以安其生，講武以禦其寇，堰水
以利田，算曆以明數是也。凡教授二十餘年。慶曆中，天子詔下蘇、
湖，取其法，著爲令於太學。召爲諸王宮教授，辭疾不行。〔註4〕

這裡所記比《宋史》還清楚。若追其淵源，此與孔門四科之意義有異曲同工
之妙，而論其影響，則更可以看作是王安石變法時「太學三舍」法的先聲了。

二、胡瑗有關《論語》之著作及其義理

現今流傳的胡瑗的著作有限，關於《論語》的著作更少，《宋元學案》中
收〈論語說〉八則，是比較能夠直接觀察他的《論語》學的地方，試先逐條
分析如下：〔註5〕

〔註2〕　〔元〕脫脫等：《宋史》，卷432，頁12～13。
〔註3〕　〔元〕脫脫等：《宋史》，卷432，頁8。
〔註4〕　〔清〕黃宗羲撰，全祖望補訂：《增補宋元學案》，卷1，頁1。
〔註5〕　〔清〕黃宗羲撰，全祖望補訂：《增補宋元學案》，卷1，頁2～3。

1. 友者輔仁之任，不可以非其人。故仲尼嘗曰：「吾死，商也日進，賜也日退。」商好與勝己者處，賜好與不如己者處也。（無友不如己者）

案：此本《孔子家語》之文。原文如下：

孔子曰：「吾死之後，則商也日益，賜也日損。」曾子曰：「何謂也？」子曰：「商也好與賢己者處，賜也好說不若己者。不知其子，視其父；不知其人，視其友；不知其君，視其所使；不知其地，視其草木。故曰：與善人居，如入芝蘭之室，久而不聞其香，即與之化矣；與不善人居，如入鮑魚之肆，久而不聞其臭，亦與之化矣。丹之所藏者赤，漆之所藏者黑。是以君子必慎其所與處者焉。」〔註6〕

胡瑗的用意當然是強調交友的重要。但是引《家語》中的記載為證，卻不見得恰當。因為據《史記‧仲尼弟子列傳》記，子貢在孔子死後，曾相魯、衛，〔註7〕怎說是「日損」呢？則所重之義理，不在於史實。

2. 非止聞夫子之道，凡聞人之善言善行，皆如是。（子路唯恐有聞）

案：此本論子路的實踐性，原文為：

「子路有聞，未之能行，唯恐有聞。」（〈公冶長〉）

史稱子路是一位重信用的人，所以從這裡也可以看到他即知即行的一面。

3. 命者稟之說于天，性者命之在我。在我者修之，稟于天者順之。愚、魯、辟、喭，皆道其所短而使修之者也。（愚、魯，辟、喭）

案：此論命與性，本〈先進〉篇中的：「柴也愚，參也魯，師也辟，由也喭。」命性之說本於《孟子‧盡心下》：

孟子曰：「口之於味也，目之於色也，耳之於聲也，鼻之於臭也，四肢之於安佚也，性也，有命焉，君子不謂性也。仁之於父子也，義之於君臣也，禮之於賓主也，智之於賢者也，聖人之於天道也，命也，有性焉，君子不謂命也。」〔註8〕

胡瑗認同「在我之性」可以經由努力修成正果，「在天之命」就只要順著天就好了。

〔註6〕〔魏〕王肅：《孔子家語》，卷4，頁7。「日退」與「日損」之文稍有異。
〔註7〕〔漢〕司馬遷：《史記》，卷67，頁9～14。
〔註8〕《孟子注疏》，卷14上，頁120。

4. 公叔文子與大夫僎同升諸公,孔子曰「可以爲『文』;臧文仲知柳下
　惠之賢而不舉,孔子謂之「竊位」。由此觀之,君子以薦賢爲己任。(臧
　文仲竊位)

　　案:此論君子以薦賢爲己任,一出於〈憲問篇〉篇中的記載:「公叔文
　　　子之臣大夫僎,與文子同升諸公。子聞之曰:『可以爲文矣。』」
　　　一出於〈衛靈公〉篇中的記載:

「子曰:『臧文仲其竊位者與?知柳下惠之賢,而不與立也。』」胡瑗
認爲薦賢是君子的責任,這也成爲宋代理學家大量培養人才,舉薦人
才的濫觴,歐陽脩〈胡先生墓表〉曰:「師道廢久矣,自景祐、明道以
來,學者有師,惟先生暨泰山孫明復、石守道三人,而先生之徒最盛。」
〔註9〕

　　因爲有這樣興盛的學風,才能引出後來程朱理學的盛況,所以黃震後來
記曰:「師道之廢,正學之不明,久矣!宋興八十年,安定胡先生、泰山孫先
生、徂徠石先生,始以其學教授,而安定之徒最盛,繼而伊洛之學興矣。」〔註
10〕不是沒有道理的。

5. 子貢之言,甚而言之也。孔子固學于人而後爲孔子。(子貢言夫子不
　可及)

　　案:此論孔子的平凡性。出於〈子張〉篇中的記載:

陳子禽謂子貢曰:「子爲恭也,仲尼豈賢於子乎?」子貢曰:「君子一
言以爲知,一言以爲不知,言不可不愼也。夫子之不可及也,猶天之
不可階而升也。夫子之得邦家者,所謂立之斯立,道之斯行,綏之斯
來,動之斯和。其生也榮,其死也哀,如之何其可及也。」

　　因爲孔子是子貢的老師,所以不敢拿老師比較,才說「不可及」。胡瑗認
爲子貢的說法有其理由,但是並非客觀而言,所以才說是「甚而言之」。就客
觀而言,孔子總是「人」,當然是從人學習而來,也就是說孔子是「可及」,

〔註 9〕　〔宋〕歐陽脩:《文忠集》,卷125,頁8。
〔註10〕　〔宋〕黃震:《黃氏日鈔》,卷45,頁124。程頤〈回禮部取問狀〉也曾記:「胡
　　　　太常瑗、張著作載,邵推官雍之輩,所居之鄉,學者不遠千里而至,願一識
　　　　其面,一聞其言,以爲楷模。」「往年,胡博士瑗講《易》,常有外來請聽者,
　　　　多或至千數人。」《二程集》,頁568。可見從胡瑗到張載、邵雍等人,都吸引
　　　　很多人從學,以後進入官場或成爲大儒者也不計其數,對於儒學影響社會做
　　　　出了很大的貢獻。

等於是在說「聖人」也是可學而至的，這種看法也是同於《孟子‧滕文公上》
所記：

> 世子自楚反，復見孟子。孟子曰：「世子疑吾言乎？夫道一而已矣。
> 成覵謂齊景公曰：『彼丈夫也，我丈夫也，吾何畏彼哉？』顏淵曰：
> 『舜何人也？予何人也？有爲者亦若是。』公明儀曰：『文王我師也，
> 周公豈欺我哉？』今滕，絕長補短，將五十里也，猶可以爲善國。《書》
> 曰：『若藥不瞑眩，厥疾不瘳。』」〔註11〕

孟子以顏淵的說法，勸滕國世子要有自信。宋儒後來強調聖人之可學而至，
與孟子之說法是相同的，這論點可以提供學者修養可以達成的目標，同時也
可以與釋教的眾人皆可成佛之說相抗衡。

6. 冉求有爲政之才，故曰「可使爲宰」；及其聚斂不合正道，故曰「小
   子鳴鼓而攻之可也」。如美管仲之功，則曰「如其仁，如其仁」；至于
   鄙管仲之僭，則曰「管氏而知禮，孰不知禮」。（孔子稱冉求可使爲宰，
   又鄙爲「小子」）
   　案：此議孔子的人物評論，並說孔子論人公正，不以偏概全。關於季
   　　　氏的事，一出於〈公冶長〉篇：
   > 孟武伯問：「子路仁乎？」子曰：「不知也。」又問。子曰：「由也，千
   > 乘之國，可使治其賦也，不知其仁也。」「求也何如？」子曰：「求也，
   > 千室之邑，百乘之家，可使爲之宰也，不知其仁也。」「赤也何如？」
   > 子曰：「赤也，束帶立於朝，可使與賓客言也，不知其仁也。」

　一出於〈先進〉篇：

> 季氏富於周公，而求也爲之聚斂而附益之。子曰：「非吾徒也。小子
> 鳴鼓而攻之，可也。」

　冉求雖是孔門高徒，四科十哲之一，具有政事專長，但是孔子對其不合
道理的行爲，一樣會提出不客氣的批評。而關於管仲的事，一出於〈憲問〉
篇：

> 子路曰：「桓公殺公子糾，召忽死之，管仲不死。」曰：「未仁乎？」
> 子曰：「桓公九合諸侯，不以兵車，管仲之力也。如其仁！如其仁！」

　一出於〈八佾〉篇：

〔註11〕《孟子注疏》，卷5上，頁12。

> 子曰：「管仲之器小哉！」或曰：「管仲儉乎？」曰：「管氏有三歸，官事不攝，焉得儉？」「然則管仲知禮乎？」曰：「邦君樹塞門，管氏亦樹塞門；邦君爲兩君之好，有反坫，管氏亦有反坫。管氏而知禮，孰不知禮？」

從孔子的評論，最可以看出孔子對管仲的客觀態度，而非一味求全責備。另外，亦反映其重視外王事業。

7. 古之取人以德，不取其有言，言與德兩得之。今之人兩失之。（有德者必有言，有言者不必有德）

案：此論古今取人標準之異，出於〈憲問篇〉：

> 子曰：「有德者，必有言。有言者，不必有德。仁者，必有勇。勇者，不必有仁。」

今之人爲何兩失之呢？依胡瑗的說法顯然是因爲「以德」標準的改變。今之標準不以德，可能只以言，或是更低的標準，所以才導致言與德兩失之。這是本末倒置的結果。其實，孔子早就說過「以言取人，失之宰予」的反省之語，但是，後代能夠記取此眞理，而加以時時注意的，還是少數，到胡瑗的時代都還是如此！

8. 取以一時之能，而不責以平生之行。（孔子見互鄉童子。）

案：此論孔子取人之標準，出於〈述而〉篇：

> 互鄉難與言，童子見，門人惑。子曰：「與其進也，不與其退也，唯何甚！人潔己以進，與其潔也，不保其往也。」

胡瑗解以「取以一時之能，而不責以平生之行」，正可以印證他在平時教學的因才施教。其識人與教人的安排是一貫作業的，也只有像他那樣「取以一時之能，而不責以平生之行」的器量，才有辦法像孔子那樣的因才施教，成就那麼多人才。

熙寧二年，神宗曾要劉彝比較胡瑗與王安石時，劉彝回答說：

> 臣師胡瑗以道德仁義教東南諸生時，王安石方在場屋中修進士業。臣聞聖人之道，有體、有用、有文。君臣父子，仁義禮樂，歷世不可變者，其體也。詩書史傳子集，垂法後世者，其文也。舉而措之天下，能潤澤斯民，歸于皇極者，其用也。國家累朝取士，不以體用爲本，而尚聲律浮華之詞，是以風俗偷薄。臣師當寶元、明道之

間，尤病其失，遂以明體達用之學授諸生。夙夜勤瘁，二十餘年，
專切學校。始于蘇、湖，終于太學，出其門者無慮數千餘人。故今
學者明夫聖人體用，以爲政教之本，皆臣師之功，非安石比也。」
帝曰：「其門人今在朝者爲誰？」對曰：「若錢藻之淵篤，孫覺之純
明，范純仁之直溫，錢公輔之簡諒，皆陛下之所知也。其在外，明
體達用之學，教於四方之民者，殆數十輩。其餘政事、文學粗出于
人者，不可勝數。此天下四方之所共知也。」〔註12〕

認爲胡瑗實踐了聖人的明體達用之學，影響深遠。由因才施教，強調學習，
提拔人才，注重實際事功，可見胡瑗的《論語》學是實踐的學問。

第二節　孫復《論語》學

一、孫復生平

　　孫復雖比胡瑗大一歲，但是當初一起在泰山苦讀，兩人算是同輩，《宋史》
記：

　　石介有名山東，自介而下皆以先生事復。年四十不娶，李迪知其賢，
以其弟之子妻之。復初猶豫，石介與諸弟子請曰：「公卿不下士久矣，
今丞相不以先生貧賤，欲託以子，宜因以成丞相之賢名。」復乃聽。
孔道輔聞復之賢，就見之，介執杖屨立侍復左右，升降拜則扶之，
其往謝亦然。介既爲學官，語人曰：「孫先生非隱者也。」於是范仲
淹、富弼皆言復有經術，宜在朝廷。除祕書省校書郎、國子監直講。
車駕幸太學，賜緋衣銀魚，召爲邇英閣祗候說書。楊安國言其講說
多異先儒，罷之。〔註13〕

由此可知，連石介都尊稱孫復爲師，其他人就更不用說了。唯一可以跟他並
稱的就只有胡瑗。但是因爲兩人個性不同，治學方向也就有異，導致《宋史》
竟稱：「復與胡瑗不合，在太學常相避。」又說：「瑗治經不如復，而教養諸
生過之。」〔註14〕其實，這恐怕是孫復、石介一派後來發展較胡瑗一派不廣，
所造成的誤傳。胡瑗既然佔了弟子滿門的優勢，後代記載偏向胡瑗是可以想

〔註12〕〔清〕黃宗羲撰，全祖望補訂：《增補宋元學案》，卷1，頁12。
〔註13〕〔元〕脫脫等：《宋史》，卷432，頁7。
〔註14〕〔元〕脫脫等：《宋史》，卷432，頁8。

像的。而孫復的經學會被說成「其講說多異先儒」，就此點而言，只要看其《春秋尊王發微》就可以知道並非過言。這一點與胡瑗的經學比起來，孫復的確是眞的比較「本於陸淳，而增新意」。〔註15〕但是從這方面看，胡瑗的經學顯然就沒那麼「有創意」。再者，以本傳所記關於他取妻之事，更可以看出他個性的孤僻，與一般人大不同。而石介比起他來，是有過之無不及的，《宋史》記石介：

篤學有志尚，樂善疾惡，喜聲名，遇事奮然敢爲。御史臺辟爲主簿。

未至，以論赦書不當求五代及諸僞國後，罷爲鎮南掌書記。〔註16〕

還沒上任就被貶官，和他的「樂善疾惡，喜聲名，遇事奮然敢爲」個性是有關的。不過，他還是有實學的，所以「入爲國子監直講，學者從之甚眾，太學繇此益盛」。後來，孫復是因爲他而進入朝廷的。他的個性最明顯的表現就在於那一首〈慶曆聖德詩〉。〔註17〕但是詩一流傳出去，他的老師孫復就預言：

〔註15〕〔元〕脫脫等：《宋史》，卷432，頁7。

〔註16〕〔元〕脫脫等：《宋史》，卷432，頁8。

〔註17〕原詩如下：「於惟慶曆，三年三月。皇帝龍興，徐出闈闥。晨坐太極，晝開閶闔。躬覽英賢，手鉏姦枿。大聲渢渢，震搖六合。如乾之動，如雷之發。昆蟲蠕蠕，怪妖藏滅。同明道初，天地嘉吉。

初聞皇帝，蹙然言曰：「予祖予父，付予大業。予恐失墜，實賴輔弼。汝得象、殊，重慎微密。君相予久，予嘉君伐。君仍相予，笙鏞斯協。昌朝儒者，學問該洽。與予論政，傅以經術。汝貳二相，庶績咸秩。

惟汝仲淹，汝誠予察。太后乘勢，湯沸火熱。汝時小臣，危言業業。爲予司諫，正予門闑。爲予京兆，聖予讒說。賊叛予夏，往予式遏。六月酷日，大冬積雪。汝寒汝暑，同予士卒。予聞辛酸，汝不告乏。予晚得弼，予心弼悅。弼每見予，無有私謁。以道輔予，弼言深切。予不堯、舜，弼自答罰。諫官一年，疏奏滿篋。侍從周歲，忠力屢竭。契丹忘義，檮杌饕餮。敢侮大國，其辭慢悖。弼將予命，不畏不怵。卒復舊好，民得食禍。沙磧萬里，死生一節。視弼之膚，霜剝風裂。觀弼之心，鍊金鍛鐵。寵名大官，以酬勞渴。弼辭不受，其志莫奪。惟仲淹、弼，一夔一契。天實賚予，予其敢忽。並來弼予，民無瘥札。

日衍汝來，汝予黃髮。事予二紀，毛禿齒齾。心如一分，率履弗越。遂長樞府，兵政無蹷。予早識琦，琦有奇骨。其器魁落，豈視居楔。其人渾樸，不施剞劂。可屬大事，敦厚如勃。琦汝副衍，知人予哲。

惟脩惟靖，立朝軻軻。言論硠硠，忠誠特達。祿微身賤，其志不怵。嘗詆大官，亟遭貶黜。萬里歸來，剛氣不折。屢進直言，以補予闕。素相之後，含忠履潔。昔爲御史，幾叩予榻。襄雖小官，名聞予徹。亦嘗獻言，箴予之失。剛守粹愨，與脩儔匹。並爲諫官，正色在列。予過汝言，毋鉗汝舌。」皇帝聖明，忠邪辨別。舉擢俊良，掃除妖魅。眾賢之進，如茅斯拔。大姦之

「子禍始於此矣。」後來，果然得罪人，差一點死後還被開棺驗屍，落得叛國罪名。在這樣的情況之下，與胡瑗退休時「諸生與朝士祖餞東門外，時以爲榮」〔註18〕及「以太常博士致仕。東歸之日，弟子祖帳，百里不絕，時以爲榮」〔註19〕相比，是不是有如天壤之別呢？而連全祖望都說：「安定似較泰山爲更醇。」〔註20〕20 顯然也是站在一般經學來看兩者的差異的。比起全祖望所言的兩人個性差異，筆者更相信兩人經學差異所在也正在個性上，而不是眞有醇不醇的問題。

二、孫復有關《論語》之著作及其義理

　　孫復與石介的理學主要是建立在史論上。孫復流傳的著作比胡瑗多，除了《春秋尊王發微》以外，在《孫明復小集》中還有許多史論與其他雜著。他的學問是從《春秋》入手，與史學關係較密切，石介〈泰山書院記〉說：

> 先生嘗以謂：「盡孔子之心者《大易》，盡孔子之用者《春秋》，是二大經，聖人之極筆也，治世之大法也。」故作《易說》六十四篇、《春秋尊王發微》十二卷。〔註21〕

他的《易說》已不能見全貌，而《春秋尊王發微》則保留下來了。不過，他的《春秋尊王發微》的重要並非對《春秋》經有何精湛的注解，後人甚至批評他有太多牴牾之處。〔註22〕他在此書中的解釋，重要的就是他對「尊王」

去，如距斯脫。上倚輔弼，司予調燮。下賴諫諍，維予紀法。左右正人，無有邪孽。予望太平，日不逾浹。

皇帝嗣位，二十二年。神武不殺，其默如淵。聖人不測，其動如天。賞罰在予，不失其權。恭己南面，退姦進賢。知賢不易，非明弗得。去邪惟艱，惟斷乃克。明則不貳，斷則不惑。既明且斷，惟皇帝之德。

羣臣跼踏，重足屏息，交相教語：曰惟正直，毋作側僻，皇帝汝殛。諸侯危慄，墮玉失舃，交相告語：皇帝神明，四時朝覲，謹修臣職。四夷走馬，墜鐙遺策，交相告語：皇帝英武，解兵修貢，永爲屬國。皇帝一舉，羣臣懾焉，諸侯畏焉，四夷服焉。臣願皇帝，壽萬千年。」參見〔明〕陳邦瞻：《宋史紀事本末》，卷5，頁50～52。

〔註18〕〔元〕脫脫等：《宋史》，卷432，頁13。
〔註19〕〔清〕黃宗羲撰，全祖望補訂：《增補宋元學案》，卷1，頁1。
〔註20〕〔清〕黃宗羲撰，全祖望補訂：《增補宋元學案》，卷1，頁1。
〔註21〕〔宋〕石介：《徂徠集》，卷19，頁7。
〔註22〕如《欽定四庫全書總目》於〈春秋權衡〉條云：「葉夢得作《春秋傳》，於諸家義疏多所排斥，尤詆孫復《尊王發微》，謂其不深於禮學，故其言多自牴牾，有甚害於經者。雖概以禮論當時之過，而不能盡禮之制，尤爲膚淺。惟於敞

與「尊聖」的極力闡發。「尊王」一事，這在書名中已可看出梗概，而「尊聖」則是夾雜在他的各則解釋中所引的諸經文句與自己的評論。他的《論語》學也從此可以看出。

　　孫復的《論語》學就如他的《春秋》學一般，從尊王開始，尊聖其次。今存的《孫明復小集》中，一開始就是〈堯權議〉，主旨在為堯辨解；其次是〈舜制議〉，是為舜辨解；再其次則是〈文王論〉，是為文王辨解。〔註23〕這三位就是傳統所謂的「聖王」，是儒家外王的最高典範，根據《論語》中的記載，堯是這樣的：

　　　　子曰：「大哉，堯之為君也！巍巍乎！唯天為大，唯堯則之。蕩蕩乎！

　　　　民無能名焉。巍巍乎！其有成功也；煥乎，其有文章！」〔註24〕

而舜是這樣得到堯的傳位的：

　　　　堯曰：「咨！爾舜！天之曆數在爾躬。允執其中。四海困窮，天祿永

　　　　終。」舜亦以命禹。曰：「予小子履，敢用玄牡，敢昭告于皇皇后帝：

　　　　有罪不敢赦。帝臣不蔽，簡在帝心。朕躬有罪，無以萬方；萬方有

　　　　罪，罪在朕躬。」周有大賚，善人是富。「雖有周親，不如仁人。百

　　　　姓有過，在予一人。」謹權量，審法度，修廢官，四方之政行焉。

　　　　興滅國，繼絕世，舉逸民，天下之民歸心焉。所重：民、食、喪、

　　　　祭。寬則得眾，信則民任焉，敏則有功，公則說。〔註25〕

關於舜治理天下，子夏曾經這麼說過：

　　　　樊遲問仁。子曰：「愛人。」問知。子曰：「知人。」樊遲未達。子

　　　　曰：「舉直錯諸枉，能使枉者直。」樊遲退，見子夏。曰：「鄉也吾

　　　　見於夫子而問知，子曰，『舉直錯諸枉，能使枉者直』，何謂也？」

　　　　子夏曰：「富哉言乎！舜有天下，選於眾，舉皋陶，不仁者遠矣。湯

　　　　有天下，選於眾，舉伊尹，不仁者遠矣。」〔註26〕

這裡不但說到舜，也說到湯，他們都能夠舉用賢人，所以也吸引更多賢人來

　　　　則推其淵源之正，蓋敵邃於禮。」卷126，頁125。而孫復盡廢三傳與主張《春

　　　　秋》有貶無褒的說法，《四庫》館臣也都不贊成。參見《欽定四庫全書總目》，

　　　　卷126，頁121～22。

〔註23〕以下所引有關三篇文章均出於《孫明復小集》。為求簡明，不再贅註。

〔註24〕《論語・泰伯》。

〔註25〕《論語・堯曰》。

〔註26〕《論語・顏淵》。

幫他們治理天下。

　　實際上，舜的大臣中有名的很多，這些大臣一般被認定是輔佐舜成就聖業的好幫手，〈堯曰〉記：「舜有臣五人而天下治。」孔安國註說：「禹、稷、契、皋陶、伯益。」朱熹註也一樣。不過，舜的治天下比堯更有方法，所以孔子也說他：「無爲而治者，其舜也與？夫何爲哉，恭己正南面而已矣。」〔註27〕舜又傳位給禹，成就了所謂的禪讓政治，所以孔子稱讚說：「巍巍乎！舜、禹之有天下也，而不與焉。」〔註28〕

　　至於文王呢？孔子曾如此說：

　　　子畏於匡。曰：「文王既沒，文不在茲乎？天之將喪斯文也，後死者

　　　不得與於斯文也；天之未喪斯文也，匡人其如予何？」〔註29〕

孔子把文王當作周文的創立者，而孔子是以繼承者自居的。文王的創立周文，當然也有賴於武王的繼承，有一則云：

　　　武王曰：「予有亂臣十人。」孔子曰：「才難，不其然乎？唐、虞之

　　　際，於斯爲盛。有婦人焉，九人而已。三分天下有其二，以服事殷。

　　　周之德，其可謂至德也已矣。」〔註30〕

可見孔子也承認武王之時的人才盛多，故稱美「周之德，其可謂至德也已矣」。這些都是從文王時代說起的。〔註31〕由以上《論語》中的記載可以知道，從堯、舜、禹、湯到文、武二王這些開國之君，都是孔子或孔門弟子所稱讚的國君，所以，在孫復的思想中，這些君王是聖王，與他的尊王思想正可以相輔相成的發揮。既然如此，在孫復的尊王思想中，當然不允許這些聖王有缺點存在，他就針對別人的批評提出堅強的反駁。以下就依此來看他的論點。

　　一般人認爲這三位聖王有何缺點呢？依孫復之意，第一篇主要是針對「先儒稱堯不能舉，不能去」而發。這論點最早出於《左傳》：

〔註27〕《論語·衛靈公》。

〔註28〕《論語·泰伯》。

〔註29〕《論語·子罕》。

〔註30〕《論語·堯曰》。

〔註31〕包咸曰：「殷紂淫亂，文王爲西伯而有聖德，天下歸周者三分有二，而猶以服事殷，故謂之至德。」鄭玄又云：「於時三分天下有其二，以服事殷，故雍、梁、荊、豫、徐、楊之人咸被其德而從之。」鄭既引《論語》三分有二，故據〈禹貢〉州名指而言之，雍、梁、荊、豫、徐、楊歸文王，其餘冀、青、兗屬紂，九州而有其六，是爲三分有其二也。參見《論語注疏》，卷10，頁73。朱熹註同鄭玄之說，見《論語集註》，卷4，頁108。

莒紀公子生大子僕，又生季佗，愛季佗而黜僕，且多行禮於國，僕
因國人以弒紀公，以其寶玉來奔，納諸宣公，公命與之邑，曰：今
日必授。季文子使司寇出諸竟，曰：今日必達。公問其故，季文子
使大史克對曰：先大夫臧文仲，教行父事君之禮，行父奉以周旋，
弗敢失隊，曰：見有禮於其君者事之，如孝子之養父母也，見無禮
於其君者誅之，如鷹鸇之逐鳥雀也。先君周公制周禮曰：則以觀德，
德以處事，事以度功，功以食民。作誓命曰：毀則為賊，掩賊為藏，
竊賄為盜，盜器為姦，主藏之名，賴姦之用，為大凶德，有常無赦，
在九刑不忘。行父還觀莒僕，莫可則也，孝敬忠信為吉德，盜賊藏
姦為凶德。夫莒僕，則其孝敬，則弒君父矣，則其忠信，則竊寶玉
矣，其人，則盜賊也，其器，則姦兆也，保而利之，則主藏也，以
訓則昏，民無則焉，不度於善，而皆在於凶德，是以去之。昔高陽
氏有才子八人，蒼舒，隤敱，檮戭，大臨，尨降，庭堅，仲容，叔
達，齊聖廣淵，明允篤誠，天下之民，謂之八愷。高辛氏有才子八
人，伯奮，仲堪，叔獻，季仲，伯虎，仲熊，叔豹，季貍，忠肅共
懿，宣慈惠和，天下之民，謂之八元。此十六族也，世濟其美，不
隕其名，以至於堯，堯不能舉，舜臣堯，舉八愷，使主后土，以揆
百事，莫不時序，地平天成。舉八元，使布五教于四方，父義，母
慈，兄友，弟共，子孝，內平，外成。昔帝鴻氏有不才子，掩義隱
賊，好行凶德，醜類惡物，頑嚚不友，是與比周，天下之民，謂之
渾敦。少皞氏有不才子，毀信廢忠，崇飾惡言，靖譖庸回，服讒蒐
慝，以誣盛德，天下之民，謂之窮奇，顓頊有不才子，不可教訓，
不知話言，告之則頑，舍之則嚚，傲很明德，以亂天常，天下之民，
謂之檮杌。此三族也，世濟其凶，增其惡名，以至于堯，堯不能去。
縉雲氏有不才子，貪于飲食，冒于貨賄，侵欲崇侈，不可盈厭，聚
斂積實，不知紀極，不分孤寡，不恤窮匱，天下之民，以比三凶，
謂之饕餮。舜臣堯，賓于四門，流四凶族，渾敦、窮奇、檮杌、饕
餮，投諸四裔，以禦螭魅，是以堯崩而天下如一，同心戴舜，以為
天子，以其舉十六相，去四凶也，故〈虞書〉數舜之功曰：慎徽五
典，五典克從。無違教也。曰：納于百揆，百揆時序。無廢事也，
曰：賓于四門，四門穆穆。無凶人也。舜有大功二十而為天子，今

行父雖未獲一吉人，去一凶矣，於舜之功，二十之一也，庶幾免於
戾乎。〔註32〕

《左傳》所記的季文子之言本是在敘述史實，不過，孫復本於尊王思想，而
意圖爲堯的「不能舉，不能去」找一合理解釋，他說：

堯若盡舉八凱、八元，盡去三苗、四惡，則舜有何功於天下也？是
故，堯不舉而俾舜舉之，堯不去而俾舜去之，俟其功著於天下，四
岳十二牧莫不共臣之，九州四海莫不共戴之，然後授之大位，絕其
爭且叛也。非堯誰能與於此？

堯是第一位聖王，所以不能有絲毫缺失，孫復因此引孔子在《論語》中評論
堯的話做根據：

故孔子曰：「大哉！堯之爲君也，巍巍乎其有成功也，煥乎其有文章。」
蓋言堯以權授舜，其道宏大高遠之若是，而人莫有能見其跡者。

因爲堯之道是「宏大高遠」，所以一般人是「莫有能見其跡者」，因此，孫復
認定《左傳》中的記載也正是因爲這個原因而誤解的。他則是異於一般人的
見識，獨具慧眼的洞燭堯之道。這當然是由他在《論語》中看到的孔子的話
所引起的聯想。孫復的看法不能說完全沒有道理，不過，若再就事實而深論，
卻顯然有太過理想堯的問題。就如同他對《春秋》的尊王思想的解釋一般，
是絕對性的，不容有絲毫懷疑的。而他對《論語》中孔子的話的解讀也是有
誤差的，據邢昺的《論語》疏所說，這一段話是這樣的：

此章歎美堯也。「子曰：大哉，堯之爲君也！巍巍乎，惟天爲大，唯
堯則之」者，則，法也。言大矣哉，堯之爲君也！聰明文思，其德
高大。巍巍然有形之中，唯天爲大，萬物資始，四時行焉，唯堯能
法此天道而行其化焉。「蕩蕩乎，民無能名焉」者，蕩蕩，廣遠之稱。
言其布德廣遠，民無能識其名者焉。「巍巍乎，其有成功也」者，言
其治民功成化隆，高大巍巍然。「煥乎，其有文章」者，煥，明也。
言其立文垂制又著明也。〔註33〕

根本沒有提到「堯以權授舜」之事。朱熹的注則是：

唯，猶獨也。則，猶準也。蕩蕩，廣遠之稱也。言物之高大，莫有
過於天者，而獨堯之德能與之準。故其德之廣遠，亦如天之不可以

〔註32〕　《左傳注疏》，卷120，頁18～20。
〔註33〕　〔宋〕邢昺：《論語注疏》，卷8，頁72。

言語形容也。成功，事業也。煥，光明之貌。文章，禮樂法度也。
堯之德不可名，其可見者此爾。尹氏曰：「天道之大，無爲而成。唯
堯則之以治天下，故民無得而名焉。所可名者，其功業文章巍然煥
然而已。」〔註34〕

這裡也沒有提到「堯以權授舜」之事。若照尹焞的說法，孔子所言也只是指堯
的「功業文章」而已。而關於其中所謂的「則天」之道，各家似乎都說到無爲
而治的方面去了，這方面應該是孔子在論舜的時候所說的，他曾說過：「無爲而
治者，其舜也與？夫何爲哉，恭己正南面而已矣。」〔註35〕把「無爲」用在堯
身上，顯然不是孔子本意，至少我們在《論語》中看不到這樣類似的記載。

第二篇的〈舜制議〉則是針對舜的偉大而論。孫復認爲舜之所以偉大，
不是其他因素，而是「五服」之制的制定。他認爲，五服之制確定之後，天
下從此就大定，上下秩序井然，舜的功勞實在太大了，所以舜是聖人之極：

黃帝創之於前，帝堯奉之於後，然二帝之間，厥制未盡。黃帝取乾
坤，分上下，爲一人服，以至於堯，無所增益。逮乎虞舜，再觀厥
象，以盡其神，謂五等之制不可不正也。於是，分其命數，異其等
威，殊其采章，以登以降，自公而下，殺之以兩，然後一人之服，
五等之制，煥然而備。俾臣無以僭其君，下無以陵其上，賤無以加
其貴，僭陵篡奪之禍不作，雖四海之廣，億兆之眾，上穆下熙，可
高拱而治。

這是封建的原型功效。孫復以爲封建秩序的嚴明就是太平之世的保障，這還
是他尊王思想的引申。傳統封建制度就是建立在這樣的禮制金字塔結構之
中。不過，這樣顯然有兩個問題是無法解決的：一是五服之制若眞能提供這
麼穩固的秩序，那後來的改朝換代的原因又該如何解釋？其次是，五服之制
眞的是舜的時代制定的嗎？關於後者，《國語・周語》中有這樣的記載：

夫先王之制：邦内甸服，邦外侯服，侯、衛賓服，蠻、夷要服，戎、
狄荒服。甸服者祭，侯服者祀，賓服者享，要服者貢，荒服者王。
日祭、月祀、時享、歲貢、終王，先王之訓也。有不祭則修意，有
不祀則修言，有不享則修文，有不貢則修名，有不王則修德，序成
而有不至則修刑。于是乎有刑不祭，伐不祀，征不享，讓不貢，告

<hr>

〔註34〕 〔宋〕朱熹：《論語集註》，頁107。
〔註35〕 《論語・衛靈公》。

　　不王。于是乎有刑罰之辟，有攻伐之兵，有征討之備，有威讓之令，

　　有文告之辭。布令陳辭而又不至，則增修于德而無勤民于遠，是以

　　近無不聽，遠無不服。〔註36〕

這是指藩屬間的五服，也可看成是當時諸侯間的禮儀。就常理看，它的制定
應該比國內的五服之制還要早，因爲它是早期部落與部落之間的風俗所演化
的。雖然這裡只是說「先王之制」，未言明是何時代，但是依文意，不太可能
是指周朝以前的「先王」，而應該是指周的「先王」。因此，舜的時代就制定
出五服之制，便有點牽強了。孫復所堅持的理由是《易・繫辭下》與〈虞書・
皋陶謨〉的話，他說：

　　故《易》曰：「黃帝、堯、舜垂衣裳而天下治。」皋陶曰：「天命有

　　德，五服五章哉！」是也。若五等之制非由虞帝而備，則《易》何

　　以兼言夫舜？〈皋陶謨〉何繫之於〈虞書〉耶？

《易》之「垂衣裳而天下治」的說法，一樣又牽涉到無爲而治的說法，卻跟
五服之制不一定有關。而〈皋陶謨〉雖有「五服」之語，但是此書眞僞已成
問題，〔註37〕要以〈虞書〉所書盡爲舜時代之事更是牽強。何況，若以前後
文看來，其所謂「五服」，恐怕只是借代之詞，並非眞指「五服之制」，〔註38〕
孫復的說法就更值得懷疑了。

　　關於〈文王論〉，孫復是針對《春秋左氏傳》中所記吳季札觀樂所說的批
評，他說：

　　說者曰：「憾，恨也。文王恨不及己致太平。」意以爲文王不能夷商

　　紂於當時，取天下於己手，有遺憾焉。愚甚惑焉。竊謂季子之是言

　　也，非知樂者也，厚誣於聖人矣。

所謂「說者」，當是指杜預的註。〔註39〕不過，杜預的註乃根據季札的話而來，
所以孫復就先攻擊季札的說法。〔註40〕首先，他認爲季札的話是在誣害文王

〔註36〕《國語・周語》，卷1，頁12～4。

〔註37〕清朝閻若璩《尚書古文疏證》認爲《古文尚書》爲東晉梅賾所僞。

〔註38〕原文：「天敍有典，勅我五典五惇哉！天秩有禮，自我五禮有庸哉！同寅協恭
　　　　和衷哉！天命有德，五服五章哉！天討有罪，五刑五用哉！政事懋哉懋哉！」
　　　　《尚書注疏》，卷3，頁30～31。

〔註39〕杜預原文：「文王恨不及己致大平！」沒有「憾，恨也。」之語，但由後文語
　　　　氣可以推知。見《左傳》襄公129年。

〔註40〕季札觀樂原文見於《左傳》襄公129年：「見舞象箾、南籥者，曰：『美哉，
　　　　猶有憾。』」

這樣的聖人，因為文王這樣的聖人並沒有謀反之心的，他說：

> 文王受封商室，列為諸侯，紂雖無道君也，安得為人臣而有無君之
> 心哉？矧以文王為西伯，位於諸侯之上，賜之弓矢鈇鉞，使得征伐，
> 紂之有德於文王也厚矣。文王宜乎竭力盡能，夙夜匪懈以事於紂也，
> 又豈可背惠忘施，以怨報德，將成干紀亂常之事哉？噫，事必不然
> 章矣！

孫復論證的重點在於：商紂對文王的好，足以讓文王打消背叛的念頭。但是
孫復顯然忽略後來周文王遭到商紂幽禁在羑里的事。此事在《莊子·盜跖》、
《韓非子·難》二篇、《呂氏春秋·孝行覽首時》都有記載，秦火之後出土文
獻《竹書紀年·帝辛》也有，所以應該是可靠的史事。因此，文王在那之後
的忠心程度若發生變化，也是合情合理之事。不過，誠如孔子在《論語》中
所言「三分天下有其二，以服事商」的事，而因此稱讚周為「至德」，所以孫
復就引以為據，說文王事紂獨無二心，又引《禮記》中孔子的話說明：

> 「下之事上也，雖有庇民之大德，不敢有君民之心，仁之厚也。」
> 有庇民之大德，有事君之小心，其舜、禹、文王、周公之謂歟？若
> 文王猶有憾也，則夫子何以謂之至德與仁厚者乎？〔註41〕

文王終其一生並未推翻商朝，這是事實，但是否就絕無此心，卻不是很容易
判斷的。就算文王無謀反之心，但是，武王有謀反之事卻是明確的，難道文
王無謀反之心，武王卻突然有謀反之事？而且順利成功了？這樣是不合情理
之事。況且《史記·周本紀》所言也很明確，但是孫復卻把《史記》所記全
然看作是司馬遷不慎選所造成的錯誤，他說：

> 此蓋秦火之後，簡編錯亂，司馬子長脩《史記》敘太公之跡也，不
> 能實錄善事，乃散取雜亂不經之說，以廣其異聞爾。斯固不足疑於
> 聖人也。嗚呼，古稱季札賢明博達，觀樂即能知興衰，而於此也，
> 何蒙暗頓惑之若是耶？逮乎杜預、服虔之徒，復無卓識絕見以發明
> 之，斯又乖謬之甚者也。

這種論說方式已經是古文家翻案文章的手法。表面上看起來是持之有故、言
之成理，但是若仔細查核，就會發現並不是很絕對的理由，因為他所根據的
主要還是在於孔子的話。對於孔子的話的完全信任，是支持他的理論的最大
原因。但是，若抽出孔子的話，就會發現漏洞很多，我們暫不以《史記》為

〔註41〕《禮記注疏》，卷54，頁16。

據，且以孟子之言檢驗看看：

> 孟子對曰：「取之而燕民悅，則取之。古之人有行之者，武王是也。
> 取之而燕民不悅，則勿取。古之人有行之者，文王是也。以萬乘之
> 國伐萬乘之國，簞食壺漿，以迎王師。豈有他哉？避水火也。如水
> 益深，如火益熱，亦運而已矣。」〔註42〕

孟子明說：「取之而燕民不悅，則勿取。古之人有行之者，文王是也。」這樣
看來，文王當有無取殷商之心呢？文王無取商之事，只是考慮當時民心所向，
並非完全沒有取商之心。所以，到了武王之時，既有此心，又有民心支持，
就產生取商之事，正式取代商朝了。孫復對孟子的內容不會不了解，卻不以
此爲據，而要站在尊聖與尊王的思想上爲文王辯解，實在是有牽強之嫌了。

　　孫復對於聖王的尊崇，是他極力掩飾聖王缺點的動力。《論語》中的儒家
傳統聖王不見得個個都是完美形象，但是到了孫復筆下，都不得有纖塵之染，
所以他才專文極力洗刷。這是因爲在道統建立的理想上，本就不該使道統人
物具有不完美的存在，包括孔子在內。但是孔子後出，資料更豐富，他的凡
人特性更明顯，所以站在孫復的理論上，有必要更多專文撇清。不過，這工
作可能要等到二程出來才算大致完成，宋初三先生還沒有做到。

第三節　周敦頤《論語》學

一、周敦頤生平

　　周敦頤的生平，據《宋史》載：

> 周敦頤字茂叔，道州營道人。元名敦實，避英宗舊諱改焉。以舅龍
> 圖閣學士鄭向，任爲分寧主簿。有獄久不決，敦頤至，一訊立辨。
> 邑人驚曰：「老吏不如也。」部使者薦之，謂南安軍司理參軍。有囚
> 法不當死，轉運使王逵欲深治之。逵，酷悍吏也，眾莫敢爭，敦頤
> 獨與之辨，不聽，乃委手版歸，將棄官去，曰：「如此尚可仕乎！殺
> 人以媚人，吾不爲也。」逵悟，囚得免。〔註43〕

由上可知，周敦頤初任官是由於舅舅鄭向的關係。不過，這裡卻沒有說到他

〔註42〕《孟子注疏》，卷12下，頁8。
〔註43〕〔元〕脫脫等：《宋史》，卷427，頁3。

的學思過程，而據《宋元學案・濂溪學案》所記：

> 明道曰：「昔受學於周茂叔，每令尋仲尼、顏子樂處，所樂何事。」
> 又曰：「自再見周茂叔後，吟風弄月以歸，有『吾與點也』之意。」
> 又曰：「吾年十六七時，好田獵。既見茂叔，則自謂已無此好矣。茂
> 叔曰：『何言之易也！但此心潛隱未發。一日萌動，復如初矣。』後
> 十二年，復見獵者，不覺有喜心，乃知果未也。」〔註44〕

從程明道所記之說，稍微可以看出周敦頤學問的主旨。他以孔子、顏回之樂
啓發學者，希望能做到寡欲，修養上則以「誠」的思想爲主。所以《學案》
中又有黃勉齋之說：

> 周子以誠爲本，以欲爲戒，此周子繼孔、孟不傳之緒也。至二程則
> 曰：「涵養須用敬，進學在致知。」又曰：「非明則動無所之，非動
> 則明無所用。」而爲〈四箴〉，以著克己之義焉。此二程得統於周子
> 者也。〔註45〕

「以誠爲本，以欲爲戒」已概括周敦頤傳世之學，也點明其對二程影響的主
要方向。後來有些人對於周敦頤《太極圖說》很懷疑，認爲是老、釋之道，
不過黃宗羲辨明說：

> 周子之學，以誠爲本。從寂然不動處握誠之本，故曰主靜立極。本
> 立而道生，千變萬化皆從此出。化吉凶悔吝之途而反覆其不善之動，
> 是主靜眞得力處。靜妙於動，動即是靜。無動無靜，神也，一之至
> 也，天之道也。千載不傳之祕，固在是矣。而後世之異論者，謂《太
> 極圖》傳自陳摶，其圖刻於華山石壁，列玄牝等名，是周學出於老
> 氏矣。又謂周子與胡文恭同師僧壽涯，是周學又出於釋氏矣。此皆
> 不食其蔵而説味者也。使其學而果是乎，則陳摶、壽涯亦周子之老
> 聃、萇弘也。使其學而果非乎，即日取二氏而諄諄然辯之，則范縝
> 之〈神滅〉，傅奕之〈昌言〉，無與乎聖學之明晦也。顧涇陽曰：「周
> 元公不闢佛。」高忠憲答曰：「元公之書，字字與佛相反，即謂之字
> 字闢佛可也。」豈不信哉！〔註46〕

或許黃宗羲的論辯只是從邏輯上推斷而已，較難服眾，但是若把全祖望的考

〔註44〕 〔清〕黃宗羲撰，全祖望補訂：《增補宋元學案》，卷12，頁16。
〔註45〕 〔清〕黃宗羲撰，全祖望補訂：《增補宋元學案》，卷12，頁17。
〔註46〕 〔清〕黃宗羲撰，全祖望補訂：《增補宋元學案》，卷12，頁18。

證拿來比較，或許就較能接受了，全祖望說：

> 謝山〈周、程學統論〉曰：「明道先生傳在《哲宗實錄》中，乃范學
> 士沖作，伊川先生傳在《徽宗實錄》中，乃洪學士邁作，並云從學周
> 子。兩朝史局所據，恐亦不祇呂芸閣《東見錄》一書。但言二程子未
> 嘗師周子者，則汪玉山已有之。玉山之師爲張子韶、喻子才，淵源不
> 遠，而乃以南安問道，不過如張子之於范文正公，是當時固成疑案矣。
> 雖然，觀明道之自言曰：「自再見茂叔，吟風弄月以歸，有『吾與點
> 也』之意。」則非於周子竟無所得者。明道行狀雖謂其「氾濫於諸家，
> 出入於佛、老者幾十年，反求諸六經而後得之」，而要其慨然求道之
> 志，得於茂叔之所聞者，亦不能沒其自也。侯仲良見周子，三日而還，
> 伊川驚曰：「非從茂叔來邪？」則未嘗不心折之矣。然則謂二程子雖
> 少師周子，而長而能得不傳之秘者，不盡由於周子，可也；謂周子竟
> 非其師，則過也。若《遺書》中直稱周子之字，則吾疑以爲門人之詞。
> 蓋因其師平日有獨得遺經之言，故遂欲略周子而過之也。朱子之學，
> 自溯其得力於延平，至於籍溪、屏山、白水，則皆以爲嘗從之遊而未
> 得其要者，然未嘗不執弟子之禮。周子即非師，固太中公之友也，而
> 直稱其字，若非門人之詞，則直二程子之失也。周子所得，其在聖門，
> 幾幾顏子之風。二程子之所以未盡其蘊者，蓋其問學在慶曆六年，周
> 子即以是歲遷秩而去，追隨不甚久也。潘興嗣志墓，其不及二程子之
> 從遊者，亦以此。張宣公謂《太極圖》出於二程子之手受，此固攷之
> 不詳；而或因「窮禪客」之語，致疑議於周子，則又不知紀錄之不盡
> 足憑也。若夫周子之言，其足以羽翼《六經》而大有功於後學者，莫
> 粹於《通書》四十篇。而「無極之眞」原於道家者流，必非周子之作，
> 斯則不易之論，正未可以表章於朱子而墨守之也。〔註47〕

周敦頤之學雜有老、莊與釋教，是不能否認的事實。但是就現今流傳的《通
書》四十篇看來，也眞如全祖望所言：「足以羽翼《六經》而大有功於後學者。」
全祖望從二程弟子的用語來判斷，在二程遺書中有關二程不以周敦頤爲師的
記錄有誤，並進一步推斷《太極圖說》也可能不是完整的出於周敦頤之手，
然後再傳於二程而流出。《太極圖說》的儒、釋、道公案，非本文所論述重點，
故只討論至此。

〔註47〕　〔清〕黃宗羲撰，全祖望補訂：《增補宋元學案》，卷12，頁123。

二、《通書》之《論語》學

不同於宋初三先生的《論語》學，周敦頤的《論語》學已經進入完全就義理而做的闡述，而不再是偏一般史事評論，若有所論及人物，也只是孔子或其重要弟子如顏回等，這開啓了後來理學家的一種規範，所以後世才會以「理學之祖」稱之。今日欲探討周敦頤的《論語》學，因其有關《論語》的著作已佚，〔註48〕故只能於其他作品翻撿；而其中以《通書》裡有關《論語》的記錄最多，是以本文將僅就《通書》內容爲探討範圍，冀能一窺周子之《論語》學。以下分三點論之：

（一）聖人學

1、由「誠」談聖

周敦頤的聖人學由「誠」出發，他說：「誠者，聖人之本。」〔註49〕《論語》中並未對「誠」有所論述，〔註50〕但是周敦頤開宗明義的：「誠者，聖人之本。」卻宣示了他把「誠」字放在聖人之學中的重要地位。接下去，他更說：「聖，誠而已矣。誠，五常之本，百行之源也。」〔註51〕也就是說，能誠就能成聖，因爲它是五常的根本。不誠，五常就無所立。它是百行之源，所以，不誠的話，百行也不能正，就會走入邪暗之途，遑論成聖之道。

這道理雖然簡單，但是做起來卻需要果敢才會有成效，所以他說：「至易而行難。果而確，無難焉。」並且舉《論語》中的例子說明：「故曰：『一日克己復禮，天下歸仁焉。』」這是孔子回答顏淵問仁時所說的話，原文是：「克己復禮爲仁。一日克己復禮，天下歸仁焉。爲仁由己，而由人乎哉？」〔註52〕從此，可以看出周敦頤正是著眼在後兩句「爲仁由己，而由人乎哉？」來立說的。孔子昭示的主動性，周敦頤將它用在成聖之上，才會說「果無確，無難焉。」〔註53〕這是強調內聖之學的自主性，不是由外在客觀環境來主導的。

〔註48〕 參附表二。

〔註49〕 〔宋〕周敦頤：《通書》，〔清〕胡寶瑔編：《周子全書》（臺北：武陵出版社，1990年），頁116。

〔註50〕 《論語》中只有兩處說到「誠」字，一在〈顏淵篇〉：子張問崇德、辨惑。子曰：「主忠信，徙義，崇德也。愛之欲其生，惡之欲其死。既欲其生，又欲其死，是惑也。『誠不以富，亦祗以異。』」一是〈子路篇〉：子曰：「善人爲邦百年，亦可以勝殘去殺矣。誠哉是言也！」都與義理上的「誠」沒有關係。

〔註51〕 〔清〕胡寶瑔編：《周子全書》，頁123。

〔註52〕 《論語・顏淵》。

〔註53〕 〔清〕胡寶瑔編：《周子全書》，頁125。

但是要怎麼做到「誠」呢？他說：「誠，無爲。」〔註54〕這樣看來，好像偏向道家的說法。不過，周敦頤的用意只是要說「君子愼動」。〔註55〕因爲他想透過「寂然不動者，誠也；感而遂通者，神也；動而未形、有無之閒者，幾也」〔註56〕來說明「誠精故明，神應故妙，幾微故幽」。〔註57〕這是聖人該具有的能力，這些能力則表現在五常與百行之中，而五常與百行是把誠放在內化的第一步的，所以看起來是無爲的，是寂然不動的，但是他又是根源性的，不可或缺的。這成爲成聖的必要性，構成他所謂「君子愼動」及「聖人之道，仁義中正而已矣」〔註58〕的行爲準則。由誠而到聖，就成爲自然而然的事理了。

2、聖人的事業

就修養而言，成聖只要很果敢的從誠做起，但是周敦頤並不以聖人的內在完美爲滿足，更要求外在事業，所以他說：「聖人之道，入乎耳，存乎心，蘊之爲德行，行之爲事業。彼以文辭而已者，陋矣！」〔註59〕而聖人的事業又該如何做呢？這是從內聖跨向外王的指標。他認爲聖人是教化的主角，這在教育不普及的古代一直是聖人的重要工作，因此，他認爲聖人要做到「聖人立教，俾人自易其惡，自至其中而止矣」。〔註60〕這與《中庸》的「中和」標準自是相通的，他才會說：「惟中也者，和也，中節也，天下之達道也，聖人之事也。」〔註61〕他只是把聖人的責任加到幫助天下人都達到「中和」的地步，而不是停在獨善其身的「中和」而已。因此，他進而推到師道的重要，他認爲：「故先覺覺後覺，闇者求於明，而師道立矣。師道立，則善人多；善人多，則朝廷正，而天下治矣。」〔註62〕這與宋代右文政策也相合。雖然，後來因爲有新舊黨爭而使得師道蒙上瑕疵，但是就文風鼎盛所造成的「治」的現象，比起前面朝代來，北宋的成就是超出許多的，而這成就正是因爲先覺覺後覺的聖人事業所造成的。

〔註54〕〔清〕胡寶瑔編：《周子全書》，頁126。
〔註55〕〔清〕胡寶瑔編：《周子全書》，頁138。
〔註56〕〔清〕胡寶瑔編：《周子全書》，頁135。
〔註57〕〔清〕胡寶瑔編：《周子全書》，頁135。
〔註58〕〔清〕胡寶瑔編：《周子全書》，頁138。
〔註59〕〔清〕胡寶瑔編：《周子全書》，頁191。
〔註60〕〔清〕胡寶瑔編：《周子全書》，頁141。
〔註61〕〔清〕胡寶瑔編：《周子全書》，頁140。
〔註62〕《周子全書》，頁141。

聖人事業中，最重要的工作之一就是移風易俗，而這事業與「禮樂」有很大關係，所以周敦頤說：

> 禮，理也；樂，和也。陰陽理而後和，君君、臣臣、父父、子子、兄兄、弟弟、夫夫、婦婦，萬物各得其理，然後和。故禮先而樂後。〔註63〕

除了傳統上對禮的重視，他對於聖人作樂之事也很重視。他說：

> 樂者，本乎政也。政善民安，則天下之心和。故聖人作樂，以宣暢其和心，達於天地，天地之氣，感而太和焉。天地和，則萬物順，故神祇格，鳥獸馴。〔註64〕

這當然是本於古代樂教的精神而來的，《禮記・樂記》記：

> 是故先王有大事，必有禮以哀之；有大福，必有禮以樂之。哀樂之分，皆以禮終。樂也者，聖人之所樂也，而可以善民心，其感人深，其移風易俗，故先王著其教焉。〔註65〕

《荀子・樂論》也說：

> 樂者，聖人之所樂也，而可以善民心，其感人深，其移風易俗。故先王導之以禮樂，而民和睦。夫民有好惡之情，而無喜怒之應則亂；先王惡其亂也，故脩其行，正其樂，而天下順焉。故齊衰之服，哭泣之聲，使之心悲。帶甲嬰冑，歌於行伍，使人之心傷；姚冶之容，鄭衛之音，使人之心淫；紳、端、章甫，舞韶歌武，使人之心莊。故君子耳不聽淫聲，目不視女色，口不出惡言，此三者，君子慎之。〔註66〕

《孝經・廣要道》記孔子之言：

> 子曰：「教民親愛，莫善於孝。教民禮順，莫善於悌。移風易俗，莫善於樂。安上治民，莫善於禮。禮者，敬而已矣。故敬其父，則子悅；敬其兄，則弟悅；敬其君，則臣悅；敬一人，而千萬人悅。所敬者寡，而悅者眾，此之謂要道也。」〔註67〕

由上可知，儒家傳統對於樂的重視。周敦頤本於古代儒家傳統而重視聖人作

〔註63〕《周子全書》，頁153。
〔註64〕《周子全書》，頁163。
〔註65〕《禮記注疏》，卷38，頁5。
〔註66〕《荀子》，卷14，頁3。
〔註67〕《孝經注疏》，卷6，頁6。

樂的事業，也是非常合理的事。

另外，聖人事業表現在治理國家上，也是一項重要課題。不同於一般認識的儒家德治思想，周敦頤並不排斥「刑」治，他說：

> 天以春生萬物，止之以秋。物之生也，既成矣，不止則過焉，故得
> 秋以成。聖人之法天，以政養萬民，肅之以刑。民之盛也，欲動情
> 勝，利害相攻，不止則賊滅無倫焉。故得刑以治。〔註68〕

這是從天地變化的自然現象所引發的聯想。周敦頤認爲「聖人法天」是理所當然之事，所以「刑」對人與「秋」對萬物都一樣有抑制的作用。萬物要止之以秋，才不會過剩，才會長得好；聖人要肅之以刑，盜賊才不會亂來，人民才得以治理得好，社會才會太平安寧。

3、孔子的形象

聖人之學的最佳檢視者當然是孔子。孔子在理學家心中當然是聖人，因此孔子的形象在周敦頤的《論語》學之中與其聖人學是相呼應的。孔子的形象是怎樣的呢？他說「聖人之蘊，微顏子殆不可見。」朱熹就此發揮道：

> 蘊，中所畜之名也。仲尼無跡，顏子微有跡。故孔子之教，既不輕
> 發，又未嘗自言其道之蘊，而學者惟顏子爲得其全。故因其進修之
> 跡，而後孔子之蘊可見。猶天不言，而四時行，百物生也。〔註69〕

所謂「無跡」，跟前文所說「誠，無爲」的意思是相同的。周敦頤並把孔子所說的「天何言哉」一段取來，賦予孔子聖人配天的意義，構成一個完整體系。而關於孔子的《春秋》一書，他認爲孔子是爲王者而修的：

> 《春秋》，正王道，明大法也，孔子爲後世王者而修也。亂臣賊子誅
> 死者於前，所以懼生者於後也。宜乎萬世無窮，王祀夫子，報德報
> 功之無盡焉。〔註70〕

雖然後世無法得知周敦頤有關《春秋》學的全貌，但是依此條說法，可以知道他對孔子修《春秋》的用意所持的看法。孔子修《春秋》既得王者萬世之享，所以孔子的地位是崇高的，他認爲：「道德高厚，教化無窮，實與天地參而四時同，其惟孔子乎！」〔註71〕這該是對人的最高評價了吧！

〔註68〕 〔清〕胡寶瑔編：《周子全書》，頁194。
〔註69〕 〔清〕胡寶瑔編：《周子全書》，頁182。
〔註70〕 〔清〕胡寶瑔編：《周子全書》，頁196。
〔註71〕 〔清〕胡寶瑔編：《周子全書》，頁197。

（二）顏回學

周敦頤的《通書》另有值得重視的，那就是關於顏回的部份。顏回是孔子最優秀的學生，也是孔子最重視的弟子。通觀《論語》一書，孔子對顏回的態度，始終是讚賞勉勵的，只可惜顏回早死，致使孔子連聲悲歎與不捨。對顏回的注重與推崇是宋代理學的特色之一，此特色由胡瑗、周敦頤開始，而由二程發揚光大，成爲孔子之後的另一典範人物。《宋史·道學傳》記周敦頤：

> 掾南安時，程珦通判軍事，視其氣貌非常人，與語，知其爲學知道，因與爲友，使二子顥、頤往受業焉。敦頤每令尋孔、顏樂處，所樂何事，二程之學源流乎此矣。故顥之言曰：「自再見周茂叔後，吟風弄月以歸，有『吾與點也』之意。」〔註72〕

又記程頤見胡瑗於太學時的情景：

> 程頤字正叔。年十八。上書闕下，欲天子黜世俗之論，以王道爲心。遊太學，見胡瑗問諸生以顏子所好何學，……瑗得其文，大驚異之，即延見，處以學職。呂希哲首以師禮事頤。〔註73〕

所謂「每令尋孔、顏樂處」，可見周敦頤對孔、顏之樂情有獨衷；而當程頤遊太學之時，恰巧又遇到胡瑗也出了「顏子所好何學」的題目，並寫出令胡瑗激賞的文章來，可以說與周敦頤之前的啓發大有關係。《通書》中，他提到：「志伊尹之所志，學顏子之所學。」〔註74〕又說：「伊尹、顏淵，大賢也。伊尹恥其君不爲堯、舜，一夫不得其所，若撻於市。顏淵『不遷怒，不貳過』、『三月不違仁』。」〔註75〕他把顏淵與伊尹並列，顯然就是對顏淵很大的推崇。顏子之學是什麼呢？他引《論語》中的幾則記錄「不遷怒，不貳過」、「三月不違仁」爲例，可見他對顏回學的看法。除此之外，《通書》第二十三還專門討論顏子。例如：顏子「一簞食，一瓢飲，在陋巷，人不堪其憂，而不改其樂」。周敦頤引這則是要說明顏子的見識大於常人，他接著說明：

> 夫富貴，人所愛也。顏子不愛不求，而樂乎貧者，獨何心哉？天地閒有至貴至愛可求，而異乎彼者，見其大而忘其小焉爾。見其大則心泰，心泰則無不足，無不足則富貴貧賤處之一也。處之一則能化

〔註72〕 〔元〕脫脫等：《宋史》，卷427，頁5。
〔註73〕 〔元〕脫脫等：《宋史》，卷427，頁12。
〔註74〕 〔清〕胡寶瑛編：《周子全書》，頁147。
〔註75〕 〔清〕胡寶瑛編：《周子全書》，頁147。

而齊。故顏子亞聖。〔註76〕

雖然說顏回是「亞聖」，尚未到聖人之境，但是也已勝過一般人，且足以爲學習典範了。周敦頤把顏子能夠在陋巷而不改其樂的原因看成是「見其大」，這與孟子的「先立乎其大者，則其小者弗能奪也」的思想是相通的。顏子之學是否因爲這樣才異於常人，在《論語》中並不容易找到答案，但是周敦頤一直認爲顏子的言行對於傳播聖人之道該居首功，因爲這與孔子的教育方式有很大關係：

> 「不憤不啓，不悱不發，舉一隅不以三隅反，則不復也。」子曰：「予欲無言。天何言哉！四時行焉，百物生焉。」然則聖人之蘊，微顏子殆不可見。發聖人之蘊，教萬世無窮者，顏子也。聖同天，不亦深乎！〔註77〕

聖人之蘊對於一般人來說是不容易體會的，周敦頤就《論語》中的記載證明，聖人之教還是流傳了下來，認爲這是因爲有顏子這樣的高徒爲聖人之蘊傳教，因此我們要學聖人之教，該從顏子身上學才對，他說：

> 「聖可學乎」？曰：「可。」曰：「有要乎？」曰：「有。」「請聞焉。」曰：「一爲要。一者無欲也，無欲則靜虛、動直，靜虛則明，明則通；動直則公，公則溥。明通公溥，庶矣乎！」〔註78〕

「無欲」之義，不就是顏回「一簞食，一瓢飲，在陋巷，人不堪其憂，而不改其樂。」的最佳註腳？這也開啓程朱學派的顏回學大門。

（三）聞過之學與知恥之學

周敦頤對《論語》中的「聞過」之學與「知恥」之學也很重視，他說：「人之生，不幸不聞過。」〔註79〕不聞過爲何是不幸之事呢？因爲「聞過，則可賢」。〔註80〕「賢」是進到「聖」的必要階段，不聞過的話，顯然就難登成聖之門了。

人爲什麼會不聞過呢？朱熹注認爲是：「不聞過，人不告也。」〔註81〕人家不告訴你，所以你就不聞過，「聞過，則知所改而爲賢」。當然，知所改也未必所有人都會改，因此，周敦頤認爲這是恥的問題，「聞過」之學與「知恥」

〔註76〕〔清〕胡寶瑑編：《周子全書》，頁171。
〔註77〕〔清〕胡寶瑑編：《周子全書》，頁182。
〔註78〕〔清〕胡寶瑑編：《周子全書》，頁165。
〔註79〕〔清〕胡寶瑑編：《周子全書》，頁144。
〔註80〕〔清〕胡寶瑑編：《周子全書》，頁144。
〔註81〕〔清〕胡寶瑑編：《周子全書》，頁144。

之學就有密不可分的關係了。他說:「必有恥,則可教。」〔註82〕人要先願意承認自己有不足之處,也願意承認是可恥的,才會去尋求改進,所以才叫「發憤而受教」。如果無恥,周敦頤認為是「我不仁也」,因為不願改就不可能成聖,就會走邪暗之道,這樣是害人害己之事,當然是不仁之事。周敦頤甚至感嘆這種人是「滅其身」而不悟的人,他舉子路當反例:

> 仲由喜聞過,令名無窮焉。今人有過,不喜人規,如護疾而忌醫,
> 寧滅其身而無悟也。噫!〔註83〕

子路因為「喜聞過」,所以得享好名聲。當周敦頤之時,他卻看到很多人諱疾而忌醫,甚至「寧滅其身而無悟也」,實在是令人感慨萬千。當然,聞過的最佳途徑就是靠師友幫忙,因此周敦頤也強調師友的重要性,他說:

> 天地閒,至尊者道,至貴者德而已矣。至難得者人,人而至難得者,
> 道德有於身而已矣。求人至難得者有於身,非師友,則不可得也已!
> 〔註84〕

又說:

> 道義者,身有之,則貴且尊。人生而蒙,長無師友則愚。是道義由
> 師友有之,而得貴且尊,其義不亦重乎?其聚不亦樂乎?〔註85〕

最後一句正是《論語·學而》中「有朋自遠方來不亦樂乎?」的註解。人由好朋友的切磋而得到道義的尊貴,也是「以友輔仁」的最佳證明。

綜合以上所論,可知周敦頤《通書》中的《論語》學,雖然在「量」上無法與後來的程、朱相比,甚至與稍後的張載也遠遠不如,但是就其所探討的內涵——聖人學、顏回學、聞過之學與知恥之學等,成為後來理學的重要課題而言,的確不愧為理學開山之祖的稱號。

第四節　張載《論語》學

一、張載生平

張載的生平,據《宋史》記:

〔註82〕〔清〕胡寶瑹編:《周子全書》,頁144。
〔註83〕〔清〕胡寶瑹編:《周子全書》,頁178。
〔註84〕〔清〕胡寶瑹編:《周子全書》,頁175。
〔註85〕〔清〕胡寶瑹編:《周子全書》,頁177。

張載字子厚，長安人。少喜談兵，至欲結客取洮西之地。年二十一，
以書謁范仲淹，一見，知其遠器，乃警之曰：「儒者自有名教可樂，
何事於兵？」因勸讀《中庸》。〔註86〕

這是對於張載的學習最早的記錄。年二十一就上書與范仲淹論兵，可是范仲
淹反而勸他讀《中庸》。張載的學問，後來也誠如《宋史》所言：「其學尊禮
貴德，樂天安命，以《易》爲宗，以《中庸》爲體，以孔、孟爲法。」〔註87〕
與《中庸》之學有很大的關係。但是他與范仲淹的一段問學，眞的就成爲他
日後學問之根基嗎？據《宋史》所記，好像不是那麼簡單：

載讀其書，猶以爲未足，又訪諸釋、老，累年究極其說，知無所得，
反而求之六經。嘗坐虎皮講《易》京師，聽從者甚眾。一夕，二程
至，與論《易》，次日語人曰：「比見二程，深明《易》道，吾所弗
及，汝輩可師之。」撤坐輟講。與二程語道學之要，渙然自信曰：「吾
道自足，何事旁求。」於是盡棄異學，淳如也。〔註88〕

這樣看來，《中庸》最初並未馬上對張載產生很大影響，而且，後來二程的影
響似乎又大於范仲淹。呂大臨〈行狀〉曰：

先生始就外傅，志氣不群，知虔奉父命，守不可奪，涪州器之。少
孤，自立，無所不學。與邠人焦寅游，寅喜談兵，先生說其言。當
康定用兵時，年十八，慨然以功名自許，上書謁范文正公。公一見
知其遠器，欲成就之，乃責之曰：「儒者自有名教，何事於兵！」因
勸讀《中庸》。先生讀其書，雖愛之，猶未以爲足也，於是又訪諸釋、
老之書，累年盡究其說，知無所得，反而求之六經。嘉祐初，見洛
陽程伯淳、正叔昆弟於京師，共語道學之要，先生渙然自信曰：「吾
道自足，何事旁求！」乃盡棄異學，淳如也。間起從仕，日益久，
學益明。〔註89〕

據此，張載則在年十八那年就上書給范仲淹。而且，二程見過張載之後，才
使得張載「盡棄異學」。但是，後來據朱熹所言，呂大臨的〈行狀〉傳世以後，
曾出現過兩種版本：

〔註86〕　〔元〕脫脫等：《宋史》，卷427，頁18。
〔註87〕　〔元〕脫脫等：《宋史》，卷427，頁19。
〔註88〕　〔元〕脫脫等：《宋史》，卷427，頁18。
〔註89〕　〔宋〕呂大臨：〈橫渠先生行狀〉，《張載集》（新北市：漢京文化事業有限公
　　　　司，1983年），頁381。

> 按〈行狀〉今有兩本，一云「盡棄其學而學焉」，一云「盡棄異學淳
> 如也」。其他不同處亦多，要皆後本爲勝。疑與叔後嘗刪改如此，今
> 特據以爲定。然龜山集中有跋橫渠與伊川簡云：「橫渠之學，其源出
> 於程氏，而關中諸生尊其書，欲自爲一家。」故予錄此簡以示學者，
> 使知橫渠雖細務必資於二程，則其他固可知已。〔註90〕

從朱熹所記可知，就程門弟子看來，張載因爲事事與二程相討論，所以許多
弟子都認爲關學出於洛學。但是，二家終有不同，所以呂大臨的〈行狀〉終
不敢以「盡棄其學而學焉」爲定論，而改以「乃盡棄異學，淳如也」。其實就
張載的本性而言，他的學問本來就不是走跟二程同一路線的，所以最初的「喜
談兵」或「志氣不群」、「無所不學」都可以看出他終會走出自己的理學之路。
當然，就理學而言，各家終還是以孔、孟思想爲標的，所以張載不但在學問
上與二程有許多相通之處，在筆者細究其《論語》學之後，發現其中與周敦
頤的《論語》學也有很多相似之處。以下就其《論語》學逐一探討。

二、張載《論語》學

（一）由誠談聖

張載的《論語》學跟周敦頤有很多相同之處，由「誠」談聖就是其中之
一。但《論語》中對於聖並沒有談到很多，孔子親自談論且可以看出明確定
義的只有一處：

> 子貢曰：「如有博施於民而能濟眾，何如？可謂仁乎？」子曰：「何
> 事於仁，必也聖乎！堯、舜其猶病諸！夫仁者，己欲立而立人，己
> 欲達而達人。能近取譬，可謂仁之方也已。」〔註91〕

其次，有一章談到聖人與君子的差別：

> 子曰：「聖人，吾不得而見之矣；得見君子者，斯可矣。」子曰：「善
> 人，吾不得而見之矣；得見有恆者，斯可矣。亡而爲有，虛而爲盈，
> 約而爲泰，難乎有恆矣。」〔註92〕

〔註90〕〔宋〕朱熹：《伊洛淵源錄》（臺北市：臺灣商務印書館，2009 年《景印文淵
　　　　閣四庫全書》），卷 6，頁 13。

〔註91〕《論語・雍也》。

〔註92〕《論語・述而》。另一章爲：子曰：「若聖與仁，則吾豈敢？抑爲之不厭，誨
　　　　人不倦，則可謂云爾已矣。」公西華曰：「正唯弟子不能學也。」在此，「聖」
　　　　與「仁」並未有明確定義。〈子罕篇〉有一章：大宰問於子貢曰：「夫子聖者

這兩則都是討論聖人的，也都有比較明確的定義。前者孔子以聖人與仁人為比較，我們可以看出聖人是「博施於民而能濟眾」，而仁人是「己欲立而立人，己欲達而達人」。就第二章看來，聖人是高於君子一級的人。不論是前者或後者，我們都可以看出是以外在行為當標準的。而由「誠」談聖，是由《中庸》而來的觀念：

> 在下位不獲乎上，民不可得而治矣；獲乎上有道：不信乎朋友，不
> 獲乎上矣；信乎朋友有道：不順乎親，不信乎朋友矣；順乎親有道：
> 反諸身不誠，不順乎親矣；誠身有道：不明乎善，不誠乎身矣。誠
> 者，天之道也；誠之者，人之道也。誠者不勉而中，不思而得，從
> 容中道，聖人也。誠之者，擇善而固執之者也。〔註93〕

從這裡的「誠者，天之道也；誠之者，人之道也。誠者不勉而中，不思而得，從容中道，聖人也」，拿來與張載的「聖者，至誠得天之謂」〔註94〕比較看，就可知其間關係的密切。當然，這樣的現象給我們的啟示是：《論語》中的聖人形象無法滿足理學家的需求，所以，他們得從儒家其他經典中去找更高一級的聖人定義。他又說：

> 「天下有道則見，無道則隱」，「君子疾沒世而名不稱」，蓋「士而懷
> 居，不可以為士」，必也去無道，就有道。遇有道而貧且賤，君子恥
> 之。舉天下無道，然後窮居獨善，不見知而不悔，《中庸》所謂「惟
> 聖者能之」，仲尼所以獨許顏回「惟我與爾為有是」也。〔註95〕

前面以《論語》為例，後者以「中庸所謂『惟聖者能之』」，〔註96〕最後再以

> 與？何其多能也？」子貢曰：「固天縱之將聖，又多能也。」子聞之，曰：「大
> 宰知我乎！吾少也賤，故多能鄙事。君子多乎哉？不多也。」這裡雖說「多
> 能」為聖，但是太宰所表示的是通俗的看法，也不是孔門的定義。〈季氏篇〉
> 有一章：孔子曰：「君子有三畏：畏天命，畏大人，畏聖人之言。小人不知天
> 命而不畏也，狎大人，侮聖人之言。」只說到「聖人之言」，也未詳說何謂「聖
> 人之言」。〈子張篇〉有一章：子游曰：「子夏之門人小子，當洒掃、應對、進
> 退，則可矣。抑末也，本之則無。如之何？」子夏聞之曰：「噫！言游過矣！
> 君子之道，孰先傳焉？孰後倦焉？譬諸草木，區以別矣。君子之道，焉可誣
> 也？有始有卒者，其惟聖人乎！」這裡雖說到：「有始有卒者，其惟聖人乎！」
> 但是也未詳述內容，不知所指為何。《論語》中就此六章談到聖或聖人，但都
> 沒有明確定義，所以無從看出。

〔註93〕《禮記注疏》，卷53，頁1。
〔註94〕〔宋〕張載：《張載集》，頁9。
〔註95〕〔宋〕張載：《張載集》，頁43。
〔註96〕「不見知而不悔」亦見於《中庸》。參《禮記注疏》，卷52，頁9。

《論語》中的「惟我與爾爲有是」連結，充分表現張載對於聖人形象是透過兩書的綜合了解。甚至在《易傳》中的意義也被他融爲一談：

> 至健而易，至順而簡，故其險其阻，不可階而升，不可勉而至。仲尼猶天，「九五飛龍在天」，其致一也。〔註97〕

又說：

> 聖人無隱者也，聖人，天也，天隱乎？及有得處，便若日月有明，容光必照焉，但通得處則到，只恐深厚，人有所不能見處。以顏子觀孔子猶有看不盡處，所謂「顯諸仁，藏諸用」者，不謂以用藏之，但人不能見也。〔註98〕

這些以「天」來看聖人的說法，當然是因爲孔子在《論語》中有「天何言哉」的說法。張載把這一說法看成孔子對天的最高推崇，所以也成爲張載把孔子看成天的主要依據。由於「聖者，至誠得天之謂」，孔子之得天、至誠，自然是最高的聖人。

（二）孔子的形象

雖然張載以《中庸》之言談聖人，但是在論及孔子形象時，他還是會以《論語》中的孔子爲主要標準。

1、聖人不能窮其願欲

就儒家傳統而言，堯、舜是公認的聖王，幾乎可以看作是終極典範了，但是孔子卻在《論語》中提到他們也不是無所不能的，如：

> 子貢曰：「如有博施於民而能濟眾，何如？可謂仁乎？」子曰：「何事於仁，必也聖乎！堯、舜其猶病諸！夫仁者，己欲立而立人，己欲達而達人。能近取譬，可謂仁之方也已。」〔註99〕

又一則記：

> 子路問君子。子曰：「脩己以敬。」曰：「如斯而已乎？」曰：「脩己以安人。」曰：「如斯而已乎？」曰：「脩己以安百姓。脩己以安百姓，堯、舜其猶病諸！」〔註100〕

「堯、舜其猶病諸」雖是推測之意，但也正可看出孔子對於堯、舜是否能夠

〔註97〕〔宋〕張載：《張載集》，頁 52。
〔註98〕〔宋〕張載：《張載集》，頁 1287。
〔註99〕《論語・雍也》。
〔註100〕《論語・憲問》。

完成這無盡的實踐，感到不確定。而孔子在後代儒者的心目中，也是躋於完美的聖人。但孔子在《論語》中卻經常說自己不能達到的一些境界，例如：「子曰：『君子道者三，我無能焉：仁者不憂，知者不惑，勇者不懼。』子貢曰：『夫子自道也。』」〔註101〕也因此，張載才會提出說：

> 可願可欲，雖聖人之知，不越盡其才以勉焉而已。故君子之道四（案：應是「三」之誤），雖孔子自謂未能；博施濟眾，修己安百姓，堯、舜病諸。是知人能有願有欲，不能窮其願欲。〔註102〕

他以堯、舜與孔子為例，然後下定論說：「人能有願有欲，但是不能窮其願欲。」這是很好的出處之道。孔子雖然在《論語》中多處表達樂觀看待不得志的情景，但是，對於後代追隨他們的人來說，幾乎不會一開始就注意這些的，他們應該都是有大願，要齊家治國平天下的。不過，後來應該也都能體會孔子不得志的心情，只是會有許多人像子路一般，對君子之窮不能理解罷了。所以，張載把這些先提出來，對於後學可以有很好的點醒作用。甚至到了晚年，張載也以自己為例，說明出處之道：

> 某既閑居橫渠說此義理，自有橫渠未嘗如此。如此地又非會眾教化之所，或有賢者經過，若此則似繫著在此，其雖欲去此，自是未有一道理去得。如諸葛孔明在南陽，便逢先主相召入蜀，居了許多時日，作得許多功業。又如周家發跡於邠，遷於岐，遷於鎬。春積漸向冬，（漢）〔周〕積漸入秦，皆是氣使之然。大凡能發見即是氣至，若仲尼在洙、泗之間，修仁義，興教化，歷後千有餘年用之不已。今倡此道不知如何，自來元不曾有人說著，如揚雄、王通又皆不見，韓愈又只尚閑言詞。今則此道亦有與聞者，其已乎？其有遇乎？〔註103〕

這裡舉諸葛亮在南陽、以及周初的遷徙不定為例，再以「大凡能發見即是氣至」，自勉將孔子學說發揚光大，期能做到與孔子「歷後千有餘年用之不已」相同。

2、孔子比舜密察

孔子的優點是什麼呢？從張載拿孔子與舜做比較的言論最能看出，他說：

> 立本既正，然後修持。修持之道，既須虛心，又須得禮，內外發明，

〔註101〕《論語‧憲問》。
〔註102〕〔宋〕張載：《張載集》，頁39。
〔註103〕〔宋〕張載：《張載集》，頁1290～291。

此合內外之道也。當是畏聖人之言，考前言往行以畜其德，度義擇
善而行之。致文於事業而能盡義者，只是要學，曉夕參詳比較，所
以盡義。惟博學然後有可得以參較琢磨，學博則轉密察，鑽之彌堅，
於實處轉（為）〔篤〕實，轉誠轉信。故只是要博學，學愈博則義愈
精微，舜好問，好察邇言，皆所以盡精微也。舜與仲尼心則同，至
於密察處料得未如孔子。大抵人君則有輔弼疑丞，中守至正而已，
若學者則事必欲皆自能，又將道輔於人。舜為人君，猶起於側微。
〔註104〕

「舜好問，好察邇言」是《中庸》裡的記載。張載在此認為孔子應該是比舜
還要密察。因為孔子是平民學者，事事都得自己來。不像舜有大臣幫忙，而
不必事事躬親，所以密察程度自然比不上孔子。不過，這不是代表舜比不上
孔子，張載自有一套聖人標準，他說：

生知有小大之殊，如賢不肖莫不有文武之道也。「忠信如丘」，生知
也；「克念作聖」，學知也。仲尼謂我非生知，豈學而知之者歟？以
其盡學之奧，同生知之歸，此其所以過堯、舜之遠也。〔註105〕

對我們來說，聖人幾乎都像生而知之一樣。張載認為，就學習而言，孔子是
比堯、舜高出許多。但是，依《論語》中所記，張載認為這是因為他是學而
知之的關係。張載對於聖人的本性還是認為屬於生而知之的，就像前文他所
說的「舜與仲尼心則同」一樣。後來，由於孔子的密察與勤奮好學，所以最
後是同生知之歸，讓人覺得他像是生而知之一般。從這方面看，孔子是超越
堯、舜的。

3、學無止境

當然，如果我們從更實際一點的層面來看，我們就可以更清楚張載為何
說孔子比舜密察，比堯、舜更接近生而知之。且看這一段話：

故議論天下之是非易，處天下之事難，孔子常語弟子：「如或知爾，
則何以哉？」〔註106〕

這是張載解釋為何孔子要常常向弟子問「如或知爾，則何以哉」的原因。他
認為，孔子深深知道做事比評論事情困難多了，所以平常教育學生，就時時

〔註104〕〔宋〕張載：《張載集》，頁 1270。
〔註105〕〔宋〕張載：《張載集》，頁 308。
〔註106〕〔宋〕張載：《張載集》，頁 1255。

以這樣實際的問題提醒學生。實際問題有時牽涉許多未能確知的名物制度，
所以孔子自己也常常要請教他人。張載認為這不是孔子無知，而是實務上有
此需求的，他說：

> 聖人於文章不講而學，蓋講者有可否之疑，須問辨而後明，學者有
> 所不知，問而知之，則可否自決，不待講論。如孔子之盛德，惟官
> 名禮文有所未知，故其問老子郯子，既知則遂行而更不須講。〔註107〕

他以孔子向老子、郯子問禮文官名為例，說明實務是有此可能的，不必因此
就認為有損孔子的聖名。甚至與周敦頤的「聞過之學」與「知恥之學」有異
曲同之妙，張載認為孔子問學正是可取之處，也正是當代人不足之處，所以
他說：

> 人多是恥於問人，假使今日問於人，明日勝於人，有何不可！如是
> 則孔子問於老聃、萇弘、郯子、賓牟賈，有甚不得！聚天下眾人之
> 善者是聖人也，豈有得其一端而便勝於聖人也！〔註108〕

問於人而後勝於人，正是青出於藍的本義，也是學者奮發向上的明證。張載
把孔子的學習精神拉到和一般人一樣，當然是希望給後學一個可以奮鬥的臺
階，不希望後人把成聖當作高不可攀的境界而退縮。當然，更重要的是希望
學者也不要以為有一優勢就沾沾自喜，以為勝過別人，甚至自認為已贏過聖
賢。張載也把孔子進階的意義重新說明，使學者知所奮進，他指出：

> 仲尼自志學至老，德進何晚？竊意仲尼自志學固已明道，其立固已
> 成性，就上益進，蓋由天之不已。為天已定，而所以為天不窮。如
> 有成性則止，則舜何必孜孜，仲尼何必不知老之將至，且歎其衰，
> 不復夢見周公？由此觀之，學之進德可知矣。〔註109〕

這邊所論是針對「十有五而志於學」一段而言。當時一定有人認為，孔子的
而立、不惑、知天命、耳順等等，是不是進階太晚了，跟張載所達到的境界
時間，或當時人所認識的顯然有差，所以張載才會提出這樣的解釋。由此可
以看出，張載認為從孔子在其他地方的話可以看出，孔子是時時求進步的人，
例如：「不知老之將至，且歎其衰，不復夢見周公？」等等，所以，就算到了
晚年都還在追求進步。這樣看來，他所說的志學、而立等等一段話，顯然都

〔註107〕〔宋〕張載：《張載集》，頁1280。
〔註108〕〔宋〕張載：《張載集》，頁1283。
〔註109〕〔宋〕張載：《張載集》，頁308。

不必看得太死板,應該看成孔子早就有所成,卻未有所止。這樣,張載所昭示的就是學者該學學舜和孔子孜孜不倦的好學精神。在張載的心中,成德是無止境的,因爲古聖的言行記載就是明證。

4、聖人處權

孔子雖然勤奮踏實,不過,他卻不是不知變通的人,張載這樣評論:

> 困而不知變,民斯爲下矣;不待困而喻,賢者之常也。困之進人也,爲德辨,爲感速,孟子謂人有德慧術知者存乎疢疾以此。自古困於內無如舜,困於外無如孔子,以孔子之聖而下學於困,則其蒙難正志,聖德日躋,必有人所不及知而天獨知之者矣,故曰「莫我知也夫」,「知我者其天乎」!〔註110〕

由孟子的「存乎疢疾」,進而推論孔子的「必有人所不及知而天獨知之者」,是一個合理而高明的推論。另外,張載更以禮制的不同來證明:

> 子上之母死而不喪,門人問諸子思曰:「昔者先君子喪出母乎?」曰:「然。」「子之不使白也喪之,何也?」子思曰:「昔先君子無所失道,道隆則從而隆,道汙則從而汙。伋則安能!」出妻不當使子喪之,禮,子於母則不忘喪,若父不使子喪之,爲子固不可違父,當默持心喪,亦禮也,若父使之喪而喪之,亦禮也。子思以我未至於聖,孔子聖人處權,我循禮而已。〔註111〕

這是一則在《禮記・檀弓上》的記載。關學以禮聞名,張載對禮也有其獨特見解,「子思以我未至於聖,孔子聖人處權,我循禮而已」一語說明了聖人與一般人不同之處。〔註112〕

〔註110〕〔宋〕張載:《張載集》,頁40。

〔註111〕〔宋〕張載:《張載集》,頁300。

〔註112〕關於此事,他在《橫渠易說・繫辭上》中有更詳細說明:「時措之宜便是禮,禮即時措時中見之事業者。非禮之禮,非義之義,但非時中皆是也。非禮之禮,非義之義,又不可以一概言,如孔子喪出母,子思守禮,不喪出母,又不可以子思守禮爲非也。又如制禮者小功不稅,他外反。日月已過,乃聞而服曰稅。使曾子制禮,又不知如何。以此不可易言。時中之義甚大,須是精義入神以致用,始得觀其會通以行其典禮,此則方是眞義理也。行其典禮而不達會通,則有非時中者也矣。今學者則須是執禮,蓋禮亦是自會通制之者。然言不足以盡天下之事,守禮亦未爲失,但大人見之,則爲非禮非義,不時中也。君子要多識前言往行以畜其德,以其看前言往行熟,則自能比物醜類,亦能見得時中。禮亦有不須變者,如天敘天秩之類,如何可變!時中者不謂此。繫辭焉以斷其吉凶,是故謂之爻。言天下之至賾而不可惡也,《易》語天地陰

（三）有關孔子的教育方式

在《論語》中有很多地方可以看到孔子特殊的教育方式，張載都有所發揮，試以下列幾點說明。

1、竭兩端之教

〈子罕篇〉：子曰：「吾有知乎哉？無知也。有鄙夫問於我，空空如也，我叩其兩端而竭焉。」

朱熹注曰：「孔子謙言己無知識，但其告人，雖於至愚，不敢不盡耳。叩，發動也。兩端，猶言兩頭。言終始、本末、上下、精粗，無所不盡。」又引程子之說：「程子曰：『聖人之教人，俯就之若此，猶恐眾人以為高遠而不親也。聖人之道，必降而自卑，不如此則人不親，賢人之言，則引而自高，不如此則道不尊。觀於孔子、孟子，則可見矣。』」〔註113〕兩者都明白表示孔子在教育時的竭盡所能，張載也以之說明：

> 不得已，當為而為之，雖殺人皆義也；有心為之，雖善皆意也。正己而物正，大人也；正己而正物，猶不免有意之累也。有意為善，利之也，假之也；無意為善，性之也，由之也。有意在善，且為未盡，況有意於未善耶！仲尼絕四，自始學至成德，竭兩端之教也。

〔註114〕

這是張載說明「當為而為」與「有意為善」與「無意為善」之為，然後引申孔子的「絕四」之說與「十有五」始學到成德之說的用意。他說這些都是竭兩端之教也，就是說孔子把本末、終始一次說清楚的教育方式。而孔子為何說自己無知呢？朱熹但以謙虛為解，張載則認為這是孔子身為優秀教育家的特點之一，他說：

> 洪鐘未嘗有聲，由扣乃有聲；聖人未嘗有知，由問乃有知。「有如時雨之化者」，當其可，乘其間而施之，不待彼有求有為而後教之也。

〔註115〕

這與《禮記・學記》上所說是相通的：

> 善問者，如攻堅木，先其易者，後其節目，及其久也，相說以解；

> 陽，情偽至隱賾而不可惡也，諸子馳騁說辭，窮高極幽，而知德者厭其言。故言為非艱，使君子樂取之為貴。」《張載集》，頁192。

〔註113〕〔宋〕朱熹：《論語集註》，頁98。

〔註114〕〔宋〕張載：《張載集》，頁128。

〔註115〕〔宋〕張載：《張載集》，頁31。

不善問者反此。善待問者，如撞鐘，叩之以小者則小鳴，叩之以大
者則大鳴，待其從容，然後盡其聲；不善答問者反此。此皆進學之
道也。〔註116〕

而所謂「時雨化之者」是孟子的教育方式，出於《孟子·盡心上》：

孟子曰：「君子之所以教者五：有如時雨化之者，有成德者，有達財
者，有答問者，有私淑艾者。此五者，君子之所以教也。」〔註117〕

張載以此二者配合《論語》孔子的「無知」之說，來啓發學者要勇於問學，
才能從老師那邊學到東西，這與孔子的啓發教學意義也是相通的。其實，這
對教育者而言，當然是最高境界，要修養到外表看似無知，內在卻很充實，
才能達到效果的，這在張載看來，是聖人才能夠達到吧，他說：

非至精、至變、至神不能與，故曰「神而明之，存乎其人」。無知者，
以其無不知也：若言有知，則有所不知也。惟其無知，故能竭兩端，
《易》所謂「寂然不動，感而遂通」也。無知則神矣，苟能知此，
則於神爲近。無知者，亦以其術素備也，道前定則不窮。〔註118〕

又說：

有不知則有知，無不知則無知，是以鄙夫有問，仲尼竭兩端而空空。
易無思無爲，受命乃如響。聖人一言盡天下之道，雖鄙夫有問，必
竭兩端而告之；然問者隨才分各足，未必能兩端之盡也。〔註119〕

前一則說「無知者，以其無不知也」，後一則說「無不知則無知」，可以看出
張載對於孔子的「無知」之說都是以「無不知」來了解的。不過，扣其兩端
顯然也不夠解釋孔子的教育方式，所以張載又在後一則點出「問者隨才分各
足，未必能兩端之盡也。」所以，孔子在實施教育時也要在語言上有所變化，
以引導不同的學生，所以他認爲：

仲尼應問，雖叩兩端而竭，然言必因人爲變化，所貴乎聖人之詞者，
以其知變化也。〔註120〕

這就是牽涉所謂因材施教的教育方式了，以下就談談張載所認知的孔子的因
材施教方式。

〔註116〕《禮記注疏》，卷36，頁121。
〔註117〕《孟子·盡心上》。
〔註118〕〔宋〕張載：《張載集》，頁1200。
〔註119〕〔宋〕張載：《張載集》，頁31。
〔註120〕〔宋〕張載：《張載集》，頁42。

在《論語》中，孔子常常有問同而答異的現象，張載針對此現象提出看法：

> 知至學之難易，知德也；知其美惡，知人也。知其人且知德，故能
> 教人使入德，仲尼所以問同而答異以此。〔註121〕

孔子能知德知人，所以才會問同而答異。為的就是要教人使入德，入德之後，動靜皆宜，他說：

> 事豫則立，必有教以先之；盡教之善，必精義以研之。精義入神，
> 然後立斯立，動斯和矣。〔註122〕

可見教育的方法是多麼重要。這也是為何孔子必須問同答異以因材施教了。這也基於孔子對學生的個性相當瞭解，甚至也會當面說出，張載論說：

> 孔子謂「柴也愚，參也魯」，亦是不得已須當語之。如正甫之隨，禹
> 之多疑，須當告使知其病，則病上偏治。莊子謂牧羊者止鞭其後，
> 人亦有不須驅策處，則治其所不足。某只是太直無隱，凡某人有不
> 善即面舉之。〔註123〕

這是張載對《論語・先進篇》「柴也愚，參也魯，師也辟，由也喭」的引申。即認為，如學者有病，當明白告之，以治其所不足。這也是因材施教很重要的一步。總之，教育之道，識人為先，若不能識人，就無法因材施教。同時張載認為，這種能力是在家孝順父母時就可以訓練的，他說：「事父母『先意承志』，故能辨志意之異，然後能教人。」〔註124〕又《禮記・祭義》中曾子曾說到：

> 「孝有三：大孝尊親，其次弗辱，其下能養。」公明儀問於曾子曰：
> 「夫子可以為孝乎？」曾子曰：「是何言與！是何言與！君子之所
> 為孝者：先意承志，諭父母於道。參，直養者也，安能為孝乎？」
> 〔註125〕

張載把它當做識人的訓練，可以說是希望一般學者不要把孝當作一簡單之事，從中自有許多其他做人做事的道理可以體會的。

2、無言之教

《論語》中最特別的教育無過於無言之教，這就是孔子所說的「天何言

〔註121〕〔宋〕張載：《張載集》，頁31。
〔註122〕〔宋〕張載：《張載集》，頁29。
〔註123〕〔宋〕張載：《張載集》，頁282。
〔註124〕〔宋〕張載：《張載集》，頁45。
〔註125〕《禮記注疏》，卷48，頁6。

哉」一段話。張載論說：「天道四時行，百物生，無非至教；聖人之動，無非至德，天何言哉！」〔註126〕又說：「天不言而四時行，聖人神道設教而天下服。誠於此，動於彼，神之道與！」〔註127〕前文已提過，張載把孔子這樣的聖人配天而言，所以這裡對於孔子的無言之教，當然也是配天而言。這也與他的《易》學理論是相輔相成的，所以他說：「天不言而信，神不怒而威；誠故信，無私故威。」〔註128〕《禮記‧樂記》記：

> 君子曰：禮樂不可斯須去身。致樂以治心，則易直子諒之心油然生矣。易直子諒之心生則樂，樂則安，安則久，久則天，天則神。天則不言而信，神則不怒而威，致樂以治心者也。致禮以治躬則莊敬，莊敬則嚴威。心中斯須不和不樂，而鄙詐之心入之矣。外貌斯須不莊不敬，而易慢之心入之矣。〔註129〕

本是指音樂之用，但是張載引之說明聖人之教。而「誠故信，無私故威」等語則可能與《中庸》有關，《中庸》記：「《詩》云：『相在爾室，尚不愧于屋漏。』故君子不動而敬，不言而信。《詩》曰：『奏假無言，時靡有爭。』是故君子不賞而民勸，不怒而民威於鈇鉞。」〔註130〕所以，無言之教其實也奠基在聖人的德基博厚，才能發揮。這就像在說教育者的身教一樣。教育者自身正，自然教人以正，所以張載也說：「君子教人，舉天理以示之而已；其行己也，述天理而時措之也。」〔註131〕又說：「己不勉明，則人無從倡，道無從弘，教無從成矣。」〔註132〕

當然，並非每一個學者都能體會無言之教，這與因材施教的方式又是分不開的。教育後學也要看清他是初學者或是有根基者，以便分開以不同方式教他們，張載對此說到：

> 教人者必知至學之難易，知人之美惡，當知誰可先傳此，誰將後倦此。若灑掃應對，乃幼而孫弟之事，長後教之，人必倦弊。惟聖人於大德有始有卒，故事無大小，莫不處極。今始學之人，未必能繼，

〔註126〕〔宋〕張載：《張載集》，頁13。
〔註127〕〔宋〕張載：《張載集》，頁14。
〔註128〕〔宋〕張載：《張載集》，頁14。
〔註129〕《禮記注疏》，卷39，頁22。
〔註130〕《禮記注疏》，卷53，頁20。
〔註131〕〔宋〕張載：《張載集》，頁23。
〔註132〕〔宋〕張載：《張載集》，頁36。

　　　　妄以大道教之，是誣也。〔註133〕

「始學之人未必能繼」是因爲各人氣質性情不同，所以若妄以大道教之，對於不繼之人是一種誣，根本收不到效果。在實施無言之教時，也該有如此考慮的。

（四）顏子之學

　　顏回學在張載《論語》學中有何關鍵地位呢？可由以下議論看出：

　　　　由學者至顏子一節，由顏子至仲尼一節，是至難進也。二節猶二關，
　　　　然而得仲尼地位亦少《詩》、《禮》不得。孔子謂學《詩》學《禮》，
　　　　以言以立，不止謂學者，聖人既到後，直知須要此不可闕。不學《詩》
　　　　直是無可道，除是穿鑿任己知。《詩》、《禮》、《易》、《春秋》、《書》，
　　　　六經直是少一不得。〔註134〕

這一段話可以呈現出張載的聖人境界。一般人要先達到顏回這一層，才能到孔子這一關。不過，他認爲這是關卡，是很難達到的境界。先不論張載認爲這一關有多困難，但是他既然以顏回爲標準，就可以知道他對顏回學的重視。顏回學有何特性呢？首先就是「潛龍之性」。他在講《易》時指出：

　　　　孔子喜弟子之不仕，蓋爲德未成則不可以仕，是行而未成者也，故
　　　　潛勿用，龍德而未顯者也。不成名，不求聞也，養實而已，樂行憂
　　　　違，不可與無德者語也。「用則行，捨則藏，惟我與爾有是夫！」顏
　　　　子龍德而隱，故「遯世不見知而不悔」，與聖者同。〔註135〕

又指出：

　　　　顏子未成性，是爲潛龍，亦未肯止於見龍，蓋以其德其時則須當潛。
　　　　顏子與孟子時異，顏子有孔子在，可以不顯，孟子則處師道，亦是
　　　　已老，故不得不顯耳。〔註136〕

顏回在《論語》中的居陋巷行爲當然可以看出是不出仕的，張載把他與孟子比較後，認爲顏回的不出仕是合理的，因爲當時有孔子在。而孟子則不一樣，必需有捨我其誰的精神。這種潛龍之性並非不好的，反而是極難得的，所以，張載又說：「龍德，聖修之極也，顏子之進，則欲一朝而至焉，可謂好學也已

〔註133〕〔宋〕張載：《張載集》，頁 31。
〔註134〕〔宋〕張載：《張載集》，頁 1278。
〔註135〕〔宋〕張載：《張載集》，頁 72。
〔註136〕〔宋〕張載：《張載集》，頁 75。

矣。」〔註137〕因此，顏回雖是潛龍，卻未停止追求成德之進，所以，顏回學第二個特性就是「未止」。張載說顏回未到聖人之境，雖是可惜，但也是具體而微了，他評論說：

> 中正然後貫天下之道，此君子之所以大居正也。蓋得正則得所止，得所止則可以弘而至於大。樂正子、顏淵，知欲仁矣。樂正子不致其學，足以偽善人信人，志於仁無惡而已；顏子好學不倦，合仁與智，具體聖人，獨未至聖人之止爾。〔註138〕

又說：

> 學者中道而立，則有〈仁〉以弘之。無中道而弘，則窮大而失其居，失其居則無地以崇其德，與不及者同，此顏子所以克己研幾，必欲用其極也。未至聖而不已，故仲尼賢其進；未得中而不居，故惜夫未見其止也。〔註139〕

顏子如此好學，所以他的進步是很明顯的，也才會有「無伐善，無施勞」的期待，張載把此二者結合說：

> 仲由樂善，故車馬衣裘喜與賢者共敝；顏子樂進，故願無伐善施勞；聖人樂天，故合內外而成其仁。〔註140〕

顏回如此精進，卻仍然在潛龍，豈不可惜？這卻是顏回學的另一特性，就是「人不知而不慍」。張載引孔子評顏回的話論證說：

> 「天下有道則見，無道則隱」，「君子疾沒世而名不稱」，蓋「士而懷居，不可以為士」，必也去無道，就有道。遇有道而貧且賤，君子恥之。舉天下無道，然後窮居獨善，不見知而不悔，《中庸》所謂「惟聖者能之」，仲尼所以獨許顏回「惟我與爾為有是」也。〔註141〕

「不見知而不悔」是《中庸》的話，張載在此把《論語》和《中庸》的話相印證，來說明顏回與孔子在這一點上的相同處，這是顏回學受宋儒推崇的另一層面。但是學顏子畢竟不是那麼容易，所以張載明白指出：

> 學者不可謂少年，自緩便是四十五十。二程從十四歲時便銳然欲學聖人，今盡及四十未能及顏、閔之徒。小程可如顏子，然恐未如顏

〔註137〕〔宋〕張載：《張載集》，頁43。
〔註138〕〔宋〕張載：《張載集》，頁26。
〔註139〕〔宋〕張載：《張載集》，頁27。
〔註140〕〔宋〕張載：《張載集》，頁43。
〔註141〕〔宋〕張載：《張載集》，頁43。

子之無我。〔註142〕

張載以二程爲例，甚至指出他們的極限，可以了解他爲何說學者到顏子是一關了。那顏回與孟子又該如何判其高下呢？張載說：

> 顏、孟有無優劣同異？顏子用捨與聖人同，孟子辨伯夷、伊尹而願學孔子，較其趨，固無異矣。考孟子之言，其出處固已立於無過之地。顏子於仁三月不違，於過不貳，如有望而未至者，由不幸短命故歟！〔註143〕

顏回還是比不上孟子的「立於無過之地」。可見在張載心中，雖然顏回再好，有仍舊所不足，孟子還是修養比較完整的。顏子唯一的缺失大概就在此吧。跟周敦頤不一樣的地方，是張載並沒有一味推崇顏回，他說：

> 大中至正之極，文必能致其用，約必能感其通。未至于此，其視聖人，恍惚前後，不可爲像，此顏子之歎乎！〔註144〕

又說：「高明不可窮，博厚不可極，則中道不可識，蓋顏子之歎也。」〔註145〕「學不能推究事理，只是心粗。至如顏子未至于聖人處，猶是心粗。」〔註146〕這些話亦足以明白點出顏子未臻聖境之處，但是也同時可以看出他更接近一般人，而成爲普通人最佳學習之模範。

（五）天命思想

天命思想是孔子思想中很重要的一環，主要是因爲在他的成德進程之中有「五十知天命」這一語，還有「君子畏天命」與「小人不知天命」的說法。〔註147〕張載對於天命的了解，最重要的是拿來批評佛教，他說：

> 釋氏不知天命而以心法起滅天地，以小緣大，以末緣本，其不能窮而謂之幻妄，眞所謂疑冰者與！〔註148〕

所謂「不知天命」就像《論語》中孔子批評小人，〔註149〕所以張載也說：

〔註142〕〔宋〕張載：《張載集》，頁280。
〔註143〕〔宋〕張載：《張載集》，頁309。
〔註144〕〔宋〕張載：《張載集》，頁27。
〔註145〕〔宋〕張載：《張載集》，頁27。
〔註146〕〔宋〕張載：《張載集》，頁274。
〔註147〕有時孔子只以「命」一字代表天命，如在〈堯曰篇〉說：「不知命無以爲君子。」
〔註148〕〔宋〕張載：《張載集》，頁26。
〔註149〕《論語·季氏》：「孔子曰：『君子有三畏：畏天命，畏大人，畏聖人之言。小人不知天命而不畏也，狎大人，侮聖人之言。』」又《論語·堯曰》：「子曰：『不知命，無以爲君子也。』」

> 釋氏之説所以陷爲小人者，以其待天下萬物之性爲一，猶告子「生
> 之謂性」。〔註150〕

不論是「以心法起滅天地」或是「待天下萬物之性爲一」，都是因爲佛教不能
像儒家一樣對人有充分的瞭解，所謂「幻妄」張載則有進一步解說：

> 釋氏妄意天性而不知範圍天用，反以六根之微因緣天地。明不能盡，
> 則誣天地日月爲幻妄，蔽其用於一身之小，溺其志於虛空之大，所
> 以語大語小，流遁失中。其過於大也，塵芥六合；其蔽於小也，夢
> 幻人世。謂之窮理可乎？不知窮理而謂盡性可乎？謂之無不知可
> 乎？塵芥六合，謂天地爲有窮也；夢幻人世，明不能究所從也。〔註
> 151〕

認識不足，太過簡單化，不能肯定價值宇宙，就是張載對佛教的批判。對於
儒家來說，成聖是每個人都可能的，但是，所以成聖的方式並不一。還有，
對外界的格物致知應該也是無窮無盡的，不該只是以偏概全的論定或認知。
除了批評佛教，張載的天命說也不脫儒家的盡人事而聽天命的說法，他說：

> 「虞芮質厥成」，訟獄者不之紂而之文王。文王之生，所以縻縶於天
> 下，由多助於四友之臣爾。「以杞包瓜」，文王事紂之道也，厚下以
> 防中潰，盡人謀而聽天命者與！〔註152〕

「虞芮質厥成」是《詩經‧大雅‧緜》的句子，「以杞包瓜」是《易經‧姤卦》
「九五：以杞包瓜，含章，有隕自天」的爻辭。文王有天命，但是初期還是
必需小心事奉紂王，以待天命，關於這一點，張載在〈易說〉中有更清楚的
說明：

> 杞之爲物，根固於下，瓜之爲實，潰必自内。九五以中正剛健含章宅
> 尊，而遇陰柔浸長之時，厚下安宅，潰亂是防，盡其人謀而聽天命者
> 也。「以杞包瓜」，文王事紂之道，厚下以防中潰，盡人謀而聽天命者
> 歟！上九，姤其角，吝無咎。象曰「姤其角」，上窮吝也。〔註153〕

天命的無奈在此可以看出。孔子的遭遇也是如此的，張載舉例說：「孟子以智
之於賢者爲有命，如晏嬰智矣，而獨不智於仲尼，非天命耶！」〔註154〕這是

〔註150〕 〔宋〕張載：《張載集》，頁324。
〔註151〕 〔宋〕張載：《張載集》，頁126。
〔註152〕 〔宋〕張載：《張載集》，頁38。
〔註153〕 〔宋〕張載：《張載集》，頁146。
〔註154〕 〔宋〕張載：《張載集》，頁39。

以《孟子・盡心下》的記載聯想到孔子的遭遇，〔註155〕《史記・孔子世家》記孔子到齊國時，受齊景公善待，但是因晏子的排斥而放棄重用孔子。張載認爲孔子錯過這一次機會，不是因爲晏子不聰明而不知道孔子的才能，但得到如此結果，這不就是天命嗎？但天命所在，就算一時不成功，後來仍有成功時，張載以周公爲例說到：

> 天無心，心都在人之心。一人私見固不足盡，至於眾人之心同一則卻是義理，總之則卻是天。故曰天曰帝者，皆民之情然也，謳歌訟獄之不之焉，人也而以爲天命。武王不薦周公，必知周公不失爲政。
> 〔註156〕

這遭遇與孔子剛好可以相對而言，也可以說明張載對儒家天命思想的體認程度。

張載對《論語》極有心得，雖無專著，但相關言論卻散見於許多作品裏。此節所揭示其有關孔子、教育、顏回、天命之思考，皆爲《論語》中的重要內容。尤其，天命之說除了傳統命限之意外，竟可拿來批評佛教，可說是極獨特之發輝，深深烙下時代色彩。

〔註155〕《孟子・盡心下》：「孟子曰：『口之於味也，目之於色也，耳之於聲也，鼻之於臭也，四肢之於安佚也，性也，有命焉，君子不謂性也。仁之於父子也，義之於君臣也，禮之於賓主也，智之於賢者也，聖人之於天道也，命也，有性焉，君子不謂命也。』」
〔註156〕〔宋〕張載：《張載集》，頁1256。

第七章　理學派《論語》學（下）

二程《論語》學既承接前人之說，又啓發日後朱熹之學，在北宋理學派中是最重要的，故獨立於此章論述。

第一節　二程對《論語》之看法與著作

一、二程生平

關於二程的生平，《宋史》記曰：

> 程顥字伯淳，世居中山，後從開封徙河南。……顥舉進士……鄉民爲社會，爲立科條，旌別善惡，使有勸有恥。在縣三歲，民愛之如父母。熙寧初，用呂公著薦，爲太子中允、監察御史裏行。神宗素知其名，數召見，每退，必曰：「頻求對，欲常常見卿。」……前後進說甚多，大要以正心窒欲、求賢育材爲言，務以誠意感悟主上。……王安石執政，議更法令，中外皆不以爲便，言者攻之甚力。顥被旨赴中堂議事，安石方怒言者，屬色待之。顥徐曰：「天下事非一家私議，願平氣以聽。」安石爲之愧屈。自安石用事，顥未嘗一語及於功利。……除判武學，李定劾其新法之初首爲異論，罷歸故官。又坐獄逸囚，責監汝州鹽稅。哲宗立，召爲宗正丞，未行而卒，年五十四。

> 嘉定十三年，賜諡曰純公。淳祐元年封河南伯，從祀孔子廟庭。

又曰：

> 程頤字正叔。年十八。上書闕下，欲天子黜世俗之論，以王道爲心。

遊太學，見胡瑗問諸生以顏子所好何學，頤因答曰：……治平、元
豐間，大臣屢薦，皆不起。……詔以爲西京國子監教授，力辭。尋
召爲秘書省校書郎，既入見，擢崇政殿說書。……頤每進講，色甚
莊，繼以諷諫。……蘇軾不悅於頤，頤門人賈易、朱光庭不能平，
合攻軾。胡宗愈、顧臨詆頤不宜用，孔文仲極論之，遂出管勾西京
國子監。……卒年七十五。頤於書無所不讀，其學本於誠，以《大
學》、《語》、《孟》、《中庸》爲標指，而達于六經。動止語默，一以
聖人爲師，其不至乎聖人不止也。張載稱其兄弟從十四五時，便脫
然欲學聖人，故卒得孔、孟不傳之學，以爲諸儒倡。……平生誨人
不倦，故學者出其門最多，淵源所漸，皆爲名士。涪人祠頤於北巖，
世稱爲伊川先生。嘉定十三年，賜諡曰正公。淳祐元年，封伊陽伯，
從祀孔子廟庭。〔註1〕

程顥，字伯淳，世稱明道先生，河南人。程頤，字正叔，世稱伊川先生。
關於他們的生卒年，伊川的〈明道先生行狀〉記：「先生特爲時望所屬、召爲
宗正寺丞。未行，以疾終。元豐八年六月十五日也。享年五十有四。」〔註2〕
朱熹的〈伊川年譜〉則有明確記載：「明道生於明道元年壬申，伊川生於明道
二年癸酉。」及「大觀元年九月庚午，卒於家，年七十有五」。〔註3〕

程顥在仁宗嘉祐二年，舉進士，後歷任地方官，直到哲宗立，召爲宗正
丞，未行而卒。其資性過人，而充養有道，和粹之氣，盎於面背。門人交友
從之數十年，未嘗見其忿厲之容。遇事優爲，雖當倉卒，不動聲色。自十五
六時，與弟正叔聞汝南周茂叔論學，遂厭科舉之習，慨然有求道之志。泛濫
於諸家，出入於老、釋者幾十年，返求諸《六經》，而後得之。文潞公採眾議
而爲之表其墓曰明道先生。嘉定十三年，賜諡曰純公。淳祐元年，封河南伯，
從祀孔子廟庭。明嘉靖中，祀稱「先儒程子」。

〔註1〕　〔元〕脫脫等：《宋史》，卷427，頁5～18。

〔註2〕　〔宋〕程顥、程頤：《二程集》，卷11，頁637。據前文《宋史》本傳記：「哲
宗立，召爲宗正丞，未行而卒，年五十四。」哲宗立於西元1085年，依此推
算，程顥是生於西元1032年，是宋仁宗明道元年。程頤，字正叔，世稱伊川
先生。《宋史》本傳未明言生卒年歲，而據《宋元學案》本案所記：「大觀元
年九月庚午，卒於家，年七十五。」徽宗大觀元年是西元1107年，依此推算，
當生於宋仁宗明道二年，西元1033年，只差程顥一歲。本傳所引生卒年都不
完整。

〔註3〕　〔宋〕程顥、程頤：《二程集》，卷125，頁338。

　　程頤在宋仁宗嘉祐元年首次遊太學，胡瑗問諸生以「顏子所好何學」，瑗得其文，大驚異之，即延見，處以學職。呂希哲首以師禮事頤。治平、元豐間，大臣屢薦，皆不起。哲宗元祐元年，經司馬光、呂公著推薦，官至崇正殿說書，管勾西京國子監。紹聖四年，被放逐涪州。元符三年，任權判西京國子監，不久被罷。平生誨人不倦，故學者出其門最多，淵源所漸，皆爲名士。涪人祠頤於北巖，世稱爲伊川先生。嘉定十三年，賜諡曰正公。淳祐元年，封伊陽伯，從祀孔子廟庭。〔註4〕

　　二程的《論語》著作，除了經說中的《論語說》以外，都散佈在其他著作中，以下先談他們對《論語》的看法。

二、二程對《論語》之看法

　　二程對《論語》的重視，比起周、張二子，是有過之而無不及，他們比二子更常提到《論語》的重要。〔註5〕《論語》對他們而言，有什麼特殊地位呢？

　　程顥說：「道之大原在於經，經爲道，其發明天地之密，形容聖人之心，一也。」〔註6〕提出經典的重要性在於呈現道，而道乃源於經。程頤也說：「道之在經，大小遠近，高下精粗，森列於其中。」所以爲學求道，「治經最好」，〔註7〕「經所以載道也，器所以適用也。學經而不知道，治器而不適用，奚益哉」？〔註8〕可見道需治經以獲得。強調「聖人之道，傳諸經學者，必以經爲本」。〔註9〕欲曉聖人之道，必於經中求取。既然聖人作經，本欲明道，今人求道正爲了要致用，故云：

　　　　讀書將以窮理，將以致用也。今或滯心於章句之末，則無所用也。

　　　〔註10〕

〔註4〕程頤生平除見《宋史》外，亦可參〔清〕黃宗羲撰，全祖望補訂：《增補宋元學案》，卷13，頁3。

〔註5〕如張載只說：「要見聖人無如《論》、《孟》爲要。《論》、《孟》二書於學者大足，只是須涵泳。」「學者信書，且須信《論語》、《孟子》。」《張載集》，頁1272、277。而周敦頤之著作則未見如此直接說法。

〔註6〕〔宋〕程顥、程頤：《二程集》，卷12，頁463。

〔註7〕〔宋〕程顥、程頤：《二程集》，卷1，頁12。

〔註8〕〔宋〕程顥、程頤：《二程集》，卷6，頁95。

〔註9〕〔宋〕程顥、程頤：《二程集》，卷8，頁580。

〔註10〕〔宋〕程顥、程頤：《二程集》，卷1，頁1187。

窮經，將以致用也。如：「誦《詩》三百，授之以政，不達。使於四方，不能專對，雖多，亦奚以爲？」今世之號爲窮經者，果能達於政事專對之間乎？則其所謂窮經者，章句之末耳，此學者之大患也。〔註11〕

治經，實學也。譬諸草木，區以別矣。道之在經，大小遠近，高下精粗，森列於其中。譬諸日月在上，有人不見者，一人指之，不如眾人指之自見也。如《中庸》一卷書，自至理便推之於事。如國家有九經，及歷代聖人之跡，莫非實學也。如登九層之臺，自下而上者爲是。人患居常講習空言無實者，蓋不自得也。爲學，治經最好。苟不自得，則盡治五經，亦是空言。今有人心得識答，所得多矣。有雖好讀書，卻患在空虛者，未免此弊。〔註12〕

這裡已將讀經的目的說得非常清楚。治經要能推求實事，反對空言無用之弊，所以大力抨擊漢儒：「漢之經術安用？只是以章句訓詁爲事，且如解『堯典』二字，至三萬餘言，是不知要也。」〔註13〕同時也指出：

後之儒者，莫不以爲文章、治經述爲務。文章則華靡其詞，新奇其意，取悅人耳目而已。經述則解釋辭訓，較先儒短長，立異說以爲己工而已。如是之學，果可至於道乎？〔註14〕

又：

本朝經典，比之前代爲盛，然三十年以來，議論尚同，學者於訓傳言語之中，不復致思，而道不明矣。〔註15〕

這是因爲沒有弄清楚讀經的目的，解經的方式又不對，故造成如此弊病。

一般讀經之法，可分爲經的義理與文意，程頤一面強調：「經所以載道也，誦其言詞，解其訓詁，而不及道，無用之糟粕耳。」〔註16〕一面認爲：「善學者，要不爲文字所錮。故文意雖解錯，而道理可通行不礙也。〔註17〕」則義理的重要性顯然大於文意，因爲義理就是所載之道。義理並非完全靠訓詁字

〔註11〕 〔宋〕程顥、程頤：《二程集》，卷4，頁71。
〔註12〕 〔宋〕程顥、程頤：《二程集》，卷1，頁12。
〔註13〕 〔宋〕程顥、程頤：《二程集》，卷18，頁1232。
〔註14〕 〔宋〕程顥、程頤：《二程集》，卷8，頁580。
〔註15〕 〔宋〕程顥、程頤：《二程集》，卷1，頁1202。
〔註16〕 〔宋〕程顥、程頤：《二程集》，頁671。
〔註17〕 〔宋〕程顥、程頤：《二程集》，卷6，頁378。

句就可知曉的，是需要反思才能自得，所以范祖禹稱美程顥：「先生於經，不務解析爲枝詞，要其用在己而明於知天。其教人曰：『非孔子之道，不可學也。』蓋自孟子沒而《中庸》之學不傳，後世之士不循其本而用心於末，故不可與入堯、舜之道。」〔註18〕而不只對道要了解，更要始終踐履著道，才是眞正的認識道，所謂：

> 知之深，則行之必治，無有知之而不能行者。知而不能行，只是知得淺。饑而不食鳥喙，人不蹈水火，只是知。人爲不善，只爲不知。
>
> 〔註19〕

通經、求道、致用，此一連貫的過程，是二程的經學思想。《論語》身爲眾經之列，二程屢屢言及，且推崇備至：

> 《論語》爲書，傳道立言，深得聖人之學者矣。〔註20〕

> 學者當以《論語》、《孟子》爲本。《論語》、《孟子》既治，則六經可不治而明矣。〔註21〕

他們認爲《論語》是學者治六經的基礎，若《論語》、《孟子》讀不通，就不必說讀六經了。相對的，如果讀通《論語》，六經是可不必讀的。足可見《論語》在程子眼中，比其他經典有更優先、更要緊的地位。因爲它代表聖人最直接、最原始的記錄，可貴的道理無疑都保存於其中，此已將《論語》的地位抬高到六經之上，群經之首。他們也曾說：

> 學《春秋》亦善，一句是一事，是非便見於此，此亦窮理之要。然他經豈不可以窮？但他經論其義，《春秋》因其行事，是非較著，故窮理爲要。嘗語學者，且先讀《論語》、《孟子》，更讀一經，然後看《春秋》。先識得個義理，方可看《春秋》。〔註22〕

明白指出「讀《論》、《孟》」→「讀一經」→「看《春秋》」的順序。且不論此順序是否合理，還是可以看出他們把《論語》、《孟子》當作治經入門之書的意義。治經必先由《論語》下手，得聖人之意與經中義理，然後再以已得之知識，印證於其他經書道理，就可相互發明。

　　《論語》除了是治經之優先入門書以外，還有什麼重要性呢？在他們看

〔註18〕　〔宋〕程顥、程頤：《二程集》，頁333～334。
〔註19〕　〔宋〕程顥、程頤：《二程集》，卷15，頁164。
〔註20〕　〔宋〕程顥、程頤：《二程集》，卷12上，頁44。
〔註21〕　〔宋〕程顥、程頤：《二程集》，卷125，頁322。
〔註22〕　〔宋〕程顥、程頤：《二程集》，卷15，頁164。

來，《論語》是最貼近聖人言行的書：

> 問：「聖人之經旨，如何能窮得？」曰：「以理義去推索可也。學者
> 先須讀《論》、《孟》。窮得《論》、《孟》，自有個要約處，以此觀他
> 經，甚省力。《論》、《孟》如丈尺權衡相似，以此去量度事物，自然
> 見得長短輕重。某嘗語學者，必先看《論語》、《孟子》。今人雖善問，
> 未必如當時人。借使問如當時人，聖人所答，不過如此。今人看《論》、
> 《孟》之書，亦如見孔、孟何異？」〔註23〕

看《論》、《孟》之書，亦如見孔、孟何異？就是最明白的宣示。所以他們才
要學者努力讀《論》、《孟》，他們相信從中就可以深深體會聖人之道，若不能
體會，那真是枉然了。所以他們說：「讀《論語》、《孟子》而不知道，所謂雖
多亦奚以為。」〔註24〕又說；「如讀《論語》，舊時未讀是這個人，及讀了後
又只是這個人，便是不曾讀也。」〔註25〕弟子之中難免有人欲成聖，卻不知
該如何入門的，二程也只指點他們從《論語》、《孟子》入手罷了，例如：

> 伯溫問：「學者如何可以有所得？」曰：「但將聖人言語玩味久，則
> 自有所得。當深求於《論語》，將諸弟子問處便作已問，將聖人答處
> 便作今日耳聞，自然有得。孔、孟復生，不過以此教人耳。若能於
> 《論》、《孟》中深求玩味，將來涵養成甚生氣質！」〔註26〕

同時提到，要能用正確的方法讀《論語》：「將諸弟子問處便作己問，將聖人
答處便做今日耳聞，自然有得。孔、孟復生，不過以此教人耳。」要如與孔
子對話一般，不斷的思考反省，最後「若能於《論》、《孟》中深求玩味，將
來涵養成甚生氣質」，〔註27〕就能得到最大的收穫。

　　又：「凡看書，各有門庭。《詩》、《易》、《春秋》不可逐句看，《尚書》、《論
語》可以逐句看。」〔註28〕在逐句看時，也非從字句上作訓詁注疏，而是「凡
看文字，非只是要理會語言，要識得聖人氣象」。〔註29〕「凡看《語》、《孟》，

〔註23〕〔宋〕程顥、程頤：《二程集》，卷18，頁1205。

〔註24〕〔宋〕程顥、程頤：《二程集》，卷6，頁89。

〔註25〕〔宋〕程顥、程頤：《二程集》，卷19，頁1261。

〔註26〕〔宋〕程顥、程頤：《二程集》，卷122上，頁1279。

〔註27〕如又說：「今人雖善問，未必如當時人。借使問如當時人，聖人所答，不過如
此。今人看《論》、《孟》之書，亦如見孔、孟何異？」《二程集》，卷18，頁
1205。

〔註28〕〔宋〕程顥、程頤：《二程集》，卷6，頁377。

〔註29〕〔宋〕程顥、程頤：《二程集》，卷122上，頁1284。

且須熟玩味，將聖人之言語切己，不可只做一場話說。」〔註30〕設身處地的思考，深求玩味就是他們的要求。因為他們認為《論語》是孔子學生中的佼佼者所編，不是隨便寫的：

> 《論語》是孔門高弟所撰，觀其立言，直是得見聖人處。如：「閔子侍側，誾誾如也；子路行行如也，冉有、子貢侃侃如也，子樂。」不得聖人處，怎生知得子樂？誾誾、行行、侃侃，亦是門人旁觀見得。如「子溫而厲，威而不猛，恭而安」，皆是善觀聖人者。〔註31〕

既然如此，當然要對《論語》的字句思考玩味，才能得聖人之道。

> 凡看文字，先須曉其文義，然後可求其意；未有文義不曉而見意者也。學者看一部《論語》，見聖人所以與弟子許多議論而無所得，是不易得也。讀書雖多，亦奚以為？子文問：「民可使由之，不可使知之。」曰：「不可使知之者，非民不足與知也，不能使之知爾。」〔註32〕

這就是強調《論語》的字字句句不苟寫，希望學者努力去體悟其中真理，而不是貪多務得，雖讀遍六經，卻無所獲，所謂：「雖多，亦奚以為？」簡單的說，他們認定：「《論語》為書，傳道立言，深得聖人之學者矣。」〔註33〕所以學者一定要從《論語》去深思玩索，才能體悟聖人之道。

這種自得的《論語》讀法，程頤分享他的經驗道：

> 《論語》、《孟子》，只剩讀著便自意足，學者須是玩味。若以語言解著，意便不足。某始作此二書文字，繼而思之，又似剩。〔註34〕

> 某自十七八讀《論語》，當時已曉文義，讀之愈久，但覺意味深長。
> 《論語》，有讀了後全無事者；有讀了後其中得一兩句喜者；有讀了後知好之者；有讀了後不知手之舞之，足之蹈之者。〔註35〕

所謂玩味、意味深長，或不知手之舞之，足之蹈之者，顯然都是經由自己深切體悟過的，才會如此說。這體悟也是因為他們立志求為聖人，對《論語》才有此特別感受。所以《外書》卷十二記載：「郭忠孝每見伊川問《論語》。伊川皆不答，一日，伊川語之曰：子從事於此多少？時所問皆大，且須切問

〔註30〕〔宋〕程顥、程頤：《二程集》，卷122上，頁1285。
〔註31〕〔宋〕程顥、程頤：《二程集》，卷123，頁305。
〔註32〕〔宋〕程顥、程頤：《二程集》，卷125，頁1296。
〔註33〕〔宋〕程顥、程頤：《二程集》，卷12上，頁44。
〔註34〕〔宋〕程顥、程頤：《二程集》，卷18，頁1204。
〔註35〕〔宋〕程顥、程頤：《二程集》，卷19，頁1261。

而近思。」〔註36〕如沒有自己去深入探索玩味，是不能有所得的。又伊川在談到〈子路〉篇〈子曰誦《詩》三百〉章時，有感而發的說：

> 今人不會讀書。如：「誦《詩》三百，授之以政，不達。使於四方，不能專對。雖多，亦奚以為？」須是未讀《詩》時，授以政不達，使四方不能專對。既讀《詩》後，便達於政，能專對四方，始是讀《詩》。「人而不為〈周南〉、〈召南〉，其猶正牆面而立。」須是未讀〈周南〉、〈召南〉，一似面牆；到讀了後，便不面牆，方是有驗。大抵讀書，只此便是法。如讀《論語》，舊時未讀是這個人，及讀了後，又只是這個人，便是不曾讀也。〔註37〕

可見讀《論語》是要能體悟其中義理，讓自己生命起變化，發生好的改變。

在二程眼中，《論語》除了是治經之入門書以外，還是最貼近聖人言行的書，故欲學聖人，必須從中玩味體會。原本被譽為「半部《論語》治天下」的傳統經術，《論語》在二程的詮釋下，被重新定位為——成德成聖的教科書。這一翻轉，更確定了《論語》的義理之學的性格，二程由此發揮，形成其獨特的《論語》學。

三、《論語解》之注疏學

在今傳二程著作中，有一《論語解》。《論語解》只寫到〈子罕〉篇，而且並非每一章都有說解，可能是學生上課所記。其中的解釋，當然大都是屬於義理之說，不過也多有注疏之處，這和後期作品相當不一樣，因此可據以判斷是伊川早期之作。以下就以他在《論語解》的說法，透過比較，來瞭解他早期的《論語》學。

（一）〈學而時習之〉章

伊川：學而時習之，不亦說乎。習，重習也。時復思繹，浹洽於中，則說也。有朋自遠方來，不亦樂乎，以善及人，而信從者眾，可樂也。人不知而不慍，不亦君子乎，雖樂於及人，不見是而無悶，乃所謂君子。

> 案：王肅曰：「時者，學者以時誦習之。誦習以時，學無廢業，所以為說懌。」〔註38〕王肅以「學無廢業」為說懌的主因，程頤卻以「時

〔註36〕〔宋〕程顥、程頤：《二程集》，卷12，頁432。
〔註37〕〔宋〕程顥、程頤：《二程集》，卷19，頁1261。
〔註38〕〔宋〕邢昺：《論語注疏》，卷1，頁5。

復思繹，浹洽於中」爲主因。

（二）〈夫子至於是邦〉章

伊川：子貢曰：夫子溫良恭儉讓以得之。溫良恭儉讓，盛德之輝光接於人者也。溫，和厚也。良，易直也。恭，莊敬也。儉，節制也。讓，謙遜也。德容如是，是以諸侯敬而信之。

> 案：邢昺疏：「敦柔潤澤謂之溫，行不犯物謂之良，和從不逆謂之恭，去奢從約謂之儉，先人後己謂之讓。」〔註39〕與伊川不同。

（三）〈吾十有五而志于學〉章

伊川：子曰：吾十有五而志于學。聖人言己亦由學而至，所以勉進後人也。立，能自立於斯道也。不惑，則無所疑矣。知天命，窮理盡性也。耳順，所聞皆通也。從心，則不勉而中矣。

> 案：張載《張子語錄》曾說：「生知有小大之殊，如賢不肖莫不有文武之道也。『忠信如丘』，生知也；『克念作聖』，學知也。仲尼謂我非生知，豈學而知之者歟？以其盡學之奧，同生知之歸，此其所以過堯、舜之遠也。」〔註40〕與此程頤所說的「聖人言己亦由學而至」同義。

（四）〈君子周而不比〉章

伊川：周而不比，周爲遍及之義。君子道弘，周及於物而不偏比。小人偏比，故不能周。

> 案：孔安國曰：「忠信爲周，阿黨爲比。」〔註41〕與程頤所說的「遍及」、「偏比」之義不同。

（五）〈君子食無求飽〉章伊川：敏於事，勇於行也。

> 案：孔安國曰：「敏，疾也。」邢昺疏：「敏，疾也。言當敏疾於所學事業，則有成功。〈說命〉曰：『敬遜務時敏，厥脩乃來。』是也。」
> 〔註42〕與伊川之解稍微不同，伊川把「疾」看成是勇於作爲，更見積極。

〔註39〕〔宋〕邢昺：《論語注疏》，卷1，頁8。
〔註40〕〔宋〕程顥、程頤：《二程集》，頁307、308。
〔註41〕〔宋〕邢昺：《論語注疏》，卷12，頁18。
〔註42〕〔宋〕邢昺：《論語注疏》，卷1，頁8。

（六）〈吾道一以貫之〉章

伊川：曾子曰：夫子之道忠恕而已。盡己之謂忠，推己之謂恕。忠，體也。恕，用也。孟子曰：盡其心者，知其性也。

　　案：「盡己之謂忠，推己之謂恕。」與邢昺疏：「忠，謂盡中心也。恕，謂忖己度物也。」〔註43〕字義訓詁差不多，但「忠、體也。恕、用也。」這一「體用」的觀念，卻是二程的特殊解法。

（七）〈子謂子賤〉章

伊川：斯焉取斯，斯，助語。《詩》云：「恩斯勤斯。」

　　案：此程頤只解「助語」之斯字。在邢昺疏與朱熹注之中都無注解，頗異於程頤的習慣。

（八）〈賜也何如〉章

伊川：子貢問曰：賜也何如？子曰：女器也。器者，尚餙之物。子貢文勝，故云器也。復問何器？曰：瑚璉也。瑚璉，貴器。餙之盛者皆從玉，見其餙之美。

　　案：伊川認為子貢之器，如宗廟中可觀之貴器，故曰「瑚璉也」。〔註44〕包咸曰：「瑚璉，黍稷之器。夏曰瑚，殷曰璉，周曰簠簋，宗廟之器貴者。」〔註45〕二者之說差不多。

（九）〈子使漆雕開〉章

伊川：子使漆雕開仕，使求祿也。對以己學且未能信。信謂自得，故夫子說其篤志。

　　案：《遺書》卷十八記：問：「子使漆雕開仕，對曰：『吾斯之未能信。』漆雕開未可仕，孔子使之仕，何也？」曰：「據佗說這一句言語，自是仕有餘，兼孔子道可以仕，必是實也。如由也志欲為千乘之國，孔子止曰『可使治其賦』，求也欲為小邦，孔子止曰『可使為之宰』之類，由、求之徒，豈止如此？聖人如此言，便是優為之也。」〔註46〕

〔註43〕　〔宋〕邢昺：《論語注疏》，卷4，頁37。
〔註44〕　〈羅氏本拾遺〉記：子貢問「賜也何如？」賜自矜其長，而孔子以瑚璉之器答者，但瑚璉可施禮容於宗廟，如子貢之才可使於四方，可使與賓客言而已。《二程集》，卷6，頁381。
〔註45〕　〔宋〕邢昺：《論語注疏》，卷5，頁41。
〔註46〕　〔宋〕程顥、程頤：《二程集》，頁1218。

明道認爲，未能自信，不可以治人，孔子所以說漆雕開之對。

（十）〈道不行〉章

伊川：子曰：道不行，乘桴浮于海，從我者其由也與。浮海居夷，譏天下無賢君也。子路勇於義，故謂其能從己。子路以爲實欲浮海也，故喜夫子與己。夫子許其勇而謂其不能量度事理也。取材，裁度也。材、裁通用。

　　案：《遺書》卷二十二上：孔子願乘桴浮於海，居九夷，皆以天下無一
　　　　賢君，道不行，故言及此爾。子路不知其意，便謂聖人行矣。「無
　　　　所取材」，言其不能斟酌也。

（十一）〈我不欲人〉章

伊川：我不欲人之加諸我，吾亦欲無加諸人，仁也。施諸己而不願，亦勿施於人，恕也。恕或能勉之，仁則非子貢所及。

　　案：〈胡氏本拾遺〉又記：「我不欲人之加諸我也，吾亦欲無加諸人。
　　　　恕也，近於仁，故曰：賜也，非爾所及也。」然未至於仁也，以
　　　　其有「欲」字爾。〔註47〕

（十二）〈巧言令色足恭〉章

伊川：足恭、過恭也。左丘明，古之聞人。

　　案：程頤將「足」解爲「過」，孔安國則曰：「足恭，便僻貌。」〔註48〕
　　　　便僻，即便辟，《論語》有：「友便辟。」〔註49〕馬融曰：「便辟，
　　　　巧辟人之所忌，以求容媚。」〔註50〕邢昺疏引比較多不同說法：「孔
　　　　以爲，巧好言語，令善顏色，便僻其足以爲恭，謂前卻俯仰以足
　　　　爲恭也。一曰：足，將樹切。足，成也。謂巧言令色以成其恭，
　　　　取媚於人也。」〔註51〕又說：「此讀足如字。便僻，謂便習盤僻其
　　　　足以爲恭也。」〔註52〕與程頤之說皆不同。

〔註47〕　《遺書》卷十八：「我不欲人之加諸我也，吾亦欲無加諸人。」《中庸》曰：「施
　　　　諸己而不願，亦勿施於人。」正解此兩句。然此兩句甚難行，故孔子曰：「賜
　　　　也，非爾所及也。」又《遺書》卷二十二上：「我不欲人之加諸我，吾亦欲無
　　　　加諸人。」正《中庸》所謂：「施諸己而不願，亦勿施於人。」
〔註48〕　〔宋〕邢昺：《論語注疏》，卷5，頁46。
〔註49〕　《論語・季氏》。
〔註50〕　〔宋〕邢昺：《論語注疏》，卷16，頁148。
〔註51〕　〔宋〕邢昺：《論語注疏》，卷5，頁46。
〔註52〕　〔宋〕邢昺：《論語注疏》，卷5，頁46。

（十三）〈子謂仲弓〉章

伊川：子謂仲弓曰：犁牛之子騂且角。疑多曰字。角，始角也。可用時也。

　　案：邢昺疏：「雜文曰犁。騂，純赤色也。角者，角周正也。舍，棄也。」
　　　　與程頤之注「角」有異。程頤在此也提出字句的懷疑，故說「疑
　　　　多曰字」。

（十四）〈子之燕居〉章

伊川：申申、和適之貌。夭夭、溫裕之貌。

　　案：程頤將兩者分開解釋。他在《遺書》卷十八中曾說：「子之燕居，
　　　　申申夭夭，如何？」曰：「申申是和樂中有中正氣象，夭夭是舒泰
　　　　氣象，此皆弟子善形容聖人處也。爲申申字說不盡，故更著夭夭
　　　　字。」〔註53〕馬融注曰：「申申、夭夭，和舒之貌。」〔註54〕兩者
　　　　之義是相同的。

（十五）〈子在齊聞韶〉章

伊川：子在齊聞〈韶〉，三月不知肉味。當食而聞，忘味之美也。「三月」
乃「音」字，誤分爲二也。

　　案：這是程頤從文字之形體上提出特殊見解。《遺書》卷九：「子在齊
　　　　聞〈韶〉，三月不知肉味，曰：『不圖爲樂之至於斯也。』曰：聖
　　　　人不凝滯於物，安有聞〈韶〉雖美，直至三月不知肉味者乎？三
　　　　月字誤，當作音字。此聖人聞〈韶〉音之美，當食不知肉味，乃
　　　　嘆曰：『不圖爲樂之至於斯也。』門人因以記之。」又《遺書》卷
　　　　二十二上：「先生曰：『子在齊聞〈韶〉，三月不知肉味』，非是三
　　　　月，本是音字。『文勝質則史』，史乃周官府史胥徒之史。史，管
　　　　文籍之官，故曰：『史掌官書以贊治。』文雖多而不知其意，文勝
　　　　正如此也。」

邢昺疏並無異解，但是朱熹註引范祖禹之說，范氏曰：「〈韶〉盡美又盡
善，樂之無以加此也。故學之三月，不知肉味，而歎美之如此。誠之至，感
之深也。」並說：「《史記》三月上有『學之』二字。」〔註55〕朱熹顯然未採

〔註53〕　〔宋〕程顥、程頤：《二程集》，卷18，頁1216。
〔註54〕　〔宋〕邢昺：《論語注疏》，卷7，頁60。
〔註55〕　〔宋〕朱熹：《論語集註》，頁96。

信程頤之說法。

（十六）〈我非生而知之者〉章

伊川：我非生而知之者，好古敏以求之者也。亦自謂好學也，所以勸人學也。敏，速也，謂汲汲也。

> 案：鄭玄曰：「言此者，勸人學。」〔註56〕程頤之說與此同義。朱熹注採程頤之說：「敏，速也，謂汲汲也。」〔註57〕

（十七）〈子以四教〉章

伊川：子以四教：「文、行、忠、信。」教人以學文脩行而存忠信也。忠、信，本也。一心之謂誠。盡心之謂忠。存於中，謂之孚。見於事，謂之信。

> 案：邢昺疏：「此章記孔子行教，以此四事為先也。文謂先王之遺文。行謂德行，在心為德，施之為行。中心無隱謂之忠。人言不欺謂之信。」朱熹注採程頤的說法：「程子曰：『教人以學文脩行而存忠信也。忠信，本也。』」〔註58〕

（十八）〈泰伯其可謂至德〉章

伊川：泰伯其可謂至德也已矣。三以天下讓，民無得而稱焉。泰伯之讓，非為其弟也，為天下也。其事深遠，故民不能識而稱之，而聖人謂之至德。不立，一讓也。逃之，二讓也。文身，三讓也。

> 案：《河南程氏粹言》：「或問泰伯之三讓，子曰：不立，一也；逃焉，二也；文身，三也。」〔註59〕鄭玄注云：「泰伯，周太王之長子。次子仲雍，次子季歷。太王見季歷賢，又生文王，有聖人表，故欲立之而未有命。太王疾，太伯因適吳、越採藥，太王歿而不返，季歷為喪主，一讓也。季歷赴之，不來奔喪，二讓也。免喪之後，遂斷髮文身，三讓也。三讓之美，皆隱蔽不著，故人無得而稱焉。」〔註60〕兩者稍有不同。朱熹注則說：「三讓，謂固遜也。」〔註61〕與兩者皆不同。

〔註56〕〔宋〕邢昺：《論語注疏》，卷7，頁63。

〔註57〕〔宋〕朱熹：《論語集註》，頁98。

〔註58〕〔宋〕朱熹：《論語集註》，頁99。

〔註59〕〔宋〕程顥、程頤：《二程集》，頁1229。

〔註60〕〔宋〕邢昺：《論語注疏》，卷8，頁70。

〔註61〕〔宋〕朱熹：《論語集註》，頁102。

（十九）〈巍巍乎，舜、禹之有天下也〉章

伊川：巍巍乎，舜、禹之有天下也。舜、禹得天下，而己不與求。巍巍，其德之高也。

> 案：何晏注：「言己不與求天下而得之。巍巍，高大之稱。」邢昺疏曰：
> 「巍巍，高大之稱，言舜、禹之有天下，自以功德受禪，不與求
> 而得之，所以其德巍巍然高大也。」〔註62〕伊川之解「巍巍」與
> 何晏、邢昺同。

（二十）〈達巷黨人曰大哉孔子〉章

伊川：達巷黨人曰：大哉孔子，博學而無所成名。常人之學，多以一長而得稱成名也。達巷黨人大夫子之博學，而怪不以一善得名於時。蓋其不知聖人也。故夫子聞之，而謂門人曰：「欲使我何所執。執御乎？執射乎？吾執御矣。」御，藝之最下者。

> 案：鄭玄曰：「聞人美之，承之以謙。吾執御，欲名六藝之卑也。」〔註
> 63〕程頤說法與鄭玄同。

以上是伊川《論語解》中與注疏較有相關者，可見他早期在研讀《論語》時，仍不廢注疏之學。而用作對照的較晚作品，有些與其原來說法差不多，有些則不同，可略見其思想的轉變。

第二節　程顥〈識仁篇〉與二程之仁學

一、〈識仁篇〉之分析與相關思想

仁在《論語》中是最重要的概念之一，也可以說是孔子思想最重要的創見。所以，二程的《論語》學最先該注意的也是仁學。而程顥的《論語》學首先將從其〈識仁篇〉談起，這是了解明道對於「仁」的重要文字。〈識仁〉的文字如下：

> 學者須先識仁。仁者，渾然與物同體。義、禮、知、信皆仁也。識
> 得此理，以誠敬存之而已。不須防檢，不須窮索。若心懈，則有防；
> 心苟不懈，何防之有？理有未得，故須窮索；存久自明，安待窮索？

〔註62〕〔宋〕邢昺：《論語注疏》，卷8，頁72。
〔註63〕〔宋〕邢昺：《論語注疏》，卷9，頁77。

此道與物無對，大不足以名之。天地之用，皆我之用。孟子言萬物
皆備於我，須反身而誠，乃爲大樂。若反身未誠，則猶是二物有對。
以己合彼，終未有之，又安得樂？〈訂頑〉意思乃備言此體。以此
意存之，更有何事？必有事焉而勿正，心勿忘，勿助長，未嘗致纖
毫之力，此其存之之道。若存得，便合有得。蓋良知良能，元不喪
失，以昔日習心未除，却須存習此心，久則可奪舊習。此理至約，
惟患不能守，既能體之而樂，亦不患不能守也。〔註64〕

茲將本文各重點分析如下：

1. **學者須先識仁**
    案：爲何學者要先識仁？不管什麼原因，由此卻可知程顥對於「仁」
    的重視。

2. **仁者，渾然與物同體**
    案：從這裡可以看出仁在程顥的思想中，是類似於道家的道，統攝其
    他。如果看成孟子的善性也是可以的，只是孟子不把仁放在最高
    地位就是了。

3. 義、禮、知、信皆仁也。
    案：此說法與孟子的四端說法已截然不同。孟子既以仁義禮智爲心之
    四端，則仁的地位與其餘三者是一樣的。但是在《論語》中，孔
    子的仁恐怕不是與義、禮、智並列，這應該是程顥提高仁的地位
    的主要原因。

在《遺書》卷二上有更明白記載：

仁、義、禮、智、信五者，性也。仁者，全體；四者，四支。仁，
體也。義，宜也。禮，別也。智，知也。信，實也。學者全體此心，
學雖未盡，若事物之來，不可不應，但隨分限應之，雖不中，不遠
矣。學者須敬守此心，不可急迫，當栽培深厚，涵泳於其間，然後
可以自得。但急迫求之，只是私己，終不足以達道。學者全要識時。
若不識時，不足以言學。顏子陋巷自樂，以有孔子在焉。若孟子之
時，世既無人，安可不以道自任？〈訂頑〉一篇，意極完備，乃仁
之體也。學者其體此意，令有諸己，其地位已高。到此地位，自別

有見處，不可窮高極遠，恐於道無補也。〔註65〕

此可看作與〈識仁篇〉相表裡，只是不知誰先出罷了。程顥把仁提高，反而把義、禮、智變成它的四端之一，再加上信，當作新四端了。又說：

> 醫書言手足痿痹爲不仁，此言最善名狀。仁者，以天地萬物爲一體，莫非己也。認得爲己，何所不至？若不有諸己，自不與己相干。如手足不仁，氣已不貫，皆不屬己。故「博施濟眾」，乃聖之功用。仁至難言，故止曰「己欲立而立人，己欲達而達人，能近取譬，可謂仁之方也已。」欲令如是觀仁，可以得仁之體。〔註66〕

這種看法與孟子談性一樣。孟子說「求則得之，舍則失之」，〔註67〕與此所言「認得爲己，何所不至？若不有諸己，自不與己相干」，全是同義，只是所談的對象從性轉到仁而已。

4. **以誠敬存之而已，不須防檢，不須窮索。**

　　案：這大義還是延續前者而來，只是標舉的方法——以誠敬存之，卻是《中庸》上的理論了。這與周、張重視《中庸》，以《中庸》解《論語》的脈絡是相通的。

5. **此道與物無對，大不足以名之。**

　　案：這是針對道家的說法進行的反駁，《老子》曰：「有物混成，先天地生。寂兮寥兮，獨立不改，周行而不殆，可以爲天下母。吾不知其名，字之曰道，強爲之名曰大。大曰逝，逝曰遠，遠曰反。故道大，天大，地大，王亦大。域中有四大，而王居其一焉。人法地，地法天，天法道，道法自然。」〔註68〕所以一開始程顥就試圖以仁取代道，進一步說明它比道更高一層的意義，所以才說仁不足以用「大」來表示，因爲老子已經用「大」表示過道了。

6. **孟子言萬物皆備於我，須反身而誠，乃爲大樂。若反身未誠，則猶是二物有對。以己合彼，終未有之，又安得樂？**

　　案：孟子曰：「萬物皆備於我矣。反身而誠，樂莫大焉。強恕而行，求

〔註65〕　〔宋〕程顥、程頤：《二程集》，卷12上，頁14。
〔註66〕　〔宋〕程顥、程頤：《二程集》，卷12上，頁15。
〔註67〕　《孟子・告子上》。
〔註68〕　《老子道德經》上篇，25章，頁127。

仁莫近焉。」〔註69〕程顥這裡仍是根據孟子的說法而立論。但是孟子後面的「強恕而行，求仁莫近焉」，顯然被程顥拋棄了。因為根據他前面所說，只要「以誠敬存之」就可以不必「強恕而行」去求，所以下面才引孟子的養氣說法「心勿忘，勿助長」等語，且加注說「未嘗致纖毫之力」。

7. 〈訂頑〉意思乃備言此體。

案：〈訂頑〉即張載的〈西銘〉。程顥曾說：「〈西銘〉，某得此意，只是須得他子厚有如此筆力，他人無緣做得。孟子以後，未有人及此。得此文字，省多少語言。且教他人讀書，要知仁孝之理備於此，須臾而不於此，則便不仁不孝也。」〔註70〕

8. 必有事焉而勿正，心勿忘，勿助長，未嘗致纖毫之力，此其存之之道。

案：這是引自孟子的養氣論：「必有事焉而勿正，心勿忘，勿助長也。無若宋人然。」〔註71〕

9. 若存得，便合有得。蓋良知良能，元不喪失，以昔日習心未除，却須存習此心，久則可奪舊習。

案：此原是孟子求其放心的理論。後來禪宗六祖惠能的悟道偈曰：「菩提本無樹，明鏡亦非臺，本來無一物，何處惹塵埃。」〔註72〕也持存本心之說。程顥在此所言亦為同樣道理。主要都在說明返回本心，或除去蒙蔽此心的障礙，即可以得原來的本性。程顥在此處用了「良知良能」，是把孟子放在一起立說。孟子曰：「人之所不學而能者，其良能也；所不慮而知者，其良知也。孩提之童，無不知愛其親者；及其長也，無不知敬其兄也。親親，仁也；敬長，義也。無他，達之天下也。」〔註73〕後來則被王陽明推闡成「致良知」學說。

10. 此理至約，惟患不能守，既能體之而樂，亦不患不能守也。

〔註69〕《孟子・盡心上》。
〔註70〕〔宋〕程顥、程頤：《二程集》，卷12上，頁39。
〔註71〕《孟子・公孫丑上》。
〔註72〕《五燈會元》（臺北市：臺灣商務印書館，2009年《景印文淵閣四庫全書》），卷1，頁77。
〔註73〕《孟子・盡心上》。

案：由能樂而能守，能守而能識得此理。「樂」字是由周敦頤處培養而
　　來，「守」字還是由孟子求其放心處而來。牟宗三先生說：

其云：「識得此理，以誠敬存之而已。」此是說仁爲「理」，故可曰
「仁理」。「此道與物無對，大不足以名之。」此是說仁爲「道」，故
可曰「仁道」。「萬物皆備於我」，「蓋良知良能，元不喪失」。此是就
心說「仁」，故可曰「仁心」。又「學者識得仁體，實有諸己，只要
義理栽培」。此仁即是體。故仁體、仁理、仁道或仁心，此四詞通用。
仁體，依明道之理解，首先是人人俱有，而一遍體一切而「與物無
對」者。故曰：「仁者渾然與物同體。」此言與天地萬物爲一體，渾
然無物我內外之分隔，便是仁底境界，亦就是仁底意義了。〔註74〕

又說：

就德性本身說，仁不爲任何一德目所限定，然而任何一德目亦皆足
以指點仁。仁是超越一切德目之上而綜攝一切德目，是一切德性表
現底根源，是道德創造之總根源，故仁是全德。故明道曰「義、禮、
知、信皆仁也。」〔註75〕

勞思光先生則說：

若先有此體悟，修養的工夫就是去認識到這個眞實的仁體，不喪失
此心，然後加以培養與保存，存養的方法就是誠敬。故說「誠敬存
之」，說「患不能守」。此意如再推進一步，則可說此種「以天地萬
物爲一體」之自覺，即是超越意義之主體性之顯現，故可通至孟子
「萬物皆備於我」之說，及橫渠的〈西銘〉。〔註76〕

故仁在程顥的理解中是仁體、仁道、仁理、仁心、全德，只須以誠敬存養，
將沛然莫之能禦。在《論語》中，孔子一再強調仁的重要，仁者的地位僅次
於聖。而「仁」究竟是什麼意義？弟子們曾經有過幾次的提問，孔子也分別
有所回應，〔註77〕但是並未說出類似「學者須先識仁」的話語。大程子特別

〔註74〕 牟宗三：《心體與性體》第二冊（臺北市：正中書局，1970年），頁1219～220。
〔註75〕 牟宗三：《心體與性體》第二冊，頁1223。
〔註76〕 勞思光：《新編中國哲學史》第三冊上（臺北市：三民書局股份有限公司，1990年），頁1215。
〔註77〕 包括〈雍也〉：樊遲問知。子曰：「務民之義，敬鬼神而遠之，可謂知矣。」問仁。曰：「仁者先難而後獲，可謂仁矣。」〈顏淵〉：顏淵問仁。子曰：「克己復禮爲仁。一日克己復禮，天下歸仁焉。爲仁由己，而由人乎哉？」〈顏淵〉：仲弓問仁。子曰：「出門如見大賓，使民如承大祭。己所不欲，勿施於人。在

說出此句，並且加上「仁者，渾然與物同體」的形上意義，這與《論語》中的意義顯然有別。隨之而下的論述，則是依孟子〈盡心〉篇的存養理論來推闡，〔註78〕引孟子之言來解說，又與《論語》不同調了。同時引張載〈訂頑〉之義而言反身而誠的意義，也與《論語》的仁學不合。

　　總之，明道以「須先識仁」與「以誠敬存之」二點指出，先識仁體是道德實踐的方向，以誠敬存之則是此簡易工夫，二者把握住便可以此心不懈而不需防檢，可以存久自明而不需窮索。可以說大程的〈識仁篇〉並非以《論語》的仁爲基礎，反而比較偏向孟子的修養方法。

二、二程之仁學

　　在二程的思想中，仁的意義是什麼呢？至少可以有以下幾個特性：

（一）仁的知覺感通作用

程顥曰：

> 醫書言手足痿痺爲不仁，此言最善名狀。仁者以天地萬物爲一體，莫非己也。認得爲己，何所不至？若不有諸己，自不與己相干。如手足不仁，氣已不貫，皆不屬己。故博施濟眾，乃聖人之功用。仁至難言，故止曰：己欲立而立人，己欲達而達人。能近取譬，可謂仁之方也已。欲令如是觀仁，可以得仁之體。〔註79〕

此段話是就《論語・雍也》而言。〈雍也〉記：「子貢曰：如有博施於民而能濟眾，何如？可謂仁乎？子曰：何事於仁，必也聖乎！堯、舜其猶病諸！夫仁者，己欲立而立人，己欲達而達人。能近取譬，可謂仁之方也已。」明道以其中的「己欲立而立人，己欲達而達人」來發揮仁的自覺感通。

　　「仁者以天地萬物爲一體」即是上述〈識仁篇〉的「仁者，渾然與物同體」。言仁者把天地萬物當作是一體，彼此間無隔閡無界域，就如一個健康之

　　邦無怨，在家無怨。」〈顏淵〉：司馬牛問仁。子曰：「仁者其言也訒。」〈子路〉樊遲問仁。子曰：「居處恭，執事敬，與人忠。雖之夷狄，不可棄也。」〈衛靈公〉：子貢問爲仁。子曰：「工欲善其事，必先利其器。居是邦也，事其大夫之賢者，友其士之仁者。」〈陽貨〉：子張問仁於孔子。孔子曰：「能行五者於天下，爲仁矣。」等等。

〔註78〕孟子曰：「盡其心者，知其性也。知其性，則知天矣。存其心，養其性，所以事天也。殀壽不貳，修身以俟之，所以立命也。」〈盡心上〉。

〔註79〕〔宋〕程顥、程頤：《二程集》，卷12上，頁15。

人，全身四肢彼此血氣貫通，痛癢相關，連成一氣。如此我便是天地萬物，天地萬物就是我，故言「莫非己也」。完全是因仁，才能覺知天地萬物並感應溝通，若手足痿痺有病，痛癢不為我所知覺，我將不對它們起反應。同樣的說法還有：

> 醫家言四體不仁，最能體仁之名也。〔註80〕

> 醫家以不認痛癢謂之不仁，人以不知覺，不認義理為不仁，譬最近。〔註81〕

> 若夫至仁，則天地為一身。而天地之間，品物萬形為四肢百體，夫人豈有視四肢百體而不愛者哉？聖人，仁之至也，獨能體是心而已。……醫書有以手足風頑謂之四體不仁，為其疾痛不以累其心故也。夫手足在我，而疾痛不與知焉，非不仁而何？〔註82〕

唐君毅先生發揮道：

> 由疾痛相感說，最為親切。……蓋人時時與他人相接，以至與天地萬物相接，人乃隨時可覺其己與人物之間有隔閡，而不關痛癢之情形，即處處見有一彼此間之麻木不仁而不相感之情形。仁者則恆欲通此隔閡，以求以己之氣與人相感。……然必須于一一以己之氣去貫通所感，以仁心仁情成此相感之事中，識此仁之理之道，而不可望空懷想此體仁之體，或仁之道之理，而識仁也。〔註83〕

牟宗三先生也說：

> 麻木不識痛癢，即是沒有感覺，是死的，故不仁，仍重在覺也……。人麻木不覺，不認義理，不明是非，亦然。……不安、不忍、有感覺，即是仁心之呈露，仁體之呈現。義理、是非，是仁心之自發。有知覺、認義理，即是認其自發之理。〔註84〕

都是以不知覺做為判定不仁的依據，能感覺外在的人事物，才是仁心的發用。

（二）以生論仁

明道以生論仁，發前人所未發：

〔註80〕〔宋〕程顥、程頤：《二程集》，卷11，頁120。
〔註81〕〔宋〕程顥、程頤：《二程集》，卷12上，頁33。
〔註82〕〔宋〕程顥、程頤：《二程集》，卷4，頁74。
〔註83〕唐君毅：《中國哲學原論原教篇》（香港：新亞研究所，1995年），頁135。
〔註84〕牟宗三：《心體與性體》第二冊，頁1226。

> 天地之大德曰生，天地絪縕萬物化醇，生之謂性，告子此言是，而
> 謂犬之性猶牛之性，牛之性猶犬之性則非也。萬物之生意最可觀。
> 此元者善之長也，斯所謂仁也，人與天地一物也，而人特自小之，
> 何者？〔註85〕

「天地之大德曰生」、「天地絪縕萬物化醇」見於《易・繫辭》，「生之謂性」
出於《孟子・告子》。這三處都談到「生」，明道加以引用，欲說明下面的「萬
物之生意最可觀」。《易・乾卦》有四德，即元、亨、利、貞，「元者善之長」
是《易・文言傳》的話，釋說「元」之義，伊川在其《易傳》云：「元者，萬
物之始；亨者，萬物之利；利者，萬物之遂；貞者，萬物之成。」則「元者
善之長」便是指萬物之始爲善之長，因爲萬物從此被創生，獲得了生命。所
以理之生生不已，即理不斷創生萬物，在明道看來，這是最良善，最值得讚
嘆之事。又可從萬物之生意可以看出仁之存在，故接著又說「斯所謂仁也」。
〔註86〕又因可以從萬物之生意看出仁，所以他又說：

> 切脈可以體仁。〔註87〕

正是因爲人的脈動，最能明顯表現出生命及生意。又〈明道學案〉記張橫浦
言：

> 明道書窗前有茂草覆砌，或勸之芟，曰：「不可！欲常見造物生意。」
> 又置盆池畜小魚數尾，時時觀之，或問其故，曰：「欲觀萬物自得意。」
> 草之與魚，人所共見，唯明道見草則知生意，見魚則知自得意，此
> 豈流俗之見可同日而語！〔註88〕

可見明道之樂生。總之，有知覺有感通，也才能有生意。凡是活力充沛者，
必也是知覺靈敏，反應強烈；相反如果對外物環境漠然，麻木遲鈍，這樣他
的生命也必將近於枯竭之邊緣。

（三）以公釋仁

此爲伊川的創見，不與前人同，亦有別於明道。以公解仁，看來起於對
《論語》「唯仁者能好人能惡人」的解釋，因爲在《論語》的這一章裡，只有

〔註85〕〔宋〕程顥、程頤：《二程集》，卷11，頁120。
〔註86〕李日章：《程顥・程頤》（臺北市：東大圖書股份有限公司，1986年），頁92
　　　　～93。
〔註87〕〔宋〕程顥、程頤：《二程集》，卷3，頁59。同頁另外也記：「觀雞雛。」下
　　　　注說：「可以識仁。」初生的雞雛與春草一般，都是生命初起之時，最是蓬勃。
〔註88〕〔清〕黃宗羲撰，全祖望補訂：《增補宋元學案》，卷14下，頁5。

以「用心以公」解釋「仁者」才能恰當地說明能好人、能惡人的根由。〔註89〕
有一則記錄伊川與弟子對「仁」的討論：

> 謝收問學於伊川，答曰：「學之大無如仁，汝謂仁是如何？」謝久
> 之，無入處。一日，再問曰：「愛人是仁否？」伊川曰：「愛人乃仁
> 之端，非仁也。」謝收去。(和靖) 先生曰：「某謂仁者公而已。」
> 伊川曰：「何謂也？」先生曰：「能好人能惡人。」伊川曰：「善涵
> 養。」〔註90〕

《孟子‧離婁下》明言「仁者愛人」，但伊川卻反對，而代之以「能好人，能
惡人」。又說：

> 「唯仁者能好人，能惡人。」仁者用心以公，故能好惡人。公最近仁。
> 人循私欲則不忠，公理則忠矣。以公理施於人，所以恕也。〔註91〕

因為不私而公，所以只有仁者能不偏不倚，客觀的喜好人、厭惡人。他曾針
對孔子的「己欲立而立人，己欲達而達人」這樣發揮「公」的思想說：

> 孔子曰：「仁者己欲立而立人，己欲達而達人，能近取譬，可謂仁之
> 方也已。」嘗謂孔子之語仁以教人者，唯此為盡，要之不出於公也。
> 〔註92〕

又說：

> 又問：「如何是仁？」曰：「只是一個公字。學者問仁，則常教他將
> 公字思量。」〔註93〕

又說：

> 仁者公也，人此者也。〔註94〕

可見伊川確實以公解仁，但仁卻不是直接等同於公，且看：

> 仁道難名，惟公近之，非以公便為仁。〔註95〕

這裡說「近之」，只是相近似而已，並不相同，所以他又說：

> 仁之道，要之，只消道一公字。公只是仁之理，不可將公便喚做仁。

〔註89〕 陳來：〈朱熹的《仁說》與宋代道學話語的演變〉，《早期道學話語的形成與演
　　　　變》(合肥：安徽教育出版社，2007 年)，頁 186。
〔註90〕 〔宋〕程顥、程頤：《二程集》，卷 12，頁 433。
〔註91〕 〔宋〕程顥、程頤：《二程集》，卷 4，頁 372。
〔註92〕 〔宋〕程顥、程頤：《二程集》，卷 9，頁 105。
〔註93〕 〔宋〕程顥、程頤：《二程集》，卷 122 上，頁 1284。
〔註94〕 〔宋〕程顥、程頤：《二程集》，卷 9，頁 105。
〔註95〕 〔宋〕程顥、程頤：《二程集》，卷 3，頁 63。

（一本有將字）公而以人體之，故爲仁。只爲公則物我兼照。〔註96〕

抽象的仁能用「公」來說明，但公不等於仁。勞思光先生曾釋之曰：

> 直以「公」字釋「仁」，此「公」乃指「公心」而言，非指發用後之
> 表現，故伊川又謂「公」是「仁之理」。說「公只是仁之理」者，意
> 謂「仁」之所以爲德性者，因「仁」爲「公」之顯現。譬如說「眞」
> 與「誠實」時，「誠實」爲一德性，而其所以爲德性者，乃因「誠實」
> 是「眞」之顯現。「誠實」與「眞」畢竟是二個詞語，意猶「公」與
> 「仁」是二個詞語，二者不可代換，因一面是指人之德性言，須落
> 在人上說──人可說「仁」或「誠實」。另一面則只是一普遍描述語，
> 本身不可作爲一德性。後者顯現於人心中，於是「公心」即「仁」，
> 「眞心」即「誠實」。但畢竟只能說「某人是仁人」而不能說是「公
> 人」，猶「誠實人」不同於「眞人」。依此，則「仁」以「公」爲其
> 理，而「公」顯現於人身上即爲「仁」。此所以謂「公而以人體之，
> 則爲仁。」「體」即「體現」之意。如此要解釋「仁」，仍只能通過
> 「公」字說，但二字用法有不同，故不能直接相代，須用「公心」
> 或「公之在人者」釋「仁」方妥。〔註97〕97

牟宗三先生也針對此說道：

> 以「公」字說仁。公是不偏不黨，今語所謂「客觀」。此是就仁爲一
> 客觀而普通的性理而言，是只就仁之爲理而分析出的一個形式特
> 性。……此是邏輯地分解地言之者，而非是存有論地超越地言之者。
> 此邏輯地分解地言之之形式特性（公）可以接近仁，可以使吾人領
> 悟仁，但並不能說公就是仁。蓋仁是實體字，而公只是屬性字。……
> 依「公」一形式特性而以具體的人道以體現而實之便成仁。即由屬
> 性字轉成實體字。具體的人道即愛、惻隱之心、孝弟、恕等等。……
> 此種解自成一系統，而與明道之言「仁」不同。〔註98〕

依明道，工夫只在通過逆覺（先識仁，由麻木不仁之指點）以使仁體呈現，
當下體證之，而不是像伊川先虛擬一公字，再依公發情以接近之。〔註99〕

〔註96〕〔宋〕程顥、程頤：《二程集》，卷15，頁153。
〔註97〕勞思光：《新編中國哲學史》第三冊上，頁1253。
〔註98〕牟宗三：《心體與性體》第二冊，頁1299～301。
〔註99〕勞思光：《新編中國哲學史》第三冊上，頁1253。

由此節可見二程對仁之體會不同，且都有新的創發，但與《論語》中的仁已有相當的差距。

第三節　顏回學

一、〈顏子所好何學論〉之思想

〈顏子所好何學論〉是程頤年十八遊太學時的作品，也可以看作他早期《論語》學的思想淵源。據朱熹〈伊川年譜〉記：

> 皇祐二年，年十八，上書闕下，勸仁宗以王道爲心，生靈爲念，黜世俗之論，期非常之功，且乞召對，而陳所學。不報，聞游太學。
> 時海陵胡翼之先生方主教導，嘗以〈顏子所好何學〉論試諸生。得先生所試，大驚，即延見，處以學職。〔註100〕

胡瑗當時主掌太學，卻對一位十八歲的青年如此看重，顯見此篇論文是多麼受他青睞。以下先引全文，再仔細分析其思想。

> 學以至聖人之道也。聖人可學而至歟？曰：然。學之道如何？曰：天地儲精，得五行之秀者爲人，其本也眞而靜，其未發也。五性具焉，曰仁、義、禮、智、信。形既生矣，外物觸其形而動其中矣，其中動而七情出焉，曰喜、怒、哀、樂、愛、惡、欲。情既熾而益蕩，其性鑿矣。是故覺者約其情使合於中，正其心，養其性；愚者則不知制之，縱其情而至於邪僻，桎其性而亡之。
>
> 然學之道，必先明諸心，知所養；然後力行以求至，所謂「自明而誠」也。誠之之道，在乎信道篤，信道篤則行之果，行之果則守之固，仁義忠信不離乎心，造次必於是，顚沛必於是，出處語默必於是，久而弗失，則居之安，動容周旋中禮，而邪僻之心無自生矣。
>
> 故顏子所事，則曰：「非禮勿視，非禮勿聽，非禮勿言，非禮勿動。」仲尼稱之，則曰：「得一善則拳拳服膺而弗失之矣。」又曰：「不遷怒，不貳過。」「有不善未嘗不知，知之未嘗復行。」此其好之篤，學之得其道也。然聖人則不思而得，不勉而中；顏子則必思而後得，必勉而後中。其與聖人相去一息，所未至者，守之也，非

〔註100〕〔宋〕程顥、程頤：《二程集》，卷125，頁338。

化之也。以其好學之心，假之以年，則不日而化矣。

　　後人不達，以謂聖本生知，非學可至，而爲學之道遂失。不求
諸己，而求諸外，以博聞強記、巧文麗辭爲工，榮華其言，鮮有至
於道者。則今之學，與顏子所好異矣。〔註101〕

由上文，至少有以下幾點值得注意：

（一）學以至聖人之道也

　　案：這是伊川的開宗明義，但是在《論語》中，顏回從來沒說過要學
　　　　聖人。顏回在《論語》中說過的學習方向，可以由以下幾則記載
　　　　看出端倪：

1. 顏淵、季路侍。子曰：「盍各言爾志？」子路曰：「願車馬、衣輕裘，
　　與朋友共。敝之而無憾。」顏淵曰：「願無伐善，無施勞。」子路曰：
　　「願聞子之志。」子曰：「老者安之，朋友信之，少者懷之。」〔註102〕
　　案：這裡既然說是顏回的志向，當然就可以看作是他學習的方向。

2. 哀公問：「弟子孰爲好學？」孔子對曰：「有顏回者好學，不遷怒，不
　　貳過。不幸短命死矣！今也則亡，未聞好學者也。」〔註103〕
　　案：不遷怒，不貳過，應該也不是天生的，所以也可看作是顏回學習
　　　　的修養結果。

3. 顏淵喟然歎曰：「仰之彌高，鑽之彌堅；瞻之在前，忽焉在後。夫子
　　循循然善誘人，博我以文，約我以禮。欲罷不能，既竭吾才，如有所
　　立卓爾。雖欲從之，末由也已。」〔註104〕
　　案：這裡是顏回在感慨孔子的崇高。弟子中，優秀如顏回都望塵莫及，
　　　　孔子教育的內容是以「博我以文，約我以禮」二句最明確，也可
　　　　以看作是顏回學習的對象。

4. 德行：顏淵，閔子騫，冉伯牛，仲弓。言語：宰我，子貢。政事：冉
　　有，季路。文學：子游，子夏。〔註105〕

〔註101〕〔宋〕程顥、程頤：《二程集》，卷8，頁577～578。
〔註102〕《論語·公冶長》。
〔註103〕《論語·雍也》。
〔註104〕《論語·子罕》。
〔註105〕《論語·先進》。

案：四科中，顏回被歸爲德行科，這也可以看作他的學習對象。

5. 顏淵問仁。子曰：「克己復禮爲仁。一日克己復禮，天下歸仁焉。爲仁由己，而由人乎哉？」顏淵曰：「請問其目。」子曰：「非禮勿視，非禮勿聽，非禮勿言，非禮勿動。」顏淵曰：「回雖不敏，請事斯語矣。」〔註 106〕

案：這是關於仁的請教。也看得到顏回親自答應「請事斯語矣」，所以可以看作顏回努力的方向與工夫。

6. 顏淵問爲邦。子曰：「行夏之時，乘殷之輅，服周之冕，樂則〈韶〉舞。放鄭聲，遠佞人。鄭聲淫，佞人殆。」〔註 107〕

案：顏回也問過爲邦之道，可見如何治國也是他努力與關心的方向。

從以上的記載可以知道顏回學習的重點。雖然他以德行爲主，但是爲邦之問也顯出他對於治國之道的重視，而博文約禮之說更可以看出他所學的廣泛，不以德行爲限。二程以孔子爲聖人，而顏回的這些學習都是追隨孔子而來，可以說是亦步亦趨的，所以伊川才會以「學以至聖人之道也」開始立論。

（二）聖人可學而至歟？曰：然。

案：這也是周、張以來的聖人學論點。只是程頤在十八歲就有此堅定信念，比起周、張二人是早許多時間，也難怪張載說二程兄弟十四、五歲就以成聖爲目標。一般人認爲聖人是生而知之，所以是難以模仿學習。

（三）天地儲精，得五行之秀者爲人，其本也眞而靜，其未發也，五性具焉，曰仁、義、禮、智、信。

案：此說與程顥之〈識仁篇〉不同。

（四）形既生矣，外物觸其形而動其中矣，其中動而七情出焉，曰喜、怒、哀、樂、愛、惡、欲。情既熾而益蕩，其性鑿矣。

案：性因情熾而鑿，情因心動而出。心因外物觸形而動，形已生，外物不得不觸及。性鑿之說與《莊子・應帝王》上所記：「日鑿一竅，

〔註 106〕《論語・顏淵》。
〔註 107〕《論語・衛靈公》。

七日而渾沌死。」〔註108〕說法相近。

（五）是故覺者約其情使合於中，正其心，養其性；愚者則不知制之，
　　　縱其情而至於邪僻，梏其性而亡之。

　案：「約情、正心、養性」的覺者，相對於「不知制之、縱情、邪僻、
　　　梏其性、亡性」的愚者而言。

（六）然學之道，必先明諸心，知所養；然後力行以求至，所謂「自明
　　　而誠」也。

　案：這是利用《中庸》的「自明誠」的觀念所發的。

（七）誠之之道，在乎信道篤，信道篤則行之果，行之果則守之固，仁
　　　義忠信不離乎心，造次必於是，顛沛必於是，出處語默必於是，
　　　久而弗失，則居之安，動容周旋中禮，而邪僻之心無自生矣。

　案：與〈識仁篇〉的「守之」同義，也是出於孟子的「求放心」之理
　　　論。

（八）有不善未嘗不知，知之未嘗復行。

　案：此引《易‧繫辭下》中的孔子評論顏子的話，與《論語》並不是
　　　很相關。《易‧繫辭下》記：子曰：「顏氏之子，其殆庶幾乎？有
　　　不善未嘗不知，知之未嘗復行也。《易》曰：『不遠復，无祇悔，
　　　元吉。』」〔註109〕

（九）故顏子所事，則曰：「非禮勿視，非禮勿聽，非禮勿言，非禮勿動。」
　　　仲尼稱之，則曰：「得一善則拳拳服膺而弗失之矣。」又曰：「不
　　　遷怒，不貳過。」「有不善未嘗不知，知之未嘗復行。」此其好之
　　　篤，學之得其道也。

　案：「得一善則拳拳服膺而弗失之矣」一語出於《中庸》。這裡取《中
　　　庸》的「得一善則拳拳服膺而弗失之矣」，與《易傳》之孔子論顏
　　　回「有不善未嘗不知，知之未嘗復行」的話，來與《論語》中的
　　　顏回的話相呼應。

〔註108〕〔晉〕郭象：《莊子注》，頁139。
〔註109〕《易‧繫辭下》。

（十）然聖人則不思而得，不勉而中；顏子則必思而後得，必勉而後中。
　　　其與聖人相去一息，所未至者，守之也，非化之也。以其好學之
　　　心，假之以年，則不日而化矣。

　　案：顏回更是可學而得的。學者先學爲顏子，再學爲聖人。「守」與「化」
　　　的差別在哪裡呢？守有形迹，化則無痕，自然而至。這是顏回具
　　　體而微之處，所以才要再假之以年，才能化爲聖人。

（十一）後人不達，以謂聖本生知，非學可至，而爲學之道遂失。案：
　　　　此亦本周敦頤、張載的聖人之學。

（十二）不求諸己，而求諸外，以博聞強記、巧文麗辭爲工，榮華其言，
　　　　鮮有至於道者。

　　案：這也是石介〈怪說〉的主要理論。批評古文家與辭賦家。

（十三）則今之學，與顏子所好異矣。

　　案：可見在胡瑗之時已有此風。顏子之學與好駢麗之文相對立，可以
　　　說明日後洛學與蜀學爲何如此對立。

二、顏回學特點

　　〈顏子所好何學〉論可以看作是程頤早年的思想，但是若看他以後的思
想演變，卻可以發現，在顏回學上並未改變此思想，只是針對其他地方再加
以擴充而已，主軸是差不多的。以下就他的其他著作中，可見關於顏回學的
部份，歸納出幾個特點來加以說明。

（一）顏回學是進聖之階

　　這一點與張載是相同的。明道說：「孟子才高，學之無可依據。學者當學
顏子入聖人爲近，有用力處。」〔註110〕此說一方面論顏回與孟子之異，也指
出學者進聖之階還是要從學顏回開始。在他們眼裡，是承認顏回「亞聖」之
說的：

　　　孟子之於道，若溫淳淵懿，未有如顏子者，於聖人幾矣，後世謂之
　　　亞聖，容有取焉。如「盍各言爾志」，子路、顏子、孔子皆一意，但
　　　有小大之差，皆與物共者也。顏子不自私己，故無伐善；知同於人，

────────────

〔註110〕〔宋〕程顥、程頤：《二程集》，卷12上，頁19。

故無施勞。若聖人，則如天地，如「老者安之」之類。〔註111〕

「亞聖」之說當起於東漢王充：

> 如才庶幾者，明目異於人，則世宜稱亞聖，不宜言離朱。人目之視也，
> 物大者易察，小者難審。使顏淵處昌門之外，望太山之形，終不能見，
> 況從太山之上，察白馬之色？色不能見，明矣。非顏淵不能見，孔子
> 亦不能見也。何以驗之？耳目之用，均也。目不能見百里，則耳亦不
> 能聞也。陸賈曰：「離婁之明，不能察帷薄之內；師曠之聰，不能聞
> 百里之外。」昌門之與太山，非直帷薄之內，百里之外也。〔註112〕

後來唐玄宗封顏回為亞聖：

> 開元八年，敕改顏生等十哲為坐像，悉應從祀。曾參大孝，德冠同
> 列，特為篆像，坐於十哲之次。圖畫七十子及二十二賢於廟壁上。
> 以顏子亞聖，親為之贊，以書於石。閔損以下，令當朝文士分為之
> 贊。〔註113〕

周敦頤在《通書》第二十三專門討論顏子時也提過：

> 夫富貴，人所愛也。顏子不愛不求，而樂乎貧者，獨何心哉？天地
> 間有至貴至愛可求，而異乎彼者，見其大、而忘其小焉爾。見其大
> 則心泰，心泰則無不足。無不足則富貴貧賤處之一也。處之一則能
> 化而齊。故顏子亞聖。〔註114〕

故程子此說「後世謂之亞聖」應是延續此說而來。此與後來稱孟子為「亞聖」
不同。在此，程子要說明的是顏回所達到的境界與孔子已經很接近了。所以
程子說：「孟子有功於道，為萬世之師，其才雄，只見雄才，便是不及孔子處。
人須當學顏子，便入聖人氣象。」〔註115〕程子舉在《論語》中顏回評孔子的
話說明，顏回與孔子已很接近了：

> 顏子曰「仰之彌高，鑽之彌堅」，則是深知道之無窮也；「瞻之在前，
> 忽焉在後」，他人見孔子甚遠，顏子瞻之，只在前後，但只未在中間
> 爾。若孔子，乃在其中焉，此未達一間者也。〔註116〕

〔註111〕　〔宋〕程顥、程頤：《二程集》，卷12上，頁121。
〔註112〕　〔漢〕王充：《論衡》，卷4，頁3。
〔註113〕　〔後晉〕劉昫等：《舊唐書》，卷124，頁125。
〔註114〕　〔清〕胡寶瑛編：《周子全書》，卷7，頁172。
〔註115〕　〔宋〕程顥、程頤：《二程集》，卷5，頁85。
〔註116〕　〔宋〕程顥、程頤：《二程集》，卷12，頁136～137。

顏回接近孔子的聖人氣象，所以才會「瞻之在前，忽焉在後」。但是卻又容易看出不像孔子的難以名狀者，也是程子要我們學者學顏回的主要原因之一。他說：

> 聖人之德行，固不可得而名狀。若顏子底一個氣象，吾曹亦心知之，
> 欲學聖人，且須學顏子。後來曾子、子夏，煞學得到上面也。〔註117〕

此一方面也說明子夏與曾子學亦有共同之處，有關兩子之說且在下文討論。

若要學顏子而達到聖人境界，那顏子還缺什麼呢？顏回畢竟還未到達聖人之境，知道他缺什麼，學者才能改進而達到聖人之境。明道說：「顏子合下完具只是小，要漸漸恢廓。孟子合下大，只是未粹，索學以充之。」〔註118〕所謂「恢廓」，是由小到大的進境，而所謂「未粹」，是由少到多的進境。所以才說顏回是具體而微，孟子也還不算。

另外，程子認為顏回尚未達到「無我」的境界，明道說：

> 〈無妄〉，震下乾上。聖人之動以天，賢人之動以人。若顏子之有不
> 善，豈如眾人哉？惟只在於此間爾，蓋猶有己焉。至於無我，則聖
> 人也。顏子切於聖人，未達一息爾。「不遷怒，不貳過，無伐善，無
> 施勞」，「三月不違仁」者，此意也。〔註119〕

此是從《易傳》中引申而來。從此可以看出，明道認為「無我」是聖人境界，因為顏子「有己」，所以尚未達到聖人境界，是需要努力的方向。這方向主要在於要達到一個「化」的境地，他說：「人之學，當以大人為標埈，然上面更有化爾。人當學顏子之學。」〔註120〕這「化」境是由孟子的「大而化之」而來。〔註121〕伊川說：

> 「大而化之」，只是謂理與己一。其未化者，如人操尺度量物，用之
> 尚不免有差。若至於化者，則己便是尺度，尺度便是己。顏子正在
> 此，若化則便是仲尼也。「在前」是不及，「在後」是過之。此過不
> 及甚微，惟顏子自知，他人不與。「卓爾」是聖人立處，顏子見之，
> 但未至爾。〔註122〕

〔註117〕 〔宋〕程顥、程頤：《二程集》，卷12上，頁34。
〔註118〕 〔宋〕程顥、程頤：《二程集》，卷3，頁62。
〔註119〕 〔宋〕程顥、程頤：《二程集》，卷11，頁126。
〔註120〕 〔宋〕程顥、程頤：《二程集》，卷12，頁136。
〔註121〕 《孟子·盡心下》。
〔註122〕 〔宋〕程顥、程頤：《二程集》，卷15，頁156。

由於顏子還在「化」與「不化」之間，所以才會有過與不及的在前、在後之別。依程頤之說，就是在「物我合一」之時即是「化」之時了。所以，程子一直很強調顏回所謂「瞻之在前，忽焉在後」之說：

> 問：「人之學，有覺其難而有退志，則如之何？」曰：「有兩般：有思慮苦而志氣倦怠者，有憚其難而止者。向嘗為之說：今人之學，如登山麓，方其易處，莫不闊步，及到難處便止，人情是如此。山高難登，是有定形，實難登也；聖人之道，不可形象，非實難然也，人弗為耳。顏子言『仰之彌高，鑽之彌堅』，此非是言聖人高遠實不可及，堅固實不可入也，此只是譬喻，卻無事，大意卻是在『瞻之在前，忽焉在後』上。」〔註123〕

伊川怕學者因為相信「仰之彌高，鑽之彌堅」之說而裹足不前，所以就轉移顏回之說的重點。希望學者學顏回，自然就可以早日登上聖境。就算沒有，至少也會像顏回一般，只在聖境前後，可以眼見聖境梗概了。

（二）默識之學

就實際方法而論，二程都很稱讚顏回的默識之學。「默識」本來是孔子形容自己：

> 默而識之，學而不厭，誨人不倦，何有於我哉？〔註124〕

但是，二程認為顏回的學習方法就是如此，所以就常常提出來：

> 伯淳先生嘗語韓持國曰：「……至如孔子，道如日星之明，猶患門人未能盡曉，故曰「予欲無言」。如顏子，則便默識，其它未免疑問，故曰「小子何述」，又曰「天何言哉？四時行焉，百物生焉」，可謂明白矣。」〔註125〕

又說：「顏子默識，曾子篤信，得聖人之道者，二人也。」〔註126〕這是明道認為顏回才能做到的，所以他說：

> 「默而識之」，乃所謂學也，惟顏子能之。故孔子曰：「吾與回言終日，不違如愚。」「退而省其私」者，言顏子退而省其在己者，亦足以發此，故仲尼知其不愚，可謂善學者也。〔註127〕

〔註123〕〔宋〕程顥、程頤：《二程集》，卷18，頁193。
〔註124〕《論語・述而》。
〔註125〕〔宋〕程顥、程頤：《二程集》，卷1，頁1。
〔註126〕〔宋〕程顥、程頤：《二程集》，卷11，頁119。
〔註127〕〔宋〕程顥、程頤：《二程集》，卷9，頁106。

有時候，他們又把它叫做「不違如愚之學」：

> 子曰：顏子示不違如愚之學，於後世和氣自然，不言而化者也。孟
> 子則顯其才用，蓋亦時焉而已矣。學者以顏子爲師，則於聖人之氣
> 象類矣。〔註128〕

這本是《論語》中孔子讚美顏回的話：

> 吾與回言終日，不違如愚。退而省其私，亦足以發。回也，不愚。
>
> 〔註129〕

二程將二者合併，而構成顏回學中重要的一部分。在伊川看來，因爲顏回才
高，所以才能用此方法的：

> 棣問：「『退而省其私，亦足以發』，如何？」曰：「孔子退省其中心，
> 亦足以開發也。」又問：「豈非顏子見聖人之道無疑歟？」曰：「然
> 也。孔子曰：『一以貫之。』曾子便理會得，遂曰：『唯。』其它門
> 人便須辯問也。」〔註130〕

孔門之中，除了顏回，就只有曾子有此能力，所以二程才會如此推崇這兩人。

（三）陋巷之樂

因爲孔子曾稱讚顏回處陋巷，致使後人津津樂道顏子之賢。但是程子的
看法與一般人的理解並不一樣，伊川曾說：

> 初見先生，次日先生復禮，因問安下飯食穩便。因謂君子食無求飽，
> 居無求安，顏子簞瓢陋巷不改其樂，簞瓢陋巷何足樂？蓋別有所樂
> 以勝之耳。〔註131〕

這裡點出一般人都知道的顏子是別有所樂，但是顏子到底樂什麼呢？且看以
下這則對話：

> 鮮於侁問伊川曰：「顏子何以能不改其樂？」正叔曰：「顏子所樂者
> 何事？」侁對曰：「樂道而已。」伊川曰：「使顏子而樂道，不爲顏
> 子矣。」侁未達，以告鄒浩。浩曰：「夫人所造如是之深，吾今日始
> 識伊川面。」〔註132〕

〔註128〕 〔宋〕程顥、程頤：《二程集》，卷12，頁1232。
〔註129〕 《論語·爲政》。
〔註130〕 〔宋〕程顥、程頤：《二程集》，卷122上，頁1285。
〔註131〕 〔宋〕程顥、程頤：《二程集》，卷8，頁399。
〔註132〕 〔宋〕程顥、程頤：《二程集》，頁395。

很多人也都進一步認爲顏回是樂道，所以才叫「安貧樂道」。可是伊川在此認爲，顏回若是樂道，那他就不叫顏子了。這裡的境界當然就是所謂的「無所爲而爲」，程子曾說這叫「忘」，所謂「顏子簞瓢，非樂也，忘也。」〔註133〕這本與《莊子》上述顏回之處相同的，《莊子·大宗師》記：

> 顏回曰：「回益矣。」仲尼曰：「何謂也？」曰：「回忘仁義矣。」曰：「可矣，猶未也。」他日復見，曰：「回益矣。」曰：「何謂也？」曰：「回忘禮樂矣。」曰：「可矣，猶未也。」他日復見，曰：「回益矣。」曰：「何謂也？」曰：「回坐忘矣。」仲尼蹴然曰：「何謂坐忘？」顏回曰：「墮肢體，黜聰明，離形去知，同於大通，此謂坐忘。」仲尼曰：「同則無好也，化則無常也。而果其賢乎！丘也請從而後也。」〔註134〕

只是，二程在說此一節時並不會把《莊子》提出來的。當然，也有人因此懷疑顏回未出仕是不是不合理呢？程子自有另一套解釋：

> 學者全要識時。若不識時，不足以言學。顏子陋巷自樂，以有孔子在焉。若孟子之時，世既無人，安可不以道自任？〔註135〕

有孔子在，所以顏回就可以不出來，這種說法漏洞很多。那古代聖賢並世的時候呢？且就算有孔子在，也未必是太平之世，顏子怎能只求陋巷自樂？孟子以道自任，是因爲無人，不知二程之時有人否？他們的行爲是以道自任，還是陋巷自樂呢？所以，在北宋時很多人不出來當官，顯然都可以以此爲理由了，那就是所謂的「閉戶爲學」了，伊川說：

> 仲尼當周衰，轍環天下，顏子何以不仕？曰：「此仲尼之任也。使孔子得行其道，顏子不仕可矣。然孔子既當此任，則顏子足可閉戶爲學也。」〔註136〕

由上可知，孔子得行其道與不得行其道，顏子都不必出來。如此就可以對顏子的出處安排一個很好的理由了。但是也因此使得後來以顏子爲標榜的程門後學都不出仕，政治的黑暗就每下愈況了。

二程也以此與子貢的貨利之學相比較，說道：

〔註133〕〔宋〕程顥、程頤：《二程集》，卷6，頁88。
〔註134〕〔晉〕郭象：《莊子注》，頁128。
〔註135〕〔宋〕程顥、程頤：《二程集》，卷12上，頁15。
〔註136〕〔宋〕程顥、程頤：《二程集》，卷18，頁1221。

> 子曰：「賜不受命而貨殖焉。」命謂爵命也，言不受爵命而貨殖者，
> 以見其私於利之深，而足以明顏子屢空之賢也。〔註137〕

這裡說子貢有私於利之心，顯然是程子早期的看法，後來的言論則不是那麼否定子貢了，且看明道以下這則說法：

> 顏子屢空，空中受道。子貢不受天命而貨殖，億則屢中。聰明億度
> 而知，此子貢始時事，至於言「夫子之言性與天道不可得而聞」，乃
> 後來事。其言如此，則必不至於不受命而貨殖也。〔註138〕

又記伊川：

> 先生曰：「孔子弟子，顏子而下，有子貢。」伯溫問：「子貢，後人
> 多以貨殖短之。」曰：「子貢之貨殖，非若後世之豐財，但此心未去
> 耳。」〔註139〕

這兩則的說法對子貢都算是比較客氣了。其實子貢與顏回所重本就有異，不必因為他說了：「夫子之言性與天道，不可得而聞。」就否定他有豐財之心。二程不以豐財為心，顏回不以豐財為心，都無關子貢是否有豐財之心的。但是，我們從《史記·貨殖列傳》記載看，子貢豐財之心是很明顯的，而且到晚年似乎也沒有減少的跡象。〔註140〕

（四）有造道之言

在二程的眼中，雖然顏子是默識之學，但是關於顏子評孔子的話，他們是看作造道之言的。什麼是造道之言呢？

> 有有德之言，有造道之言，有述事之言。有德者，止言己分事。造
> 道之言，如顏子言孔子，孟子言堯、舜。止是造道之深，所見如是。
> 〔註141〕

造道就是修道、體道，所以言造道之深，所見如是。這是說顏回已經達到看得見道的境界，才能說得如此貼切，就像孟子在講堯、舜一般。除了讚美顏

〔註137〕〔宋〕程顥、程頤：《二程集》，卷9，頁109。

〔註138〕〔宋〕程顥、程頤：《二程集》，卷11，頁132。

〔註139〕〔宋〕程顥、程頤：《二程集》，卷122上，頁1277。

〔註140〕〔漢〕司馬遷：《史記》：「子贛既學於仲尼，退而仕於衛，廢著鬻財於曹、魯之間，七十子之徒，賜最為饒益。原憲不厭糟糠，匿於窮巷。子貢結駟連騎，束帛之幣以聘享諸侯，所至，國君無不分庭與之抗禮。夫使孔子名布揚於天下者，子貢先後之也。此所謂得執而益彰者乎？」卷129，頁6。

〔註141〕〔宋〕程顥、程頤：《二程集》，卷12上，頁121。

回的境界，他們也讚美顏回的口才：

> 「仰之彌高」，見其高而未能至也。「鑽之彌堅」，測其堅而未能達也。
> 此顏子知聖人之學而善形容者也。〔註142〕

伊川又說：

> 或問：「『夫子賢於堯、舜』，信諸？」曰：「堯、舜豈可賢也？但門
> 人推尊夫子之道，以謂仲尼法垂法萬世，故云爾。然三子之論聖人，
> 皆非善稱聖人者。如顏子，便不如此道，但言『仰之彌高，鑽之彌
> 堅』而已。後來惟曾子善形容聖人氣象，曰：『子溫而厲，威而不猛，
> 恭而安。』又〈鄉黨〉一篇，形容得聖人動容注措甚好，使學者宛
> 如見聖人。」〔註143〕

這都是針對「仰之彌高，鑽之彌堅」一段話的高度評價。他們又曾對所謂「博
我以文，約我以禮」，提出相同看法：

> 問：「博我以文，約我以禮。」曰：「此是顏子稱聖人最初當處。聖
> 人教人，只是如此，既博之以文，而後約之以禮，所謂『博學而詳
> 說之，將以反說約也』。博與約相對。聖人教人，只此兩字。博是博
> 學多識，多聞多見之謂。約只是使之知要也。」〔註144〕

所謂「最初當處」是說顏子很貼切的形容，所以才說「聖人教人，只是如此，
既博之以文，而後約之以禮」。而「博學而詳說之，將以反說約也」一句則是
《孟子‧離婁下》的話，伊川用來解說孔子與孟子的用意是一樣的。

除了善說，顏子也善問，程子說：

> 孔子弟子少有會問者，只顏子能問，又卻終日如愚。〔註145〕

其他弟子的不善問從哪裡看得出來呢？他曾舉一例說明：

> 「克伐怨欲不行焉，可以為仁矣。」若無克伐怨欲，固為仁已，唯
> 顏子而上乃能之。如有而不行焉，則亦可以為難，而未足以為仁也。
> 孔子蓋欲憲疑而再問之，而憲未之能問也。〔註146〕

這本是〈憲問〉的對話：

> 憲問恥。子曰：「邦有道，穀；邦無道，穀，恥也。」「克、伐、怨、

〔註142〕〔宋〕程顥、程頤：《二程集》，卷6，頁89。
〔註143〕〔宋〕程顥、程頤：《二程集》，卷18，頁1214。
〔註144〕〔宋〕程顥、程頤：《二程集》，卷18，頁1209。
〔註145〕〔宋〕程顥、程頤：《二程集》，卷7，頁98。
〔註146〕〔宋〕程顥、程頤：《二程集》，卷9，頁109。

欲不行焉，可以爲仁矣？」子曰：「可以爲難矣，仁則吾不知也。」
〔註147〕

程子以「有而不行」爲難，若「無」則爲仁。然後假設孔子也是這種想法，卻因爲原憲未問，而未加以回答。甚至替孔子說，原本是希望原憲可以再深問的，可惜原憲卻沒再問。所以顏回的善問與原憲的不善問恰成對比。

顏回在《論語》中問什麼呢？其實也只有兩次：

顏淵問仁。子曰：「克己復禮爲仁。一日克己復禮，天下歸仁焉。爲
仁由己，而由人乎哉？」顏淵曰：「請問其目。」子曰：「非禮勿視，
非禮勿聽，非禮勿言，非禮勿動。」顏淵曰：「回雖不敏，請事斯語
矣。」〔註148〕

顏淵問爲邦。子曰：「行夏之時，乘殷之輅，服周之冕，樂則〈韶〉
舞。放鄭聲，遠佞人。鄭聲淫，佞人殆。」〔註149〕

前一則在他的〈顏子所好何學〉論中已提出過，關於後一則，伊川認爲是孔子對顏子傳授《春秋》大義的說明：

棣問：「『考仲子之宮』，非與？」曰：「聖人之意又在下句，見其『初
獻六羽』也。言初獻，則見前此八羽也。《春秋》之書，百王不易之
法。三王以後，相因既備，周道衰，而聖人慮後世聖人不作，大道
遂墜，故作此一書。此義，門人皆不得聞，惟顏子得聞，嘗語之曰：
『行夏之時，乘殷之輅，服周之冕，樂則〈韶〉舞。』是也。此書
乃文質之中，寬猛之宜，是非之公也。」〔註150〕

所以程子才會對顏回的這兩問給予這麼高的評價。

（五）顏孟之優劣

前面說到顏回是亞聖，後來孟子也在元朝被稱爲亞聖，兩者之高低，顯然一時伯仲。但是，就進聖之階上看，二程的心裡還是認爲孟子不如顏子：

仲尼，元氣也；顏子，春生也；孟子，並秋殺盡見。仲尼，無所不
包；顏子示「不違如愚」之學於後世，有自然之和氣，不言而化者
也；孟子則露其才，蓋亦時然一作焉。而已。仲尼，天地也；顏子，
和風慶雲也；孟子，泰山巖巖之氣象也。觀其言，皆可以見之矣。

〔註147〕《論語·憲問》。
〔註148〕《論語·顏淵》。
〔註149〕《論語·衛靈公》。
〔註150〕〔宋〕程顥、程頤：《二程集》，卷22上，頁283。

　　　　仲尼無跡，顏子微有跡，孟子其跡著。〔註151〕

不過，更重要的，其實程子認爲孟子難學，所以明道說：「孟子才高，學之無可依據。學者當學顏子，入聖人爲近，有用力處。」〔註152〕又說：「顏子不動聲氣，孟子則動聲氣矣。」〔註153〕又：「孔子盡是明快人，顏子盡豈弟，孟子盡雄辯。」〔註154〕伊川甚至要學生只要從文字上就可以看出他們之間的優劣：

　　　　棣問：「使孔、孟同時，將與孔子並駕其說於天下邪？將學孔子邪？」

　　　　曰：「安能並駕？雖顏子亦未達一閒耳。顏、孟雖無大優劣，觀甚立

　　　　言，孟子終未及顏子。昔孫莘老嘗問顏、孟優劣，答之曰：『不必問，

　　　　但看其立言如何。凡學者讀其言便可以知其人，若不知其人，是不

　　　　知言也。』」〔註155〕

這一則應該是較晚年的記載，所以才說得比較肯定。另外，伊川也曾把張載拿來比較：

　　　　問：「橫渠之書，有迫切處否？」曰：「子厚謹嚴，才謹嚴，便有迫

　　　　切氣象，無寬舒之氣。孟子卻寬舒，只是中間有些英氣，才有英氣，

　　　　便有圭角。英氣甚害事。如顏子便渾厚不同。顏子去聖人，只毫髮

　　　　之間。孟子大賢，亞聖之次也。」或問：「英氣於甚處見？」曰：「但

　　　　以孔子之言比之，便見。如冰與水晶非不光，比之玉，自是有溫潤

　　　　含蓄氣象，無許多光耀也。」〔註156〕

由此都可以看出，他們所以喜歡顏回是因爲他的溫和之氣。孟子的英氣善辯，因爲充滿圭角，所以程子並不喜歡。與張載的所謂「迫切氣象」是一樣的。

第四節　曾子學與子夏學

一、曾子的傳道之說

　　曾子之學在《論語》中最重要的就是「吾道一以貫之」一段。〔註157〕曾

〔註151〕〔宋〕程顥、程頤：《二程集》，卷5，頁76。

〔註152〕〔宋〕程顥、程頤：《二程集》，卷12上，頁19。

〔註153〕〔宋〕程顥、程頤：《二程集》，卷11，頁126。

〔註154〕〔宋〕程顥、程頤：《二程集》，卷5，頁77。

〔註155〕〔宋〕程顥、程頤：《二程集》，卷122上，頁1280。

〔註156〕〔宋〕程顥、程頤：《二程集》，卷18，頁196～197。

〔註157〕《論語・里仁》。

子回答出「忠恕」二字，因此二程以爲曾子是孔門傳道之人。忠恕之道成爲曾子悟道的重要證據，二程因此非常重視曾子之學，所以有較多處提到忠恕之道，他們說：

> 「忠恕違道不遠」，「可謂仁之方」，「力行近乎仁」，「求仁莫近焉」。仁道難言，故止曰近，不遠而已；苟以力行便爲仁，則失之矣。「施諸己而不願，亦勿施於人」，「夫子之道忠恕」，非曾子不能知道之要，舍此則不可言。〔註158〕

「忠恕違道不遠」是《中庸》上的句子，原文如下：

> 子曰：「道不遠人。人之爲道而遠人，不可以爲道。《詩》云：『伐柯伐柯，其則不遠。』執柯以伐柯，睨而視之，猶以爲遠。故君子以人治人，改而止。忠恕違道不遠，施諸己而不願，亦勿施於人。君子之道四，丘未能一焉：所求乎子以事父，未能也；所求乎臣以事君，未能也；所求乎弟以事兄，未能也；所求乎朋友先施之，未能也。庸德之行，庸言之謹，有所不足，不敢不勉，有餘不敢盡；言顧行，行顧言，君子胡不慥慥爾！」〔註159〕

而「可謂仁之方」一句是《論語‧雍也》的句子：

> 子貢曰：「如有博施於民而能濟眾，何如？可謂仁乎？」子曰：「何事於仁，必也聖乎！堯、舜其猶病諸！夫仁者，己欲立而立人，己欲達而達人。能近取譬，可謂仁之方也已。」〔註160〕

「力行近乎仁」亦出於《中庸》：

> 子曰：好學近乎知，力行近乎仁，知恥近乎勇。知斯三者，則知所以修身；知所以修身，則知所以治人；知所以治人，則知所以治天下國家矣。

「求仁莫近焉」則出於《孟子‧盡心上》：

> 孟子曰：萬物皆備於我矣。反身而誠，樂莫大焉。強恕而行，求仁莫近焉。」

程子引許多關於「仁」的說法來說明仁的難言之處，最後則以《中庸》裡有關「忠恕」的話來說明曾子解釋得恰當，推崇只有曾子才「知道之要」。其實，因爲《中庸》被認爲是子思的作品，所以其中的說法也被程子認爲多有詮釋

〔註158〕〔宋〕程顥、程頤：《二程集》，卷7，頁97。

〔註159〕《禮記‧中庸》。

〔註160〕《論語‧雍也》。

《論語》的地方，例如：

> 孔子曰：「其如示諸斯乎？」指其掌。《中庸》便曰：「明乎郊社之禮、
> 禘嘗之義，治國其如示諸掌乎！」蓋人有疑孔子之語，《中庸》又直
> 指郊禘之義以發之。曾子曰：「夫子之道，忠恕而已矣。」《中庸》
> 以曾子之言雖是如此，又恐人尚疑忠恕未可便爲道，故曰：「忠恕違
> 道不遠，施諸己而不願，亦勿施於人。」此又掠下教人。〔註161〕

由此可見，二程也許從《中庸》的詮釋中，才進一步肯定曾子的「忠恕」之
說才是傳道之言。但是曾子曾被孔子說「參也魯」，〔註162〕他憑什麼得傳道之
言呢？關於這一點，伊川認爲這正是曾子得道的重點：

> 曾子傳聖人道，只是一個誠篤。《語》曰：「參也魯。」如聖人之門，
> 子游、子夏之言語，子貢、子張之才辨聰明者甚多，卒傳聖人之道
> 者，乃質魯之人。人只要一個誠實。聖人說忠信處甚多。曾子，孔
> 子在時甚少，後來所學不可測，且易簀之事，非大賢以上作不得。
> 曾子之後有子思，便可見。〔註163〕

又說：

> 師、商過不及，其弊爲楊、墨。楊出於義，墨出於仁。仁義雖天下
> 之美，然如此者，失之毫厘，謬以千里。〔註164〕

明道也表示：

> 曾子少孔子，始也魯，觀其後明道，豈魯也哉？（明道）〔註165〕

由這三則可以看出，曾子雖然是質魯之人，但這反而是他的優點，所以可以
說是大器晚成，二程才會說他「後來所學不可測」，甚至明道還反問：「豈魯
也哉？」這些都在肯定曾子後來的成就與發展，足以彌補他剛開始的「魯」。
所以，後來他傳子思，再傳孟子，使儒家道統不衰，程子又說：

> 「參也魯。」然顏子沒後，終得聖人之道者，曾子也。觀其啓手足
> 之時之言，可以見矣。所傳者子思、孟子，皆有學也。〔註166〕

「顏子沒後，終得聖人之道者，曾子也。」一語說明曾子是繼顏回之後得孔

〔註161〕〔宋〕程顥、程頤：《二程集》，卷1，頁8。
〔註162〕《論語·先進》。
〔註163〕〔宋〕程顥、程頤：《二程集》，卷18，頁1211。
〔註164〕〔宋〕程顥、程頤：《二程集》，卷6，頁385。
〔註165〕〔宋〕程顥、程頤：《二程集》，卷6，頁385。
〔註166〕〔宋〕程顥、程頤：《二程集》，卷9，頁108。

子眞傳的唯一。這裡也比較了孔子弟子中的過與不及的師（子張）、商（子夏），又談到子游、子夏之言語專長，子貢、子張的才辯聰明。不論他們比曾子多聰明，卻無法傳道，主因就在於曾子比他們「誠篤」。這又扣緊周敦頤與張載的「由誠談聖」的基調。

　　另外，有關「啓手足之時之言」一事與「易簀之事」是曾子的重要事蹟。前者出於《論語・泰伯篇》：

　　　　曾子有疾，召門弟子曰：「啓予足！啓予手！《詩》云『戰戰兢兢，
　　　　如臨深淵，如履薄冰。』而今而後，吾知免夫！小子！」〔註167〕

關於此則的詮解，朱熹的注引程子與尹焞的話記載：

　　　　程子曰：「君子曰終，小人曰死。君子保其身以沒，爲終其事也，故
　　　　曾子以全歸爲免矣。」尹氏曰：「父母全而生之，子全而歸之。曾子
　　　　臨終而啓手足，爲是故也。非有得於道，能如是乎？」〔註168〕

程子的意思是，曾子因爲全身而亡所以叫終。而尹焞則進一步引申說，曾子是得道之人，才能如此而得全歸。但是這則還是比較隱晦的，若以「易簀之事」加以比較，會更明白許多的。「易簀之事」出於《禮記》：

　　　　曾子寢疾，病。樂正子春坐於床下，曾元、曾申坐於足，童子隅坐
　　　　而執燭。童子曰：「華而睆，大夫之簀與？」子春曰：「止！」曾子
　　　　聞之，瞿然曰：「呼！」曰：「華而睆，大夫之簀與？」曾子曰：「然，
　　　　斯季孫之賜也，我未之能易也。元，起易簀。」曾元曰：「夫子之病
　　　　革矣，不可以變，幸而至於旦，請敬易之。」曾子曰：「爾之愛我也
　　　　不如彼。君子之愛人也以德，細人之愛人也以姑息。吾何求哉？吾
　　　　得正而斃焉斯已矣。」舉扶而易之。反席未安而沒。〔註169〕

這是曾子死前的一段記錄。曾子不惜冒著死亡的危險，也要馬上更換大夫之簀，這是他所堅持的「正」，也是程子所稱讚的篤信，所以程子在其他地方又曾這樣稱許說：

　　　　顏子默識，曾子篤信，得聖人之道者，二人也。曾子曰：「吾得正而
　　　　斃焉，斯已矣。」〔註170〕

又：

〔註167〕《論語・泰伯》。
〔註168〕〔宋〕朱熹：《論語集註》，頁102。
〔註169〕《禮記注疏》，卷6，頁5。
〔註170〕〔宋〕程顥、程頤：《二程集》，卷11，頁119。

　　子曰：傳聖人之道，以篤實得之者，曾子是也。易簀之際，非幾於

　　聖者不及也。推此志也，禹、稷之功其所優爲也。〔註171〕

由此可知，程子認爲曾子能夠由悟道而傳道，實有其重要原因，不是無中生
有的。況且他們也認爲《論語》應該主要是曾子學生所編，因爲書中只有曾
子與有子稱子不稱名，伊川說：「《論語》，曾子、有子弟子論譔。所以知者，
唯曾子、有子不名。」〔註172〕曾子傳道的事因此得到二程的肯定。當然，我
們也可以大膽推測，曾子之所以被二程肯定，成爲顏子之外的傳道之人，是
因爲後來子思與孟子的關係，明道曾說：

　　昔七十子學於仲尼，其傳可見者，惟曾子，所以告子思，而子思所

　　以授孟子者耳。其餘門人，各以其才之所宜爲學。雖同尊聖人，所

　　因而入者，門户則眾矣。〔註173〕173

又：

　　孔子沒，曾子之道日益光大。孔子沒，傳孔子之道者，曾子而已。

　　曾子傳之子思，子思傳之孟子，孟子死，不得其傳，至孟子而聖人

　　之道益尊。〔註174〕

在重視子思與孟子的情況之下，身爲子思老師的曾子是該有一定地位的。所
以，在二程《論語》學中，曾子學的重要性是僅次於顏回學的。

二、子夏學

　　子夏在《論語》中的重要性是什麼呢？程子對子夏爲何重視呢？先看他
們對子夏的看法：

　　北官黝之勇，在於必爲；孟施舍之勇，能於無懼。子夏，篤志力行

〔註171〕〔宋〕程顥、程頤：《二程集》，卷12，頁1234。
〔註172〕〔宋〕程顥、程頤：《二程集》，頁 378。但是關於四科十哲不包括曾子的解
　　　　釋，明道是這樣認爲的：「四科，乃從夫子於陳、蔡者爾。門人之賢者，固不
　　　　止此，曾子傳道而不與焉，故知十哲，世俗之論也。」（《二程集》，頁385）
　　　　因爲曾子不包括在内，所以就說此說法是世俗之論。但是若《論語》的編者
　　　　以曾子學生爲主的話，怎會把這世俗之論收進去呢？以《史記‧仲尼弟子列
　　　　傳》所記，曾子少孔子四十七歲，而〈孔子世家〉記孔子離開魯國共十四年，
　　　　回到魯國時是六十八歲，曾子才二十一歲。十四年前才七歲，他當然不可能
　　　　跟孔子去周遊列國的。因此，十哲中不包括曾子是合理之事，曾子學生收錄
　　　　在《論語》中也是可以理解的。
〔註173〕〔宋〕程顥、程頤：《二程集》，卷12，頁1242。
〔註174〕〔宋〕程顥、程頤：《二程集》，卷125，頁327。

者也；曾子，明理守約者也。〔註175〕

明道又說：

> 北宮黝要之以必爲，孟施舍推之以不懼，北宮黝或未能無懼。故黝
> 不如施舍之守約也。子夏信道，曾子明理，故二子各有所似。〔註176〕

這是從《孟子》中的記載所推出的看法，《孟子》記：

> （公孫丑）曰：「不動心有道乎？」（孟子）曰：「有。北宮黝之養勇
> 也，不膚撓，不目逃，思以一毫挫於人，若撻之於市朝。不受於褐
> 寬博，亦不受於萬乘之君。視刺萬乘之君，若刺褐夫。無嚴諸侯。
> 惡聲至，必反之。孟施舍之所養勇也，曰：『視不勝猶勝也。量敵而
> 後進，慮勝而後會，是畏三軍者也。舍豈能爲必勝哉？能無懼而已
> 矣。』孟施舍似曾子，北宮黝似子夏。夫二子之勇，未知其孰賢，
> 然而孟施舍守約也。昔者曾子謂子襄曰：『子好勇乎？吾嘗聞大勇於
> 夫子矣：自反而不縮，雖褐寬博，吾不惴焉；自反而縮，雖千萬人，
> 吾往矣。』孟施舍之守氣，又不如曾子之守約也。」〔註177〕

由孟子的話看來，曾子因爲從「自反」出發，所以才說是「守約」，與孟施舍
的「量敵而後進，慮勝而後會」相似。孟子雖然沒有舉子夏說明，但是朱熹
注卻這樣說：

> 黝務敵人，舍專守己。子夏篤信聖人，曾子反求諸己。故二子之與
> 曾子、子夏，雖非等倫，然論其氣象，則各有所似。賢，猶勝也。
> 約，要也。言論二子之勇，則未知誰勝；論其所守，則舍比於黝，
> 爲得其要也。〔註178〕

由朱熹注知道，子夏因篤信聖人而與北宮黝相似。而程子說北宮黝之勇在於
必爲，就像子夏的信道、篤志力行。子夏的信道與篤志力行從何得知呢？伊
川又有其他說法可以參考：

> 配義與道，謂以義理養成此氣，合義與道。方其未養，則氣自是氣、
> 義自是義。及其養成浩然之氣，則氣與義合矣。本不可言合，爲未
> 養時言也。如言道，則是一個道都了。若以人而言，則人自是人，
> 道自是道，須是以人行道始得。言義又言道，道、體也，義、用也，

〔註175〕〔宋〕程顥、程頤：《二程集》，卷1，頁11。

〔註176〕〔宋〕程顥、程頤：《二程集》，卷11，頁124。

〔註177〕《孟子·公孫丑上》。

〔註178〕〔宋〕朱熹：《論語集註》，頁114。

就事上便義言。北宮黝之勇必行，孟施舍無懼。子夏之勇本不可知，卻因北宮黝而可見。子夏是篤信聖人而力行，曾子是明理。〔註179〕

另有：

> 亨仲問：「『自反而縮』，如何？」曰：「縮只是直。」又問曰：「北宮黝似子夏，孟施舍似曾子，如何？」曰：「北宮黝之養勇也，必爲而已，未若舍之能無懼也。無懼則能守約也。子夏之學雖博，然不若曾子之守禮爲約，故以黝爲似子夏，舍似曾子也。」〔註180〕

由上二則記載可知，程子一方面說子夏篤信聖人而力行，一方面說子夏博學，這些從《論語》是否可以得到印證呢？〈子張篇〉有一則記載：

> 子夏曰：「博學而篤志，切問而近思，仁在其中矣。」〔註181〕

這裡說到博學，又說到篤志，大概就是程子評論子夏所本之處。不論如何，子夏之勇因孟子的說法而明白於世，不是因爲《論語》。但是，程子從孟子之論而回到《論語》中子夏的特性，而加以肯定其博學與篤志力行的優點。

在《論語》中，子夏與子張的比較也是一個特別的案例，程子曾針對此案這樣說：

> 楊、墨，皆學仁義而流者也。墨子似子張，楊子似子夏。〔註182〕

又伊川云：

> 楊子似出於子夏，墨子似出於子張，其中更有過不及，豈是師、商不學於聖人之門？〔註183〕

子夏像楊子，就如同楊子的爲我，子張像墨子，就如同墨子的兼愛，所以程頤又說：

> 墨子之書，未至大有兼愛之意，及孟子之時，其流浸遠，乃至若是之差。楊子爲我亦是義，墨子兼愛則是仁，惟差之毫釐，繆以千里，直至無父無君，如此之甚。〔註184〕

爲何如此判斷子夏與子張呢？可能是由孔子在《論語》中的判斷而來，〈先進篇〉有一則記：

〔註179〕〔宋〕程顥、程頤：《二程集》，卷18，頁1206。
〔註180〕〔宋〕程顥、程頤：《二程集》，卷122上，頁1282。
〔註181〕《論語·子張》。
〔註182〕〔宋〕程顥、程頤：《二程集》，卷6，頁88。
〔註183〕〔宋〕程顥、程頤：《二程集》，卷15，頁171。
〔註184〕〔宋〕程顥、程頤：《二程集》，卷15，頁171。

子貢問：「師與商也孰賢？」子曰：「師也過，商也不及。」曰：「然則師愈與？」子曰：「過猶不及。」

可見子夏失之不及，而子張失之過，所以明道才又說：

子夏問政，子曰：「無欲速，無見小利。」子夏之病，常在近小。子張問政，子曰：「居之無倦，行之以忠。」子張常過高而未仁，故以切己之事答之。〔註185〕

程顥也認為子夏近小，子張過高，所以孔子才會常常加以因材施教，以收截長補短之效。子夏也只是似楊子，楊子並非如孟子所說的進入禽獸之行的境界，但是程子還是有「豈是師、商不學於聖人之門」的疑問。其實，二人是孔門晚輩，各少孔子四十多歲，初入孔門時，受孔子薰陶不久，受到批評是正常。孔子死後又各有發展，所以與孔們之學有距離也是合理的。至於楊子與墨子是否處於其門，目前為止暫時是無史料判斷了，只能存疑。

子夏與子張在《論語》中的交手，還有一則關於「論交」的記載，程子是這樣認為：

子張、子夏論交，子夏、子張告人各有所以，初學與成德者事不同。〔註186〕

又說：

子文問：「『師也過，商也不及』，如論交，可見否？」曰：「氣象閒亦可見。」又曰：「子夏、子張皆論交，子張所言是成人之交，子夏是小子之交。」〔註187〕

這是《論語・子張篇》上的一則記載：

子夏之門人問交於子張。子張曰：「子夏云何？」對曰：「子夏曰：『可者與之，其不可者拒之。』」子張曰：「異乎吾所聞：君子尊賢而容眾，嘉善而矜不能。我之大賢與，於人何所不容？我之不賢與，人將拒我，如之何其拒人也？」〔註188〕

可見，程子認為子夏與子張所論本就針對不同對象而言。子夏是針對初學者，所以才說是小子之交；子張是針對成德者，所以才說是成人之交。這也可以看出子夏與子張的不及與過之別、小與大之異。在《論語》中的另一則記載，

〔註185〕〔宋〕程顥、程頤：《二程集》，卷11，頁134。

〔註186〕〔宋〕程顥、程頤：《二程集》，卷8，頁103。

〔註187〕〔宋〕程顥、程頤：《二程集》，卷122上，頁1279。

〔註188〕《論語・子張》。

又可以佐證：

> 子游曰：「子夏之門人小子，當洒掃、應對、進退，則可矣。抑末也，
> 本之則無。如之何？」子夏聞之曰：「噫！言游過矣！君子之道，孰
> 先傳焉？孰後倦焉？譬諸草木，區以別矣。君子之道，焉可誣也？
> 有始有卒者，其惟聖人乎！」〔註189〕

從這則記載可以看出子夏平常教學生的重點。或許他人都會認爲是小地方，
但是對於子夏而言，從基礎做起，對於大多數初學者而言是很必要的吧。子
夏有從根本探討起的本事，自然是比較能認清事實本質的人，其後能成爲魏
文侯之師也算不是虛有其名吧。

二程的《論語》學，在承襲接收前賢之說下，逐漸成熟，他們找到了每
個人皆可成德成聖的形上根據——「仁」，也爲人們揭示成德成聖的仿效對象：
顏回、曾子、子夏。一個人只要願意、有心，透過《論語》就能日日提昇，
進入聖域，享受道德的美感境界，其《論語》學的價值或許就在此。

〔註189〕《論語·子張》。

第八章　結　論

　　北宋朝廷對文教的重視態度，給了儒學復興的新契機。首先，促成了邢昺《論語注疏》之問世。《論語注疏》是在皇侃《論語集解義疏》的基礎上，疏解何晏的《論語集解》，是以此書與《論語集解義疏》、《論語集解》，關係非常密切。而欲獲知其間的優劣、沿革或新變，筆者認爲使用對照比較的方式，是最直接有效的作法，故於第三章先將邢疏與何注、皇疏並觀論列，以見其狀況。從中可得知《論語注疏》在疏解何晏注時，有六大面向：引古籍訓字詞、說明注之來源、徵史實疏經注、訓解名物制度、大膽質疑何說、糾謬修訂注文。而與皇疏比照上，在體例部分，可看到邢昺改變自問自答的釋注模式、重新進行篇名解題、通述章旨彌補皇疏之闕，有利於學者之閱讀。在內容上，雖是以皇說爲藍本，但並不盲從，反會指正《義疏》之誤、刪削其中的佛道家言及不當異解、補充說明未完足者。

　　另外，唐寫本《論語鄭氏注》的出現，也成爲吾人觀察《論語注疏》的重要材料，筆者將之與邢疏作詳盡的比較，從中論其差異得失，冀能再以不同角度挖掘邢疏的特色。透過與何晏《論語集解》、皇侃《論語集解義疏》、唐寫本《論語鄭氏注》的比照，可以很清楚的得知，邢昺《論語注疏》的最大特點就是——精於訓詁名物制度，詳賅豐富，空前絕後，已臻《論語》注疏學的頂點。今日的十三經注疏本仍採邢昺的《論語注疏》，其對傳統經解的繼承、發展、流傳，不容小覷。朱子的《論語集註》，雖已轉變爲理學的教科書，但在說釋的方式上，不只純粹說義理而已，仍回歸到邢昺的傳統注解模式，這都是《論語注疏》的深遠影響！

　　在古文家的《論語》學中，探究了劉敞、蘇軾與蘇轍。劉敞《論語小傳》

的內容有五大特色：駁斥舊說、獨出新意、雜染道家、引申政治、大膽疑經，既反映當時的風氣，也爲後人開出一條寬闊的道路。蘇軾《論語說》長期散亡未見，幸賴學者辛苦輯佚，才得一窺。雖不完備，但已可略見其《論語》學，最明顯者莫過於非孟，包括：攻擊性善說、批評孟子不近人情、譏誚孟子不知變通、批判孟子之「信」、諷刺孟子「殺民」說、反駁孟子之論子產、論難孟子之論管仲、斥責孟子違背孔子之說、及評論孟子所言不當。另外，蘇軾與程子不合，亦不認同其某些理學思考，筆者摘出九處二者之異解作觀察，確然可見蘇軾古文家與理學派之不同意向，蜀洛之爭固不在話下。朱熹雖遵奉二程之說，大力抵制蘇學，其實他也參考許多蘇軾之看法，並受其影響，故筆者將之分爲三類錄出，以見其中的關係。蘇轍的《論語拾遺》篇幅不大，也是今所能見少數的北宋作品。《拾遺》的思想內容可以：仁、學道、雜釋道之說、孔子形象、三駁蘇軾等五方面觀之。劉敞、蘇軾、蘇轍三人在詮解《論語》時，都以古文家寫作的手法，多方引書爲證，這種模式與邢昺之注疏其實相差不大，是可視爲注疏學之延續，但他們引書爲證的目的並不在於解釋舊說，而是爲自己立論，此又爲義理說經的精神。可見古文家扮演了承上啓下的角色。而所引用的書籍，不似理學系統諸家較侷限於《中庸》、《大學》、《孟子》，亦是一大分別。

　　理學派的部分，依時間先後介紹胡瑗、孫復、周敦頤、張載、二程。如果說二程之《論語》學是北宋《論語》學發展的高峰，那第六章所討論的胡瑗、孫復、周敦頤、張載，就是篳路藍縷的先鋒者。胡瑗、孫復二人，沒有《論語》的專著，但胡瑗以抗顏爲師的態度，實踐聖人明體達用之學，影響深遠，其《論語》學是實踐的學問。孫復的作品以《春秋尊王發微》最完整，在此書中他極力的闡發「尊王」與「尊聖」的觀點，引用《論語》之言，百般維護堯、舜、文王。周敦頤的《論語說》已佚，故只能於其他作品翻檢，其中以《通書》裏有關《論語》的記載最多，故以《通書》爲探討範圍。周敦頤由誠談聖，極力抬高孔子的地位。同時也注意到顏回，使日後的理學家莫不推崇之。張載無專門的《論語》著作，但所論甚多，散見於各種作品。他與周敦頤的《論語》學有許多相同之處。一樣由誠談聖，認定孔子是完美的聖人，對顏回學有所討論。到了二程，他們更清楚提出《論語》的重要性，對於《論語》中的「仁」有更深的體會，程顥的〈識仁篇〉，以孟子之觀點來理解孔子之仁，又以生論仁，強調仁之知覺感通，已逸出《論語》之義。程

頤以公釋仁，亦是發前人所未言。伊川早年遊太學曾寫作〈顏子所好何學論〉，這可看作是他早期《論語》學的淵源，二程對顏回的敬重與推闡，無以復加，甚至認定其在孟子之上，是孔子以外，最重要的典範；另外弟子曾子、子夏，亦被二程稱譽，這些都構成二程《論語》學的特色。從整個理學派的情況來看，對孔子與顏回的推尊是層層升高，《論語》是成德成聖的依歸，《論語》學已實際從經術變成性理之學。

　　總之，古文派有注疏派的手法，但不是傳統的守經精神，而轉向義理詮解。蘇軾兄弟雖仍推崇孔子，但與理學家將孔子視作纖塵不染的「教主」是不同的，聖人是活潑潑的有情者，而不是超然絕情。古文派亦不特別注重孔門群弟子，對顏回的偏愛才是理學家的特點。劉敞、蘇轍對「仁」的詮釋，不是絕對的道德主義者，和二程大不相同。這些差異都可從本文的探討中略見一二。

　　《論語》自成書以來，就是學者引用、說明與了解孔子思想的主要依據。雖然內容有限，但是隨著後代學者注解的增加，《論語》的義涵也不斷增加，《論語》學的重要性也就相對提高。宋代理學的發展其實就跟《論語》學的發展同步。從邢昺的注疏之學到二程的義理之學，兩者的消長顯示出《論語》學的重點偏移，也看出當時理學的發展重點。理學發展從對抗異端開始，而對抗異端要先加強自身的理論基礎，儒學的理論基礎就是孔子思想，所以如何加強孔子思想就是理學發展的最基本課題了。在一次又一次的加強之中，宋代學者發現《論語》與其他經典的聯結性不足的問題，所以才在四書之間，與五經之間加強彼此的聯結性，這樣就構成理學家的所有理論基礎。《論語》在與其他四書的聯結，與其他經典的聯結的過程中，也展現了《論語》學的新風貌，這就是本文所要展現的重點。

　　透過本文的探討，我們可以知道，不論是理學家或古文家、或是傳統的經學家，都對《論語》有很深的研究，也有很多不同的體會，這些異同就構成北宋《論語》學的面貌。而這些成就也正是南宋朱熹《論語》學的基礎、四書學的基礎，甚至是日後理學的基礎，在復興儒學的工作上是功不可沒的。四書學是理學的基礎，而《論語》學是四書學的基礎，所以《論語》學更是理學基礎的基礎了。要了解理學數百年的發展脈絡，一定要先了解《論語》學的發展，而北宋《論語》學的重要性即在此。

附表一：漢代《齊論》、《魯論》、《古論》異同及傳承表

（一）齊、魯、古《論》之差異：

	篇　數	篇　次	文　字
《魯論語》	二十篇 與今本同	與今本同	今文
《齊論語》	二十二篇多 《魯論語》〈問王〉、〈知道〉二篇	與今本同	今文
《古論語》	二十一篇 分〈堯曰〉下章「子張問」以為一篇，有兩〈子張〉	以〈鄉黨〉為第二篇，〈雍也〉為第三篇，內倒錯不可具說。	古文

　　三種版本的傳承，以及張禹、鄭玄之混雜統合，茲列圖（1）-（5）說明如下：

　　（1）《齊論語》的傳承

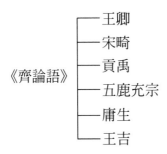

（2）《魯論語》的傳承

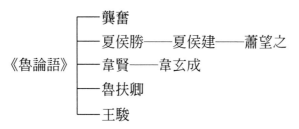

（3）《古論語》的傳承

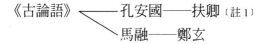

（4）張禹《論語》

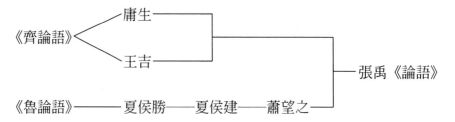

（5）鄭玄混雜齊、魯、古《論》

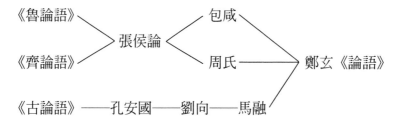

說明：本圖表主要參考王鵬凱：《歷代論語著述綜錄》，頁 14。
　　　張清泉：《清代論語學》，頁 13。
　　　鄭靜若：《論語鄭氏注輯述》，頁 9、12、14、24。

〔註 1〕〔梁〕皇侃：《論語集解義疏・序》：「《古論》爲孔安國所注，無其傳學者。」
　　　　頁 4。此處王充《論衡・正說》之語。

附表二：北宋《論語》著述表

書　名	作　者	存佚狀況	備　註
《論語解》二卷	宋徽宗（1082～1135）	佚	《經義考》著錄。
《論語注疏》二十卷	邢昺（932～1010）	存	1. 《宋志》、《四庫全書總目》、《經籍考》、《崇文總目》、《玉海》、《郡齋讀書志》、《遂初堂書目》、《直齋書錄解題》、《鄭堂讀書記》、《經義考》著錄。 2. 今有《重刊宋本十三經注疏附校勘記》（〔清〕嘉慶二十年（1815）南昌府學刊本）、《論語正義》（《景印文淵閣四庫全書》本）。
《論語增注》十卷	宋咸	佚	《宋志》、《遂初堂書目》、《經義考》著錄。
《論語集解辨誤》十卷	周式	佚	1. 《宋志》、《玉海》、《經義考》著錄。 2. 《湖廣通志》卷二十三：「嶽麓書院……咸平四年詔賜國子監經籍，與嵩陽、睢陽、白鹿爲天下四大書院。從知州李允則之請也。祥符八年以周式爲山長。」 案：「祥符」爲宋眞宗年號。
《論語摘科辨解》十卷	紀霬	佚	《宋志》、《經義考》著錄。

《論語集解》十卷	杜莘老 （1107～1164）	佚	《經義考》著錄。
《論語集解》不著卷數	余象	佚	《經義考》著錄。
《論語增注》不著卷數	阮逸	佚	1. 《經義考》著錄。 2. 王應麟《玉海》卷七〈景祐十二律圖康定鍾律制議并圖〉條：「康定元年三月十八日癸酉，太子中允阮逸上《鍾律制議并圖》三卷，詔送秘閣。」 案：「康定」爲仁宗年號，「康定元年」是 1040 年。
《論語精義》二十卷	句微	佚	1. 《經義考》著錄。 2. 《經義考》卷十八：「勾氏微《周易廣疏》。《紹興書目》作句徽。《通志》三十六卷，佚。董眞卿曰：陳臯、勾微，鄭氏《通志》不載何代。按凌氏《萬姓統譜》以微爲南北朝人，觀其論《周易》義，云唐衛元嵩作元包，以〈坤卦〉爲首，〈乾卦〉後之，疑是宋初人。」
《論語注》不著卷數	周敦頤 （1017～1073）	佚	《經義考》著錄。
《論語注》十卷	王令 （1032～1059）	佚	《宋志》、《經籍考》、《郡齋讀書志》、《遂初堂書目》、《直齋書錄解題》、《經義考》著錄。
《論語解》十卷	王安石 （1021～1086）	佚	《玉海》、《經籍考》、《郡齋讀書志》、《經義考》著錄。
《論語通類》一卷	王安石 （1021～1086）	佚	《宋志》、《經義考》著錄。
《論語口義》十卷	王雱 （1044～1076）	佚	《經籍考》、《玉海》、《經義考》著錄。
《論語解》十卷	王雱 （1044～1076）	佚	《宋志》、《遂初堂書目》著錄。
《論語義》十卷	呂惠卿 （1032～1111）	佚	《宋志》、《經義考》著錄。

《論語說》十卷	孔武仲 （1041～1097）	佚	《宋志》、《經義考》著錄。
《論語纂》十卷	蔡申	佚	1. 《宋志》、《經義考》著錄。 2. 〔宋〕潛說友《咸淳臨安志》卷六十一〈人物二・國朝進士表〉，英宗治平二年進士有「蔡申」之名。 3. 《浙江通志》卷一二三〈治平二年乙巳彭汝礪榜〉亦載有「蔡申」之名。
《論語解》不著卷數	王端禮	佚	1. 《經義考》著錄。 2. 《江西通志》卷四十九〈元祐三年戊辰李常寧榜〉記有「王端禮」，並注云：「吉水人，知富州。」 3. 《江西通志》卷七十五：「王端禮字甫，吉水人，元祐進士，任富川令，政皆行其所學，平居慕濂洛，慨然以道自任。」
《論語說》不著卷數	史通	佚	1. 《經義考》著錄。 2. 《四川通志》卷二十九上：「史通墓在丹稜縣南十五里。宋元祐間進士，任石釀令。」 3. 《四川通志》卷三十三〈選舉〉列其爲「元祐進士」。
《論語講義》不著卷數	何執中 （1044～1118）	佚	《經義考》著錄。
《論語解》四卷	蘇軾 （1036～1101）	未見	1. 《宋志》、《玉海》、《經籍考》、《郡齋讀書志》、《直齋書錄解題》、《經義考》著錄。 2. 今有卿三祥輯〈蘇軾《論語說》鈎沉〉、馬德富輯〈蘇軾《論語說》鈎沉〉、舒大剛輯〈蘇軾《論語說》輯補〉及曾棗莊、舒大剛主編：《三蘇全書》。
《論語拾遺》一卷	蘇轍 （1039～1112）	存	1. 《宋志》、《玉海》、《經籍考》、《遂初堂書目》、《四庫全書總目》、《直齋書錄解題》、《鄭堂讀書記》、《經義考》著錄。 2. 收入《欒城集》、《論語彙函》。

《論語注》十卷	王鞏 （1048～1117）	佚	《玉海》、《經籍考》、《經義考》著錄。
《論語解義》十卷	鄒浩 （1060～1111）	佚	《宋志》、《經義考》著錄。
《重注論語》十卷	劉正容	佚	1. 《宋志》、《經義考》著錄。 2. 《經義考》「容」作「叟」。並引王應麟曰：「劉正叟謂《筆解》皆後人之學，托韓愈名以求行，徒玷前賢，悉無所取，為《重注》十卷，以祛學者之惑。」 3. 李燾《續資治通鑑長編》卷四百七十八〈哲宗〉：「嘗有布衣劉正叟上書論復辟事，宰執以為狂，欲羈管湖南。」 案：劉正容即是劉正叟。
《論語解》不著卷數	龔原 （1043～1110）	佚	《宋志》、《經義考》著錄。《經義考》作《論語全解》。
《論語全解》十卷	陳祥道 （1053～1093）	存	今有《景印文淵閣四庫全書》本、中國子學名著集成編印基金會印行《中國子學名著集成》本。
《論語講義》五卷	晁說之 （1059～1129）	佚	《宋志》、《經籍考》、《郡齋讀書志》、《遂初堂書目》、《經義考》著錄。
《論語說》一卷	程頤 （1033～1107）	存	1. 《宋志》、《玉海》、《經籍考》、《郡齋讀書志》、《遂初堂書目》、《經義考》著錄。 2. 今收入《二程集》中。
《論語說》二十卷	范祖禹 （1041～1098）	佚	《宋志》、《玉海》、《經籍考》、《郡齋讀書志》、《經義考》著錄。
《論語解》十卷	呂大臨 （1042～1092）	佚	《宋志》、《玉海》、《經籍考》、《郡齋讀書志》、《經義考》著錄。
《論語解》十卷	謝良佐 （1050～1103）	佚	《宋志》、《玉海》、《經籍考》、《郡齋讀書志》、《經義考》著錄。
《論語說》一卷	侯仲良	佚	《宋志》、《經義考》著錄。
《論語雜解》一卷	游酢 （1053～1123）	存	1. 《宋志》、《經義考》著錄。 2. 今收入《游廌山集》（《景印文淵閣四庫全書》本）。

《論語解》二卷	楊時 （1053～1135）	佚	《宋志》、《玉海》、《經籍考》、《郡齋讀書志》、《直齋書錄解題》、《經義考》著錄。
《論語解》十卷	尹焞 （1071～1142）	佚	《宋志》、《玉海》、《經籍考》、《郡齋讀書志》、《直齋書錄解題》、《經義考》著錄。
《論語說》一卷	尹焞 （1071～1142）	佚	《宋志》、《經義考》著錄。
《論語直解》十卷	汪革 （1071～1110）	佚	《宋志》、《玉海》、《經籍考》、《郡齋讀書志》、《經義考》著錄。
《論語集解》不著卷數	王蘋	佚	《遂初堂書目》、《經義考》著錄。
《論語講義》不著卷數	劉弇 （1048～1102）	佚	《經義考》著錄。
《論語解》二十卷	錢觀復 （1090～1154）	佚	《經義考》著錄。
《論語釋言》十卷	葉夢得 （1077～1148）	佚	1. 《宋志》、《玉海》、《經籍考》、《郡齋讀書志》、《遂初堂書目》、《經義考》著錄。 2. 《困學紀聞》卷七收錄三條。
《論語略解》不著卷數	上官愔	佚	1. 《經義考》著錄。 2. 《閩中理學淵源考》卷十三：「政和二年進士。」 案：「政和」爲宋徽宗年號，「政和二年」是1112年。
《論語解》不著卷數	曾元忠	佚	1. 《經義考》著錄。 2. 《經義考》卷二十二：「《江西通志》：曾元忠字居正，永豐人，崇寧五年進士，仕司戶，改廣州教授。所著有《春秋曆法》、《論語解》、《周易解》。門人私諡文節先生。」 3. 《江西通志》卷四十九〈大觀三年己丑賈安宅榜〉：「曾元忠，永豐人，廣州教授。」 4. 陳師道（1053～1101）《後山集》卷二有〈和鮮于大受崇仙觀餞別曾元忠〉詩，可見曾元忠與陳師道同時。

《論語辨》不著卷數	朱申	佚	1. 《經義考》著錄。 2. 《江西通志》卷九十四〈人物〉二十九〈贛州府〉於宋代記：「朱申字維宣，雩都人，皇祐間有聲太學，尤好談兵以憂。」 案：「皇祐」是宋仁宗的年號。
《論語說》五卷	江奇	佚	《經義考》著錄。
《論語解》不著卷數	倪登	佚	1. 《經義考》著錄。 2. 《福建通志》卷三十三〈元符三年庚辰李金榜〉記倪登「朝請大夫，以取燕雲奉使，歿於王事，特贈大中大夫」。 案：「元符」是哲宗年號，「元符三年」為公元1100年。
《論語解》不著卷數	程瑀 （1087～1152）	佚	《經義考》著錄。
《論語講義》不著卷數	林之奇 （1112～1176）	未見	《經義考》著錄。
《論語傳》十卷	陳禾	佚	1. 《宋志》、《經義考》著錄。 2. 《宋史》卷三百六十三：「陳禾字秀實，明州鄞縣人，舉元符三年進士。」 案：「元符三年」為哲宗時，公元1100年。
《論語詳說》十卷	李綱 （1083～1140）	未見	《經義考》著錄。
《論語解》四卷	張浚 （1097～1164）	佚	《經義考》著錄。
《論語感發》十卷	王居正	佚	1. 《宋志》、《經籍考》、《郡齋讀書志》、《遂初堂書目》、《經義考》著錄。 2. 《宋史》卷三百八十一：「王居正字剛中，揚州人，少嗜學，工文辭，入太學，時習《新經》、《字說》者，主司輒置高居。」 3. 李幼武《宋名臣言行錄》別集上卷八：「字剛中，上世故蜀人，其高祖徙家維揚。宣和三年登進士第二名，賜上舍出身。」

《論語解》二十卷	劉安世 （1048～1125）	佚	《經義考》著錄。
《論語解》不著卷數	許翰 （？～1133）	佚	《經義考》著錄。
《論語講義》五卷	王庭珪 （1079～1171）	佚	《經義考》著錄。
《論語解》二十卷	王縚 （1085～1134）	佚	《經義考》著錄。
《論語義》二卷	曾幾 （1085～1166）	佚	《宋志》、《玉海》、《經籍考》、《郡齋讀書志》、《經義考》著錄。
《論語解》三卷	鄭剛中 （1088～1154）	佚	《經義考》著錄。
《論語直解》十卷	朱震 （1072～1138）	佚	《郡齋讀書志》、《經義考》著錄。
《論語續解》十卷	吳棫 （1100～1154）	佚	《宋志》、《玉海》、《經籍考》、《直齋書錄解題》、《遂初堂書目》、《經義考》著錄。
《論語考異》一卷	吳棫 （1100～1154）	佚	《宋志》、《玉海》、《經籍考》、《直齋書錄解題》、《遂初堂書目》、《經義考》著錄。
《論語說例》一卷	吳棫 （1100～1154）	佚	《宋志》、《玉海》、《經籍考》、《直齋書錄解題》、《遂初堂書目》、《經義考》著錄。
《論語詳說》	胡寅 （1098～1156）	未見	《玉海》、《直齋書錄解題》、《經義考》著錄。
《論語指南》一卷	胡宏 （1102～1161）	未見	《宋志》、《玉海》、《經籍考》、《直齋書錄解題》、《遂初堂書目》、《經義考》著錄。
《論語會義》不著卷數	胡憲 （1086～1162）	佚	《經義考》著錄。
《論語訓釋》不著卷數	鄭耕老 （1108～1172）	佚	《經義考》著錄。
《論語口義》不著卷數	王賓	佚	《玉海》、《經義考》著錄。
《論語解義》十卷	黃祖舜 （1100～1165）	佚	《宋志》、《玉海》、《經義考》著錄。

《論語說》十卷	洪興祖 （1090～1155）	佚	1. 《宋志》、《玉海》、《經籍考》、《經義考》著錄。 2. 今有官雲維、昝亮〈洪興祖《論語說》輯佚〉、官雲維〈洪興祖《論語說》輯補〉、許家星〈《洪興祖《論語說》輯佚》補正〉三篇補輯之文。
《論語探古》二十卷	畢良史 （？～1150）	佚	《宋志》、《經籍考》、《直齋書錄解題》、《經義考》著錄。
《論語解》不著卷數	藺敏修	佚	1. 《經義考》著錄。 2. 《四川通志》卷九上：「夾江人，幼穎敏，博通羣書，紹興中進士，官至朝奉郎，著《論語解》、《詩解》。」 案：南宋紹興年爲公元1131～1162。
《論語發揮》不著卷數	黃開	佚	《經義考》著錄。
《論語傳》不著卷數	程迵	佚	1. 《經義考》著錄。 2. 《宋史》卷四百三十七〈儒林〉七：「程迵字可久，應天府寧陵人，家于沙隨，靖康之亂徙紹興之餘姚。」
《論語解》不著卷數	徐椿年	佚	1. 《經義考》著錄。 2. 《江西通志》卷八十五：「徐椿年字壽卿，永豐人，紹興進士，任宜黃主簿，以承奉郎致仕，從張九成學，所著有《尚書本義》、《論語解》。」
《論語解》不著卷數	趙敦臨	佚	1. 《經義考》著錄。 2. 《延祐四明志》卷四：「趙敦臨字芘民，少入太學，與高閌見楊文靖公于京師，紹興五年（1135）第進士。」
《論語解》不著卷數	徐玽	佚	1. 《經義考》著錄。 2. 《江西通志》卷五十〈建炎二年戊申李易榜〉記「徐玽，上饒人，池州判官。」 案：建炎二年爲1128年。
《玉泉論語學》四卷	喻樗 （？～1177）	佚	1. 《宋志》、《經籍考》、《直齋書錄解題》、《經義考》著錄。 2. 《宋史》卷四百三十三：「少慕伊洛學，中建炎三年進士第。」

《論語集解》十卷	何逢原	佚	1. 《經義考》著錄。 2. 陳騤《南宋館閣錄》卷五「載祭文」處記：「（紹興）十四年……魯國夫人張氏。正字何逢原撰」
《論語解》十卷	張九成 （1092～1159）	佚	《宋志》、《玉海》、《經籍考》、《直齋書錄解題》、《郡齋讀書志》、《經義考》著錄。
《論語絕句》一卷	張九成	存	收入明王少塘刻趙僎所編《趙氏三書》及清嘉慶年間南匯吳省蘭聽彝堂刊《藝海珠塵・絲集》。
《論語解》二十卷	謝諤 （1121～1194）	佚	《經義考》著錄。
《論語口義》二十卷	史浩 （1106～1194）	佚	《宋志》、《遂初堂書目》著錄。
《論語解》不著卷數	蘇總龜 （1110～1194）	佚	《經義考》著錄。
《論語發微》二卷	吳沆	未見	1. 《經義考》著錄。 2. 《江西通志》卷八十：「吳沆字德遠，崇仁人，幼孤，事母孝，博通經史，政和間與弟澥各獻書於朝，不用，歸隱環溪，號無莫居士。紹興中，舉不求聞達者，郡以沆應詔所著有《易》、《論語發微》、《老子解》、《環溪集》、《環溪詩話》。」 案：「政和」為徽宗年號。
《論語知新》十卷	林栗	佚	1. 《經義考》著錄。 2. 《宋史》卷三百九十四：「林栗，字黃中，福州福清人，登紹興十二年進士第。」
《論語大意》二十卷	卞圜	佚	《宋志》、《經籍考》、《直齋書錄解題》、《經義考》著錄。
《論語解義》十卷	葉隆古	佚	《宋志》、《經義考》著錄。
《論語訓解》不著卷數	劉懋	佚	1. 《經義考》著錄。 2. 《經義考》卷一四二：「陸元輔曰：劉懋字勉之，胡籍溪門人，學者稱恒軒先生，爚之父也。」 案：劉爚生卒年為1144～1216。

《論語解》不著卷數	陳易	佚	1. 《經義考》著錄。 2. 《經義考》卷二十一:「《興化總志》:陳易字體常,興化縣人。崇寧初,舉遺佚,又舉八行,辭不赴。」
《論語解》三卷	章服	佚	1. 《經義考》著錄。 2. 《經義考》卷二十四:「《金華志》:章服字德文,永康人,紹興二年進士,累官吏部侍郎。」
《論語解》不著卷數	徐存	佚	1. 《經義考》著錄。 2. 《經義考》卷一五二:「《浙江通志》:徐存字誠叟,江山人,從楊龜山游,隱居教授,學者稱爲逸平先生。」
《論語解》一卷	高元之	佚	1. 《經義考》著錄。 2. 《宋詩紀事》卷四十八:「元之字端叔,武烈王瓊之七世孫,南渡,家明州。」
《論語說》不著卷數	潘好古 (1101～1170)	佚	《經義考》著錄。
《論語說》一卷	趙變 (1053～1110)	佚	《經義考》著錄。
《論語講義》不著卷數	蔡元鼎	佚	1. 《經義考》著錄。 2. 《福建通志》卷四十六:「鼎,漳浦人,五季衰亂,不干仕進,以文章自命。宋初屢徵不就,講學大帽山,生徒至者千人,稱蒙齋先生。所著有《中庸‧大學解》、《語‧孟講義》、《九經解》、《洪範會元》及雜著詩文若干卷。」
《論語陳說》一卷	釋贊寧 (919～1001)	佚	《經義考》著錄。
《論語類觀》不著卷數	黃鍰	佚	1. 《經義考》著錄。 2. 《閩中理學淵源考》卷一:「黃鍰字用和,浦城人,政和五年進士,從楊龜山學。」

《論語詩》五十首	林子充	未見	1. 《經義考》著錄。 2. 《福建通志》卷四十三：「福清人，著《論語詩》五十首，林之奇解《論語》多引用之。又《指南集》三卷，《詩》二卷。同邑林仲嘉亦工詩，鄭俠、王聖時、林圖南、李天與俱與爲友，有詩三卷，時號古屯二賢。」 案：鄭俠生卒年爲 1041～1119。
《孔子弟子別傳》不著卷數	蘇過 （1072～1123）	佚	《經義考》著錄。
《論語說》	沈大廉	佚	1. 《經義考》著錄。 2. 《萬姓統譜》卷八十九：「字元簡，瑞安人，登建炎第。」
《論語解》	徐存	佚	1. 《經義考》著錄。 2. 《經義考》卷一五二：「徐存字誠叟，江山人，從楊龜山游，隱居教授，學者稱爲逸平先生。」
《論語指歸》十卷	蔡崇禧 （1035～1084）	佚	《（雍正）江西通志‧人物》著錄。
《論語說》	李承之 （？～1091）	佚	宋以來各種目錄書未著錄。朱熹曾爲之作序，收入《晦菴題跋》卷一。
《論語解》	饒子儀	佚	1. 《（雍正）江西通志‧人物》、明王圻《續文獻通考‧經籍考》著錄。 2. 《江西通志》卷八十：「饒子儀字元禮，臨川人，從胡瑗、孫復授經。」
《論語師說》	羅從彥 （1072～1135）	佚	1. 《（康熙）福建通志‧藝文》著錄。 2. 又元人曹道振編：《豫章文集》卷一，提及此書。
《講論語》	陳淵 （？～1145）	佚	1. 《默堂先生文集》卷二十有〈講論語序〉一文。 2. 神宗熙寧九年進士。
《論語解》	周孚先	佚	1. 《（雍正）江南通志‧藝文志》著錄。 2. 《四庫全書總目》：「《二程遺書》二十五卷，《附錄》一卷，宋二程子門人所記，而朱子復次錄之者也。程子既歿以後，所傳語錄有李籲、呂

			大臨、謝良佐、游酢、蘇昞、劉絢、劉安節、楊廸、周孚先、張繹、唐棣、鮑若雨、鄒炳、暢大隱諸家。」
《論語解》	蔣夔	佚	1. 《（雍正）江西通志》、《（康熙）廣永豐縣志·先賢傳》著錄。 2. 《宋史·神宗本紀》卷十五：「京兆府學教授蔣夔乞以十哲從祀孔子，從之。」
《論語解》十卷	沈季長	佚	1. 《（雍正）江南通志·藝文志》著錄。 2. 元豐元年，進講《周禮》。
《論語解》	謝薖	佚	1. 《（民國）福建通志·藝文》引《閩大記·書籍考》著錄。 2. 《福建通志》卷四十八：「（謝薖）字彥章，詞子，紹聖元年進士。」
《論語進講》一卷	程俱 （1078～1144）	存	見《北山小集》卷二十九。
《論語義》	胡舜陟 （1083～1143）	佚	《（弘治）徽州府志·人物》、《新安文獻志》著錄。
《論語解》十卷	馬永卿	佚	1. 《（雍正）江西通志·寓賢》著錄。 2. 《江西通志》卷九十六：「馬永卿字大年，揚州人，大觀進士。」
《論語解》十卷	衛涇	佚	1. 衛涇《後樂集》卷十七〈先祖考太師魏國公行狀〉著錄。 2. 徽宗政和八年進士。
《論語注》	陳顯	佚	1. 《（嘉靖）寧波府志·藝文》、《（嘉靖）浙江通志·藝文志》、《（康熙）鄞縣志·修辭考·著述》著錄。 2. 《浙江通志》卷四十三：「㝠菴：《鄞縣志》：在縣西六十里密巖山下，宋尚書陳顯因沮用蔡京，貶知越州，歸作㝠菴以自晦。」
《論語解》十卷	魯詧 （1100～1176）	佚	《（雍正）浙江通志》、《（光緒）嘉興府志》著錄。
《論語說》	李衡 （1100～1178）	未見	1. 元代楊譓《昆山郡志·人物》及《（正德）姑蘇志》著錄。 2. 收入宋代龔昱編《樂菴語錄》。

《論語講義》	王之望 （1103～1170）	存	收入《漢濱集》卷三。
《論語注》	陳一鶚	佚	1. 宋以來各種書目未著錄。 2. 《浙江通志》卷一二五「紹興二年壬子張九成榜」列名其中。
《論語解》	王十朋 （1112～1171）	存	收入《梅溪先生文集》後集卷二十七。
《論語解》一卷	林光朝 （1114～1178）	未見	《（民國）福建通志・藝文》著錄。
《論語解義》	李繪 （1117～1193）	佚	《（道光）徽州府志・藝文志》、《（雍正）江南通志・藝文》著錄。
《論語解》一卷	劉季裴 （1123-？）	佚	《（康熙）福建通志・藝文》著錄。

說明：1. 如有跨越南宋者，以作者生年為主，不考慮卒年。亦有雖生於北宋，但可判定不可能是北宋時作品，則將不予列入，並於「備註」中說明。

2. 共有 125 本。

附表三：宋代《論語》學研究之
學位論文

論 文	論文出版狀況	備 註
卓忠信：論語何氏集解朱子集注比較研究	國立政治大學中國文學系研究所碩士論文，1967 年	
蔡娟穎：論語邢昺疏研究	國立臺灣師範大學國文研究所碩士論文，1990 年	˅
鄧秀梅：朱子對論語的詮釋	文化大學哲學研究所碩士論文，1995 年	
賈鴻慶：朱子論語教學研究	國立彰化師範大學國文學系在職進修專班碩士論文，2002 年	
羅小如：論朱熹《論語集注》的訓詁價值	寧夏大學漢語言文字學專業碩士論文，2003 年	
陳俊良：朱熹論語集注的思想史分析	中國文化大學史學研究所博士論文，2004 年	
王家泠：皇侃《論語義疏》與邢昺《論語正義》解經思想比較研究	國立臺灣大學中國文學研究所碩士論文，2004 年	˅
鄒錫恩：張栻《癸巳論語解》思想研究	國立彰化師範大學國文學系碩士論文，2004 年	
顧非：朱子《論語集注》注音釋義考	河南師範大學歷史文獻學專業碩士論文，2004 年	
張琪：經典與解釋——解釋學視野下的《論語集注》	福建師範大學古代文學專業碩士論文，2005 年	
姜勝：《論語注疏》校議	南京師範大學中國古典文獻學專業碩士論文，2006 年	˅

林育璇：范祖禹《論語說》研究	國立中山大學中國文學系研究所碩士論文，2007 年	✓
何林英：朱熹和劉寶楠《論語》解釋之比較	蘭州大學漢語言文字學專業碩士論文，2007 年	
杞怡靜：張栻《癸巳論語解》心性義涵之研究	國立政治大學國文教學碩士學位班，2008 年	
游薏雙：謝良佐《論語說》思想研究	國立臺灣師範大學國文學系碩士論文，2008 年	✓
張仕芳：楊時《論語解》研究	國立中山大學中國文學系研究所碩士論文，2008 年	✓
屈玉麗：《論語》朱熹注與劉寶楠注的比較	山東師範大學中國古典文獻學碩士論文，2008 年	
邱忠堂：張載《論語》學研究	陝西師範大學碩士學位論文，2010 年	✓
蔣鴻青：傳承與新變——漢代至北宋《論語》學史考論	揚州大學中國古典文學博士論文，2011 年	✓
徐明：朱熹《論語集注》研究	揚州大學中國古典文學碩士論文，2011 年	
張志明：《論語集注》與《論語集解》訓詁比較研究	河北師範大學漢語言文字學碩士論文，2011 年	
張海珍：朱熹《論語集注》與劉寶楠《論語正義》比較研究	華中師範大學碩士論文，2011 年	
路曉：朱熹《論語集注》訓詁研究	蘇州大學漢語言文字學碩士論文，2012 年	
林萃菱：楊簡學術思想研究——以《詩》、《禮》、《論語》學爲核心考察	國立彰化師範大學國文學系博士論文，2013 年	

說明：1. ✓ 代表與北宋有關。

2. 楊時（1053～1135）雖已跨越至南宋，但因出生於北宋，筆者仍將之視作北宋人物。

3. 共有 124 本論文。

附表四：皇侃與邢昺《論語》篇名解題比較表

人 篇	皇 侃	邢 昺
學而	〈學而〉爲第一篇別目，中間講說，多分爲科段矣。侃昔受師業，自〈學而〉至〈堯曰〉凡二十篇，首末相次，無別科重。而以〈學而〉最先者，言降聖以下皆須學成。故〈學記〉云：「玉不琢不成器，人不學不知道。」是明人必須學乃成。此書既遍該眾典以教一切，故以〈學而〉爲先也。而者，因仍也。第者，審諦也。一者，數之始也。既諦定篇次，以〈學而〉居首，故曰〈學而〉第一也。	此篇論君子、孝弟、仁人、忠信、道國之法、主友之規，聞政在乎行德，由禮貴於用和，無求安飽以好學，能自切磋而樂道，皆人行之大者，故爲諸篇之先。既以「學」爲章首，遂以名篇，言人必須學也。
爲政	爲政者，明人君爲風俗政之法也。謂之爲政者，後卷云：「政者，正也。子率而正，孰敢不正。」又鄭注《周禮·司馬》云：「政，正也。政所以正不正也。」所以次前者，〈學記〉云：「君子如欲化民成俗，其必由學乎。」是明先學後乃可爲政化民。故以〈爲政〉次於〈學而〉也。	《左傳》曰：「學而後入政。」故次前篇也。此篇所論孝敬信勇，爲政之德也。聖賢君子，爲政之人也。故以「爲政」冠於章首，遂以名篇。
八佾	八佾者，奏樂人數行列之名也。此篇明季氏是諸侯之臣而僭行天子之樂也。所以次前者，言政之所裁，裁於斯濫。故〈八佾〉次〈爲政〉也。又一通云：政既由學，學而爲政，則如	前篇論爲政，爲政之善，莫善禮樂。禮以安上治民，樂以移風易俗，得之則安，失之則危，故此篇論禮樂得失也。

	北辰。若不學而爲政,則如季氏之惡,故次〈爲政〉也。然此不標季氏而以〈八佾〉命篇者,深責其惡,故書其事標篇也。	
里仁	里者,鄰里也。仁者,仁義也。 此篇明凡人之性易爲染著,遇善則升,逢惡則墜,故居處宜愼,必擇仁者之里也。所以次前者,明季氏之惡由不近仁,今示避惡從善宜居仁里。故以〈里仁〉次於季氏也。	此篇明仁。仁者,善行之大名也。君子體仁必能行禮樂。
公冶長	公冶長者,孔子弟子也。此篇明時無明君,賢人獲罪者也。所以次前者,言公冶雖在枉濫縲絏,而爲聖師證明,若不近仁則曲直難辨。故〈公冶〉次〈里仁〉也。	此篇大指明賢人君子仁知剛直。以前篇擇仁者之里而居,故得學爲君子。即下云:「魯無君子,斯焉取斯。」是也,故次〈里仁〉。
雍也	雍,孔子弟子也,明其才堪南面而時不與也。所以次前者,其雖無橫罪,亦是不遇之流。橫罪爲切,故〈公冶〉前明,而〈雍也〉爲次也。	此篇亦論賢人君子及仁知中庸之德。大抵與前相類,故以次之。
述而	述而者,明孔子行教,但祖述堯、舜,自比老彭,而不制作也。所以次前者,時既夷嶮,聖賢地閉,非唯二賢之不遇,而聖亦失常。故以聖不遇,證賢不遇,非賢之失。所以〈述而〉次〈雍也〉。	此篇皆明孔子之志行也。以前篇論賢人君子及仁者之德行。成德有漸,故以聖人次之。
泰伯	泰伯者,周太王長子,能推位讓國者也。所以次前者,物情見孔子栖遑,常謂實係心慮。今明泰伯賢人尚能讓國,以證孔子大聖,雖位非九五,豈以秕糠累眞。故〈泰伯〉次〈述而〉也。	此篇論禮讓仁孝之德,賢人君子之風,勸學立身守道爲政。歎美正樂,鄙薄小人,遂稱堯、舜及禹、文王、武王。以前篇論孔子之行,此篇首末載賢聖之德。故以爲次也。
子罕	子,孔子也。罕,希也。此篇明時感者既少,故聖應亦希也。所以次前者,外遠富貴既爲秕糠,故還反凝寂,所以希言。故〈子罕〉次〈泰伯〉也。	此篇皆論孔子之德行也。故以次泰伯、堯、禹之次德。
鄉黨	鄉黨者,明孔子教訓在於鄉黨之時也。所以次前者,既朝廷感希,故退還應於鄉黨也。故〈鄉黨〉次於〈子罕〉也。	此篇唯記孔子在魯國鄉黨中言行,故分之以次前篇也。此篇雖曰一章,其間事義亦以類相從。今各依文解之。

先進	先進者，此篇明弟子進受業者先後也。所以次前者，既還教鄉黨，則進受業者，宜有先後。故〈先進〉次〈鄉黨〉也。	前篇論夫子在鄉黨聖人之行也，此篇論弟子賢人之行聖賢，相次亦其宜矣。
顏淵	顏淵，孔子弟子也，又爲門徒之冠者也。所以次前者，進業之冠莫過顏淵。故〈顏淵〉次〈先進〉也。	此篇論仁政，明達君臣父子，辨惑折獄，君子文爲皆聖賢之格言，仕進之階路。故次〈先進〉也。
子路	子路，孔子弟子也，武爲三千之標者也。所以次前者，武劣於文，故〈子路〉次〈顏淵〉也。	此篇論善人君子爲邦，教民仁政孝弟中行常德，皆治國修身之要。大意與前篇相類，且回也入室，由也升堂，故以爲次也。
憲問	憲者，弟子原憲也。問者問於孔子進仕之法也。所以次前者，顏路既允文允武，則學優者宜仕。故〈憲問〉次於〈子路〉也。	此篇論三王二霸之迹，諸侯大夫之行爲。仁知恥脩己安民皆政之大節也，故以類相聚，次於問政也。
衛靈公	衛靈公者，衛國無道之君也。所以次前者，憲既問仕，故舉時不可仕之君。故以〈衛靈公〉次〈憲問〉也。	此章記孔子，先禮後兵，去亂就治，并明忠信仁知，勸學爲邦，無所毀譽，必察好惡。志士君子之道，事君相師之儀，皆有恥且格之事。故次前篇也。
季氏	季氏者，魯國上卿，豪強僭濫者也。所以次前者，既明君惡，故據臣凶。故以〈季氏〉次〈衛靈公〉也。	此篇論天下無道，政在大夫，故孔子陳其正道，揚其衰失，稱損益以教人，舉詩禮以訓子，明君子之行正。夫人之名以前篇首章記衛君靈公失禮，此篇首章言魯臣季氏專恣，故以次之也。
陽貨	陽貨者，季氏家臣，亦凶惡者也。所以次前者，明於時凶亂，非唯國臣無道，至於陪臣賤亦竝凶惡。故〈陽貨〉次〈季氏〉也。	此篇論陪臣專恣，因明性習知愚，禮樂本末，六蔽之惡，二南之美，君子小人爲行各異，今之與古其疾不同。以前篇首章言大夫之惡，此篇首章記家臣之亂，尊卑之差，故以相次也。
微子	微子者，殷紂庶兄也，明其覩紂凶惡，必喪天位，故先拂衣歸周以存宗祀也。所以次前者，明天下竝惡，則賢宜遠避。故以〈微子〉次〈陽貨〉也。	此篇論天下無道，禮壞樂崩，君子仁人或去或死，否則隱淪巖野，周流四方。因記周公戒魯公之語，四乳生八士之名。以前篇言群小在位，則意致仁人失所，故以此篇次之。

子張	子張者，弟子也，明其君若有難，臣必致死也。所以次前者，既明君惡臣宜拂衣而即去，若人人皆去則誰爲匡輔，故此次。明若未得去者，必宜致身。故以〈子張〉次〈微子〉也。	此篇記士行交情，仁人勉學，或接聞夫子之語，或辨揚聖師之德，以其皆弟子所言，故善次諸篇之後。
堯曰	堯曰者，古聖天子所言也，其言天下太平，禪位與舜之事也。所以次前者，事君之道，若宜去者拂衣，宜留者致命，去留當理，事跡無虧，則太平可覩，揖讓如堯。故〈堯曰〉最後次〈子張〉也。	此篇記二帝三王及孔子之語，明天地政化之美，皆是聖人之道，可以垂訓將來。故殿諸篇，非所次也。

附表五：皇侃與邢昺《論語》章旨比較表

人＼篇章	皇侃	邢昺	備註
一 5	此章明爲諸侯治大國法也。	此章論治大國之法也。	
一 9	明人君德也。	此章言民化君德也。	
一 16	世人多言己有才而不爲人所知，故孔子解抑之也。	此章言人當責己而不責人。	
二 2	此章舉詩證爲政以德之事也。	此章言爲政之道在於去邪歸正，故舉詩要當一句以言之。	
二 3	此章證爲政以德，所以勝也。	此章言爲政以德之效也。	
二 4	此章明孔子隱聖同凡，學有時節， 自少迄老，皆所以勸物也。	此章明夫子隱聖同凡，所以勸人也。	
二 10	此章明觀知於人之法。	此章言知人之法也。	
二 11	此章明爲師之難也。	此章言爲師之法。	
二 12	此章明君子之人不係守一業也。	此章明君子之德也。	
二 14	此章明君子行與小人異也。	此章明君子小人德行不同之事。	
二 15	此章教學法也。	此章言教學法也。	
二 16	此章禁人雜學諸子百家之書也。	此章禁人雜學。	
二 17	此章抑子路兼人也。	此章明知也。	
二 22	此章明人不可失信也。	此章明信不可無也。	
三 3	此章亦爲季氏出也。季氏僭濫王者禮樂，其既不仁，則奈此禮樂何乎。	此章言禮樂資仁而行也。	

三 5	此章重中國賤蠻夷也。	此章言中國禮義之盛而夷狄無也。	
三 7	此章明射之可重也。	此章言射禮有君子之風也。	
三 9	此章明夏、殷之後失禮也。	此章言夏、商之後不能行先王之禮也。	
三 10	此章明魯祭失禮也。	此章言魯禘祭非禮之事。	
三 26	此章譏當時失德之君也。	此章摠言禮意。	不同
四 2	此明不仁之人居世無宜也。	此章明仁性也。	
四 3	夫仁人不佞,故能言人之好惡,是能好人、能惡人也。	此章,言唯有仁德者無私於物,故能審人之好惡也。	
四 4	言人若誠能志在於仁,則是爲行之勝者。故其餘所行皆善,無惡行也。	此章言誠能志在於仁,則其餘行終無惡也。	
四 8	歎世無道。	此章疾世無道也。	
四 9	若欲志於道而恥惡衣惡食者,此則是無志之人,故不足與共謀議於道也。	此章言人當樂道固窮也。	
四 25	言人有德者,此人非孤然,然而必有善鄰里故也。	此章勉人脩德也。有德則人所慕仰,居不孤特,必有同志相求,與之爲鄰也。	不同
五 20	言文子有賢行,舉事必三過思之也。	此章美魯大夫季文子之德。	
五 21	此章美武子德也。	此章美衛大夫甯武子之德也。	
五 23	此美夷齊之德也。	此章美伯夷、叔齊二人之行。	
六 6	此明不以父無德而廢子之賢也。	此章復評冉雍之德也。	
六 21	此謂爲教化法也。	此章言授學之法,當稱其才識也。	
六 23	陸特進曰,此章極辨智仁之分。	此章初明知、仁之性;次明知、仁之用;三明知、仁之功也。	
七 4	明孔子居處有禮也。	此章言孔子燕居之時體貌也。	
七 6	此章明人生處世須道藝自輔,不得徒然而已也。	此章孔子言己志慕、據杖、依倚、游習者,道德仁藝也。	
七 7	此明孔子教化,有感必應者也。	此章言己誨人不倦也。	
七 8	又明孔子教人法也。	此章言誨人之法。	

七13	記孔子所慎之行也。	此一章記孔子所慎之行也。	
七17	此孔子重《易》，故欲令學者加功於此書也。	此章孔子言其學《易》年也。	不同
七22	此明人生處世則宜更相進益。	此章言學無常師也。	
七25	孔子爲教恆用此四事爲首，故云：子以四教也。	此章記孔子行教以此四事爲先也。	
七30	世人不肯行仁，故孔子引之也。	此章言仁道不遠，行之即是。	
七32	此明孔子重於正音也。	此章明孔子重於正音也。	
七38	明孔子德也。	此章說孔子體貌也。	
八2	此章明行事悉須禮以爲節也。	此章貴禮也。	
八5	此明顏淵德也。	此章稱顏淵之德行也。	
八8	此章明人學須次第也。	此章記人立身成德之法也。	
八9	此明天道深遠，非人道所知也。	此章言聖人之道深遠，人不易知也。	不同
八12	勸人學也。	此章勸學也。	
八13	此章教人立身法也。	此章勸人守道也。	
八16	此章歎時世與古反也。	此章孔子疾小人之性與常度反也。	不同
八17	言學之爲法。	此章勸學也。	
八18	此美舜、禹也。	此章美舜、禹也。	
八19	此美堯也。	此章歎美堯也。	
八20	記者又美舜德也。	此章論大才難得也。	不同
八21	此美禹也。	此章美夏禹之功德也。	
九22	又爲歎顏淵爲譬也。	此章亦以顏回早卒，孔子痛惜之，爲之作譬也。	
九28	此欲明君子德性與小人異也。	此章喻君子也。	
九29	此章談人性分不同也。	此章言知者明於事，故不惑亂；仁者知命，故無憂患；勇者果敢，故不恐懼。	
九30	此章明權道之難也。	此章論權道也。	
十一19	此亦答善人之道也。	此章論善人所行之道也。	
十四22	問孔子求事君之法。	此章言事君之道，義不可欺，而當能犯顏諫爭之。	

十四 24	明今古有異也。	此章言古今學者不同也。	
十五 26	孔子此歎世澆流迅速時異一時也。	此章疾時人多穿鑿也。	不同
十五 31	勸人學也。	此章勸人學也。	
十六 1	此章明季氏專征濫伐之惡也。	此章論魯卿季氏專恣征伐之事也。	
十六 9	此章勸學也。	此章勸人學也。	
十七 9	此章辨禮樂之本也。	此章辨禮樂之本也。	
十九 5	此勸人學也。	此章勸學也。	
十九 6	亦勸學也。	此章論好學近於仁也。	
十九 7	亦勸學也。	此章亦勉人學，舉百工以爲喻也。	
十九	亦勸學也。	此章勸學也。	

附表六：邢昺《論語注疏》採用資料表

書　名	次　數	備　註
詩經	38	包括毛傳、鄭玄箋。
書經	51	包括孔安國注、鄭玄注。
易經	31	包括王弼注。
周禮	132	包括鄭玄注。
儀禮	31	包括鄭玄注。
禮記	93	包括鄭玄注。
春秋	18	
左傳	132	包括服虔、杜預（杜元凱）注。
公羊傳	14	包括何休注。
穀梁傳	4	包括范甯注。
孝經	4	
爾雅	37	包括郭璞注。
孟子	10	包括趙岐注。
國語	3	
史記	60	
漢書	17	
後漢書	2	
呂氏春秋	1	
白虎通	5	
列女傳	1	
別錄	1	

說文	17	
老子	2	
莊子	2	
司馬法	4	
諡法	15	
孔子家語	9	
尚書大傳	1	
禮三正記	2	在〈為政・十世可知也〉，邢昺引《三正記》云：「正朔三而改，文質再而復。」此《三正記》即《禮三正記》
春秋緯元命包	2	〈八佾・子謂韶〉邢昺疏：「《元命包》曰：『舜之時，民樂紹堯業。』」《元命包》即《春秋緯元命包》。
樂緯稽耀嘉	1	
禮緯稽命徵	1	
易緯	1	
春秋釋例	1	
洛子命	1	
春秋少陽篇	1	
西京賦	1	
方言	2	
交州記	1	
世本	11	
三禮圖漢禮器制度	1	
晉書	3	
蒼頡篇	1	
字林	1	
字書	1	
博物志	1	
援神契	1	
中候	1	
東夷傳	1	出自《魏書》
孔叢	1	
淮南子	2	

楚辭	1	
孫子兵法	1	
別錄	1	
書傳	4	
書傳略說	1	
外傳	1	
詩譜	1	
孝經說	1	

附表七：邢昺《論語注疏》徵引人物表

人　名	次數	備　註
譙周	1	〈學而〉〈學而時習之〉章：譙周云：「悅深而樂淺也。」
子夏	1	〈學而〉〈學而時習之〉章：故子夏曰：「吾離羣而索居。」
司馬彪	2	1.〈衛靈公〉〈顏淵問為邦〉章：司馬彪《漢書輿服志》云：「孝明帝永平二年，初詔有司采《周官》、《禮記》、《尚書》之文制冕，皆前圓後方，朱裏玄上，前垂四寸，後垂三寸，天子白玉珠十二旒，三公諸侯青玉珠七旒，卿大夫黑玉珠五旒。皆有前無後。」案：此邢昺誤，《漢書》無〈輿服志〉，當是《續漢書》。 2.〈微子〉〈微子去之〉章：司馬彪注《莊子》云：「箕子，名胥餘。」不知出何書也。
張華	1	〈公冶長〉〈子謂公冶長〉章：張華云：「公冶長墓在陽城姑幕城東南五里所，基極高。舊說冶長解禽語，故繫之縲絏。」
陸機	1	〈子罕〉〈可與共學〉章：陸機云：「奧李也。一名雀梅，亦曰車下李。所在山皆有其華，或白或赤。六月中熟，大如李子，可食。」
孫炎	3	1.〈公冶長〉〈道不行〉章：孫炎云：「舫，水中為泭筏也。」 2.〈鄉黨〉「入公門」段：孫炎云：「閾，門限也。」 3.〈憲問〉〈子擊磬於衛〉章：孫炎曰：「揭衣，褰裳也。」
李巡	2	1.〈公冶長〉〈宰予晝寢〉章：李巡曰：「塗，一名杇。塗土之作具也。」 2.〈述而〉〈用之則行〉章：李巡曰：「無舟而渡水曰徒涉。」
皇甫謐	4	1.〈泰伯〉〈舜有臣五人〉章：皇甫謐云：「堯以二女妻舜，封之於虞，今河東太陽山西虞地是也。」 2.〈泰伯〉〈舜有臣五人〉章：皇甫謐亦云：「王季於帝乙殷王之時，賜九命為西長，始受圭瓚秬鬯。」

		3.〈堯曰〉〈堯曰咨爾舜〉章：皇甫謐巧欲傅會云：「以乙日生，故名履，字天乙。」又云：「祖乙亦云乙日生，復名乙。」
江南儒者	1	〈鄉黨〉「執圭」段：江南儒者解云：「直者爲信，其文縟細。曲者爲躬，其文麤略。」
劉炫	1	〈顏淵〉〈顏淵問仁〉章：劉炫云：「克訓勝也，己謂身也。身有嗜慾，當以禮義齊之。嗜慾與禮義戰，使禮義勝其嗜慾，身得歸復於禮，如是乃爲仁也。復，反也。言情爲嗜慾所逼，己離禮，而更歸復之。今刊定云：克訓勝也，己謂身也，謂能勝去嗜慾，反復於禮也。」
賈逵	2	1.〈爲政〉〈溫故而知新〉章：賈逵注云：「尋，溫也。」 2.〈憲問〉〈南宮括〉章：賈逵云：「羿之先祖，世爲先王射官，故帝譽賜羿弓矢，使司射。」
鄭興	1	〈憲問〉〈晉文公〉章：鄭興云：「蕭字或爲茜，茜讀爲縮。束茅立之，祭前沃酒其上，酒滲下去，若神飲之，故謂之縮。縮，滲也，故齊桓公責楚不貢苞茅，王祭不共，無以縮酒。」
沈氏	1	〈憲問〉〈晉文公〉章：沈氏云：「大史公〈封禪書〉云：『江淮之間，一茅三脊。』杜云『未審』者，以三脊之茅，比目之魚，比翼之鳥，皆是靈物，不可常貢。故杜云未審也。」
沈	2	1.〈衛靈公〉〈顏淵問爲邦〉章：沈引董巴《輿服志》云：「廣七寸，長尺二寸。」 2.〈衛靈公〉〈顏淵問爲邦〉章：沈又云：「廣八寸，長尺六寸者，天子之冕。廣七寸，長尺二寸者，諸侯之冕。廣七寸，長八寸者，大夫之冕。」 案：未知上述「沈氏」與「沈」是否同一人，故分別列之。又無法判斷是否爲皇侃所取的「沈居士」或「沈岬」或「沈驎士」，故亦列出。
范●□	1	〈憲問〉〈古之學者爲己〉章：范□云：「爲人者馮譽以顯物，爲己者因心以會道也。」 案：此字刊刻模糊，無法辨識，故以●□代替。但觀其形體，不類皇侃所取的「范寧」或「范升」，故別列出。
應劭	5	1.〈序解〉：應劭曰：「丞，承也；相，助也。」「秦有左、右，高帝即位，置一丞相。十一年更名相國，綠綬。孝惠、高后置左、右丞相，文帝二年一丞相，哀帝元壽二年更名大司徒。」 2.〈序解〉：應劭曰：「入侍天子，故曰侍中。」 3.〈公冶長〉〈伯夷叔齊〉章：應劭曰：「故伯夷國。」 4.〈憲問〉〈公伯寮〉章：應劭曰：「大夫已上於朝，士已下於市。」

		5.〈衛靈公〉〈顏淵問爲邦〉章：應劭《漢官儀》云：「廣七寸，長八寸。」
宋仲子	1	〈衛靈公〉〈顏淵問爲邦〉章：宋仲子云：「冕，冠之有旒者，禮文殘缺，形制難詳。」
莊氏	1	〈季氏〉〈君子有三畏〉章：莊氏云：「謂覆載也。與日月合其明，謂照臨也。與四時合其序，若賞以春夏，刑以秋多之類也。與鬼神合其吉凶，若福善禍淫也。」
韋昭	1	〈泰伯〉〈舜有臣五人〉章：韋昭云：「陶唐皆國名，猶湯稱殷商也。」
天老	1	〈子罕〉〈鳳鳥不至〉章：天老曰：「鳳象：麟前鹿後，蛇頸魚尾，龍文龜背，燕含雞喙，五色備舉。出於東方君子之國，翔四海之外，過翮崐崙，飲砥柱，濯羽弱水，莫宿丹穴。見則天下大安寧。」

參考文獻

一、**傳統文獻**（依時代先後順序）

1. 《詩經》（臺北市：臺灣商務印書館，2009 年《景印文淵閣四庫全書》）。
2. 《書經》（臺北市：臺灣商務印書館，2009 年《景印文淵閣四庫全書》）。
3. 《易經》（臺北市：臺灣商務印書館，2009 年《景印文淵閣四庫全書》）。
4. 《周禮》（臺北市：臺灣商務印書館，2009 年《景印文淵閣四庫全書》）。
5. 《儀禮》（臺北市：臺灣商務印書館，2009 年《景印文淵閣四庫全書》）。
6. 《禮記》（臺北市：臺灣商務印書館，2009 年《景印文淵閣四庫全書》）。
7. 《左傳》（臺北市：臺灣商務印書館，2009 年《景印文淵閣四庫全書》）。
8. 《公羊傳》（臺北市：臺灣商務印書館，2009 年《景印文淵閣四庫全書》）。
9. 《穀梁傳》（臺北市：臺灣商務印書館，2009 年《景印文淵閣四庫全書》）。
10. 《孝經》（《十三經注疏附校勘記》，〔清〕嘉慶二十年〔1815〕南昌府學重刊宋本）。
11. 《爾雅》（《十三經注疏附校勘記》，〔清〕嘉慶二十年〔1815〕南昌府學重刊宋本）。
12. 《孟子》（臺北市：臺灣商務印書館，2009 年《景印文淵閣四庫全書》）。
13. 《國語》（臺北市：臺灣商務印書館，2009 年《景印文淵閣四庫全書》）。
14. 《老子道德經》（臺北市：臺灣商務印書館，2009 年《景印文淵閣四庫全書》）。
15. 《老子河上公注》（臺北市：臺灣商務印書館，2009 年《景印文淵閣四庫全書》）。
16. 《荀子》（臺北市：臺灣商務印書館，2009 年《景印文淵閣四庫全書》）。
17. 《呂氏春秋》（臺北市：臺灣商務印書館，2009 年《景印文淵閣四庫全

書》）。

18. 〔漢〕司馬遷：《史記》（臺北市：臺灣商務印書館，2009 年《景印文淵閣四庫全書》）。

19. 〔漢〕班固：《漢書‧藝文志》（臺北市：臺灣商務印書館，2009 年《景印文淵閣四庫全書》）。

20. 〔漢〕許慎撰、〔清〕段玉裁注、魯實先正補：《說文解字注》（臺北市：黎明文化事業股份有限公司，1989 年）。

21. 〔漢〕陸賈：《新語》（臺北市：臺灣商務印書館，2009 年《景印文淵閣四庫全書》）。

22. 〔漢〕王充：《論衡》（臺北市：臺灣商務印書館，2009 年《景印文淵閣四庫全書》）。

23. 〔漢〕桓譚：《桓子新論》（1939 年《叢書集成初編》本）。

24. 〔漢〕劉熙：《釋名》（臺北市：臺灣商務印書館，2009 年《景印文淵閣四庫全書》）。

25. 〔漢〕徐幹：《中論》（臺北市：臺灣商務印書館，2009 年《景印文淵閣四庫全書》）。

26. 〔魏〕王肅：《孔子家語》（臺北市：臺灣商務印書館，2009 年《景印文淵閣四庫全書》）。

27. 〔晉〕陳壽：《三國志》（臺北市：臺灣商務印書館，2009 年《景印文淵閣四庫全書》）。

28. 〔晉〕郭象：《莊子注》（臺北市：臺灣商務印書館，2009 年《景印文淵閣四庫全書》）。

29. 〔劉宋〕范曄：《後漢書》（臺北市：臺灣商務印書館，2009 年《景印文淵閣四庫全書》）。

30. 〔梁〕劉勰：《文心雕龍》（臺北市：臺灣商務印書館，2009 年《景印文淵閣四庫全書》）。

31. 〔梁〕皇侃：《論語集解義疏》（臺北市：臺灣商務印書館，2009 年《景印文淵閣四庫全書》）。

32. 〔唐〕姚思廉：《梁書》（臺北市：臺灣商務印書館，2009 年《景印文淵閣四庫全書》）。

33. 〔唐〕魏徵等：《隋書》（臺北市：臺灣商務印書館，2009 年《景印文淵閣四庫全書》）。

34. 〔唐〕房玄齡等：《晉書》（臺北市：臺灣商務印書館，2009 年《景印文淵閣四庫全書》）。

35. 〔唐〕陸德明：《論語音義》（《十三經注疏附校勘記》，〔清〕嘉慶二十年

〔1815〕南昌府學重刊宋本）。

36. 〔唐〕陸德明：《經典釋文》（臺北市：臺灣商務印書館，2009 年《景印文淵閣四庫全書》）。

37. 〔唐〕李林甫：《唐六典》（北京市：中華書局，1992 年）。

38. 〔唐〕杜佑：《通典》（臺北市：大化出版社，1978 年）。

39. 〔唐〕李善：《昭明文選注》（臺北市：臺灣商務印書館，2009 年《景印文淵閣四庫全書》）。

40. 〔唐〕柳宗元：《柳河東集》（臺北市：臺灣商務印書館，2009 年《景印文淵閣四庫全書》）。

41. 〔唐〕李翱：《李文公集》（臺北市：臺灣商務印書館，1965 年）。

42. 〔唐〕丘光庭：《兼明書》（臺北市：臺灣商務印書館，2009 年《景印文淵閣四庫全書》）。

43. 〔唐〕王定保：《唐摭言》（臺北市：臺灣商務印書館，2009 年《景印文淵閣四庫全書》）。

44. 〔後晉〕劉煦等：《舊唐書》（臺北市：臺灣商務印書館，2009 年《景印文淵閣四庫全書》）。

45. 〔宋〕邢昺：《論語注疏》，（《十三經注疏附校勘記》，〔清〕嘉慶二十年。

46. （1815）南昌府學重刊宋本）。

47. 〔宋〕王溥：《唐會要》、《五代會要》（臺北市：臺灣商務印書館，2009 年《景印文淵閣四庫全書》）。

48. 〔宋〕孫復：《春秋尊王發微》（臺北市：臺灣商務印書館，2009 年《景印文淵閣四庫全書》）。

49. 〔宋〕孫復：《孫明復小集》（臺北市：臺灣商務印書館，2009 年《景印文淵閣四庫全書》）。

50. 〔宋〕石介：《徂徠集》（臺北市：臺灣商務印書館，2009 年《景印文淵閣四庫全書》）。

51. 〔宋〕劉敞：《公是先生七經小傳》（《四部叢刊續編經部》，上海涵芬樓景印天祿琳瑯舊藏宋刊本）。

52. 〔宋〕歐陽脩：《新唐書》（臺北市：臺灣商務印書館，2009 年《景印文淵閣四庫全書》）。

53. 〔宋〕尹洙：《河南集》（臺北市：臺灣商務印書館，2009 年《景印文淵閣四庫全書》）。

54. 〔宋〕歐陽脩：《文忠集》（臺北市：臺灣商務印書館，2009 年《景印文淵閣四庫全書》）。

55. 〔宋〕司馬光：《傳家集》（臺北市：臺灣商務印書館，2009 年《景印文

淵閣四庫全書》)。

56. 〔宋〕張載:《張載集》(新北市:漢京文化事業有限公司,1983 年)。

57. 〔宋〕程顥、程頤:《二程集》(新北市:漢京文化事業有限公司,1983 年)。

58. 〔宋〕蘇洵:《嘉祐集》(臺北市:臺灣商務印書館,2009 年《景印文淵閣四庫全書》)。

59. 〔宋〕蘇軾:《東坡全集》(臺北市:臺灣商務印書館,2009 年《景印文淵閣四庫全書》)。

60. 〔宋〕蘇軾:《東坡書傳》(臺北市:臺灣商務印書館,2009 年《景印文淵閣四庫全書》)。

61. 〔宋〕蘇轍:《論語拾遺》(《論語彙函》,中國子學名著集成編印基金會印行《中國子學名著集成》本)。

62. 〔宋〕蘇轍:《欒城後集》(臺北市:臺灣商務印書館,2009 年《景印文淵閣四庫全書》)。

63. 〔宋〕何遠:《春渚紀聞》(臺北市:臺灣商務印書館,2009 年《景印文淵閣四庫全書》)。

64. 〔宋〕陳祥道:《論語全解》(臺北市:臺灣商務印書館,2009 年《景印文淵閣四庫全書》)。

65. 〔宋〕葉夢得:《石林燕語》(臺北市:臺灣商務印書館,2009 年《景印文淵閣四庫全書》)。

66. 〔宋〕趙與時:《賓退錄》(臺北市:臺灣商務印書館,2009 年《景印文淵閣四庫全書》)。

67. 〔宋〕曾慥:《類説》(臺北市:臺灣商務印書館,2009 年《景印文淵閣四庫全書》)。

68. 〔宋〕朱熹:《論語或問》(臺北市:臺灣商務印書館,2009 年《景印文淵閣四庫全書》)。

69. 〔宋〕朱熹:《四書集註》(臺北市:學海出版社,1989 年)。

70. 〔宋〕朱熹:《御纂朱子全書》(臺北市:臺灣商務印書館,2009 年《景印文淵閣四庫全書》)。

71. 〔宋〕朱熹:《晦庵集》(臺北市:臺灣商務印書館,2009 年《景印文淵閣四庫全書》)。

72. 〔宋〕黎靖德編:《朱子語類》(臺北市:臺灣商務印書館,2009 年《景印文淵閣四庫全書》)。

73. 〔宋〕王應麟:《玉海》(臺北市:臺灣商務印書館,2009 年《景印文淵閣四庫全書》)。

74. 〔宋〕王應麟:《困學紀聞》(臺北市:臺灣商務印書館,2009 年《景印文淵閣四庫全書》)。

75. 〔宋〕晁公武:《郡齋讀書志》(臺北市:臺灣商務印書館,2009 年《景印文淵閣四庫全書》)。

76. 〔宋〕黃震:《黃氏日鈔》(臺北市:臺灣商務印書館,2009 年《景印文淵閣四庫全書》)。

77. 〔宋〕羅大經:《鶴林玉露》(臺北市:臺灣商務印書館,2009 年《景印文淵閣四庫全書》)。

78. 〔宋〕葉適:《習學記言》(臺北市:臺灣商務印書館,2009 年《景印文淵閣四庫全書》)。

79. 〔宋〕余允文:《尊孟辨、附續辨別錄》(臺北市:臺灣商務印書館,2009 年《景印文淵閣四庫全書》)。

80. 〔宋〕李燾:《續資治通鑑長編》(臺北市:臺灣商務印書館,2009 年《景印文淵閣四庫全書》)。

81. 〔元〕脫脫等:《宋史》(臺北市:臺灣商務印書館,2009 年《景印文淵閣四庫全書》)。

82. 〔元〕馬端臨:《文獻通考》(臺北市:臺灣商務印書館,2009 年《景印文淵閣四庫全書》)。

83. 〔元〕王若虛:《滹南遺老集》(臺北市:臺灣商務印書館,2009 年《景印文淵閣四庫全書》)。

84. 〔元〕何異孫:《十一經問對》(臺北市:臺灣商務印書館,2009 年《景印文淵閣四庫全書》)。

85. 〔清〕黃宗羲撰,全祖望補訂:《增補宋元學案》(臺北市:臺灣中華書局,《四庫備要》據清道光道州何氏刻校刊本)。

86. 〔清〕顧炎武:《日知錄》(臺北市:臺灣商務印書館,2009 年《景印文淵閣四庫全書》)。

87. 〔清〕永瑢等:《四庫全書總目》(臺北市:臺灣商務印書館,2009 年《景印文淵閣四庫全書》)。

88. 〔清〕徐松:《宋會要輯稿》(國立北平圖書館影印,1936 年)。

89. 〔清〕閻若璩:《尚書古文疏證》(上海:上海古籍出版社,2010 年)。

90. 〔清〕劉寶楠:《論語正義》(北京:中華書局,1993 年)。

91. 〔清〕翟灝:《四書考異》(上海市:上海古籍出版社,1995 年)。

92. 〔清〕朱彝尊:《經義考》(臺北市:臺灣商務印書館,2009 年《景印文淵閣四庫全書》)。

93. 〔清〕朱彝尊:《曝書亭集》(臺北市:臺灣商務印書館,2009 年《景印

文淵閣四庫全書》)。

94. 〔清〕陳澧：《東塾讀書記》（臺北市：廣文書局有限公司，1970 年）。

95. 〔清〕潘維城：《論語古注集箋》（上海：上海古籍出版社，1995 年《續修四庫全書》本）。

96. 〔清〕皮錫瑞：《經學歷史》（新北市：漢京文化事業有限公司，1983 年）。

97. 〔清〕陳鱣：《論語古訓》（《論語彙函》，中國子學名著集成編印基金會印行《中國子學名著集成》本）。

98. 〔清〕胡寶瑮編：《周子全書》（臺北市：武陵出版社，1990 年）。

99. 〔清〕錢大昕：《潛研堂文集》（臺北市：臺灣商務印書館，1968 年）。

100. 〔清〕梁啟超：《清代學術概論‧中國近三百年學術史》（臺北市：里仁書局，1995 年）。

二、近人論著（依作者筆畫順序）

1. 王國維：《王觀堂先生全集》（臺北市：文華出版社，1968 年）。

2. 王熙元：《論語通釋》（臺北市：臺灣學生書局，1981 年）。

3. 王鵬凱：《歷代論語著述綜錄》（新北市：花木蘭文化工作坊，2005 年）。

4. 王邦雄、曾昭旭、楊祖漢：《論語義理疏解》（臺北市：鵝湖月刊出版社，1983 年）。

5. 牟宗三：《心體與性體》（臺北市：正中書局，1970 年）。

6. 朱漢民、肖永明：《宋代《四書》學與理學》（北京市：中華書局，2009 年）。

7. 李方錄校：《敦煌《論語集解》校證》（南京：江蘇古籍出版社，1998 年）。

8. 李日章：《程顥‧程頤》（臺北市：東大圖書股份有限公司，1986 年）。

9. 吳承仕：《經典釋文序錄疏證》（臺北市：新文豐出版股份有限公司，1975 年）。

10. 吳國武：《經術與性理——北宋儒學轉型考論》（北京市：學苑出版社，2009 年）。

11. 周予同：《《論語》二十講》（北京市：華夏出版社，2009 年）。

12. 林礽乾：《國學導讀叢編》（臺北市：三民書局股份有限公司，1993 年）。

13. 林慶彰主編：《五十年來的經學研究》（臺北市：臺灣學生書局，2003 年）。

14. 林慶彰主編：《經學研究論著目錄◎1912～1987》（臺北市：漢學研究中心，1989 年）。

15. 林慶彰主編，汪嘉玲等編輯：《經學研究論著目錄◎1988～1992》（臺北市：漢學研究中心，1995 年）。

16. 林慶彰、陳恆嵩主編，何淑蘋等編輯：《經學研究論著目錄◎1993～1997》（臺北市：漢學研究中心，2002年）。

17. 林慶彰、蔣秋華主編：《中國經學相關研究博碩士論文目錄(1978～2007)》（臺北市：萬卷樓圖書股份有限公司，2009年）。

18. 周元俠：《朱熹的《論語集注》研究》（北京市：中國社會科學出版社，2012年）。

19. 胡昭曦、劉復生、粟品孝：《宋代蜀學研究》（成都：巴蜀書社，1997年）。

20. 袁保新：《從海德格、老子、孟子到當代新儒學》（臺北市：臺灣學生書局，2008年）。

21. 馬宗霍：《中國經學史》，《經學叢書初編》本（臺北市：學海出版社，1985年）。

22. 唐君毅：《中國哲學原論原教篇》（香港：新亞研究所，1995年）。

23. 唐明貴：《《論語》學的形成、發展與中衰——漢魏六朝隋唐《論語》學研究》（北京市：中國社會科學出版社，2005年）。

24. 唐明貴：《論語學史》（北京市：中國社會科學出版社，2009年）。

25. 高荻華：《皇侃《論語集解義疏》研究》（新北市：花木蘭文化出版社，2007年）。

26. 張岱年主編：《孔子大辭典》（上海：上海辭書出版社，1993年）。

27. 張政烺主編：《中國古代職官大辭典》（河南：河南人民出版社，1990年）。

28. 張清泉：《清代論語學》（新北市：花木蘭文化，2008年）。

29. 傅武光：《四書學考》（出版地不詳，1974年）。

30. 傅武光：《論語著述考（一）》（臺北市：國立編譯館，2003年）。

31. 焦桂美：《南北朝經學》（上海：上海古籍出版社，2009年）。

32. 勞思光：《新編中國哲學史》（臺北市：三民書局股份有限公司，1990年）。

33. 曾棗莊、舒大剛主編：《三蘇全書》（北京市：語文出版社，2001年）。

34. 溫偉耀：《成聖之道：北宋二程修養工夫論之研究》（臺北市：文史哲出版社，1996年）。

35. 陳少明主編：《思史之間——論語的觀念史釋讀》（上海市：上海三聯書店，2009年）。

36. 陳金木：《皇侃之經學》（臺北市：國立編譯館，1995年）。

37. 陳金木：《唐寫本論語鄭氏注研究——以考據、復原、詮釋為中心的考察》（臺北市：文津出版社，1996年）。

38. 陳來主編：《早期道學話語的形成與演變》（合肥：安徽教育出版社，2007年）。

39. 陳東原:《中國科舉時代之教育》(上海:商務印書館,1934 年)。

40. 曾秀景:《論語古注輯考》(臺北市:學海出版社,1991 年)。

41. 馮曉庭:《宋初經學發展述論》(臺北市:萬卷樓圖書有限公司,2001 年)。

42. 葉國良:《宋人疑經改經考》(臺北市:臺灣大學出版委員會,1980 年)。

43. 賈志揚:《宋代科舉》(臺北市:東大圖書股份有限公司,1995 年)。

44. 趙金昭主編:《二程洛學與實學研究》(北京市:學苑出版社,2005 年)。

45. 楊儒賓:《從《五經》到《新五經》》(臺北市:國立臺灣大學出版中心,2013 年)。

46. 劉伯驥:《宋代政教史》(臺北市:臺灣中華書局,1971 年)。

47. 劉笑敢:《詮釋與定向——中國哲學研究方法之探究》(北京市:商務印書館,2009 年)。

48. 劉師培:《經學教科書》第一冊(上海:上海古籍出版社,2006 年)。

49. 劉師培:《國學發微》(臺北市:廣文書局,1970 年)。

50. 劉復生:《北宋中期儒學復興運動》(臺北市:文津出版社,1991 年)。

51. 樓宇烈:《周易老子王弼注校釋》(臺北市:華正書局有限公司,1983 年)。

52. 鄭靜若:《論語鄭氏注輯述》(臺北市:學海出版社,1981 年)。

53. 蔡仁厚:《論語人物論》(臺北市:臺灣商務印書館,1996 年)。

54. 蔡仁厚:《宋明理學》(臺北市:臺灣學生書局,1977 年)。

55. 錢穆:《孔子與論語》(臺北市:聯經出版事業公司,1984 年)。

56. 錢穆等:《論孟研究論集》(臺北市:黎明文化事業股份有限公司,1981 年)。

57. 閆春新:《魏晉南北朝「論語學」研究》(北京市:中國社會科學出版社,2012 年)。

58. 謝敏玲:《蘇軾史論散文研究》(臺北市:萬卷樓圖書有限公司,2000 年)。

59. 戴維:《論語研究史》(長沙市:嶽麓書社,2011 年)。

60. 〔日〕月洞讓:《唐寫本論語鄭氏注及其研究》(北京市:文物出版社,1991 年)。

61. 〔美〕包弼德(Peter K. Bol)著、劉寧譯:《斯文:唐宋思想的轉型》(南京市:江蘇人民出版社,2001 年)。

62. 〔美〕包弼德原作、〔比〕魏希德修訂:《宋代研究工具書刊指南》(修訂版)(桂林:廣西師範大學出版社,2008 年)。

63. 〔日〕松川建二編,林慶彰、金培懿、陳靜慧、楊菁合譯:《論語思想史》(臺北市:萬卷樓圖書股份有限公司,2006 年)。

三、學位論文（依作者筆畫順序）

（一）碩士論文

1. 王家泠：《皇侃《論語義疏》與邢昺《論語正義》解經思想比較研究》（國立臺灣大學中國文學研究所碩士論文，2004 年）。

2. 林玉婷：《孫復《春秋尊王發微》研究》（國立臺灣師範大學國文研究所碩士論文，2001 年）。

3. 林永悅：《周敦頤倫理思想研究》（南華大學哲學研究所碩士論文，2011 年）。

4. 林育璇：《范祖禹《論語說》研究》（國立中山大學中國文學系研究所碩士論文，12007 年）。

5. 邱忠堂：《張載《論語》學研究》（陝西師範大學碩士學位論文，2010 年）。

6. 張中靜：《胡瑗對教育的貢獻》（國立成功大學歷史語言研究所碩士論文，1989 年）。

7. 張仕芳：《楊時《論語解》研究》（國立中山大學中國文學系研究所碩士論文，2008 年）。

8. 張清泉：《清代論語學》（逢甲大學中國文學研究所碩士論文，2001 年）。

9. 張景雅：《張載倫理思想研究》（南華大學哲學研究所碩士論文，2005 年）。

10. 張勢觀：《二程《四書》理學思想研究》（國立彰化師範大學碩士論文，2005 年）。

11. 游蕙雙：《謝良佐《論語說》思想研究》（國立臺灣師範大學國文學系研究所碩士。論文，2008 年）。

12. 蔡娟穎：《論語邢昺疏研究》（國立臺灣師範大學國文研究所碩士論文，1990 年）。

（二）博士論文

1. 王家泠：《從玄學到理學——魏晉、唐宋之間《論語》詮釋史研究》（國立臺灣大學中國文學研究所博士論文，2012 年）。

2. 江淑君：《魏晉論語學之玄學化研究》（國立臺灣師範大學國文研究所博士論文，1998 年）。

3. 吳叔樺：《蘇轍學術思想研究》（國立高雄師範大學國文研究所博士論文，2005 年）。

4. 馮曉庭：《宋人劉敞的經學述論》（東吳大學中國文學研究所博士論文，1999 年）。

5. 廖雲仙：《元代論語學研究》（東海大學中國文學研究所博士論文，2001 年）。

6. 蔣鴻青：《傳承與新變——漢代至北宋《論語》學史考論》（揚州大學中國古典文學博士論文，2011 年）。

7. 鍾彩鈞：《二程聖人之學研究》（國立臺灣大學中國文學研究所博士論文，1990 年）。

四、單篇論文（依作者筆畫順序）

1. 王素：〈唐寫《論語鄭氏注》對策殘卷與唐代經義對策〉，《文物》1988 年第 12 期。

2. 朱雪芳、石強：〈論《通書》的為學之道〉，《新亞論叢》第 13 期，2012 年 12 月。

3. 江政如：〈宋代胡瑗教育思想中之「蘇湖教學法」〉，《課程與教學》第 12 卷第 12 期，1999 年 4 月。

4. 江惜美：〈蘇軾對儒家思想的實踐〉，《孔孟學報》第 91 期，2013 年 9 月。

5. 任鋒：〈胡瑗與南宋儒學的實踐意識〉，《漢學研究》第 125 卷第 12 期，2007 年 12 月。

6. 朱剛：〈從「周程、歐蘇之裂」說起——宋代思想史視野下的文學家研究〉，朱剛、劉寧：《歐陽脩與宋代士大夫》（上海市：上海人民出版社，2007 年）。

7. 汝企和：〈宋代館閣之校勘經部書〉，《中國文化研究》2003 年春之卷。

8. 宋志潤：〈從哲學詮釋學的角度看理解《論語》的三種層次〉，《哈爾濱學院學報》第 123 卷第 5 期，2002 年 5 月。

9. 李美惠：〈論元祐時期洛蜀黨爭的基本困結——以程頤、蘇軾之爭為中心而展開〉，《中國語文》第 106 卷第 4 期，2010 年 4 月。

10. 李紹戶：〈唐論語注本及邢昺疏〉，《建設》第 123 卷第 8 期，1975 年 1 月。

11. 吳武雄：〈《蘇轍論語拾遺》探討〉，《中臺人文社會學報》第 1 卷第 15 期，2004 年 12 月。

12. 吳武雄：〈蘇轍與古文運動〉，《國立臺中技術學院人文社會學報》第 12 期，2003 年 12 月。

13. 谷建：〈蘇軾《論語說》輯佚補正〉，《孔子研究》2008 年第 3 期。

14. 官雲維：〈洪興祖《論語說》輯補〉，《古籍整理研究學刊》第 6 期，2010 年 11 月。

15. 南懷瑾：〈宋明理學與禪宗〉，《孔孟學報》第 123 期，1972 年 4 月。

16. 侯迺慧：〈皇侃論語義疏中玄學思想之評論〉，《孔孟月刊》第 125 卷第 4 期，1986 年 12 月。

17. 胡健財：〈論語邢昺正義評述〉，《孔孟月刊》第 127 卷第 12 期，1988 年

10 月。

18. 柯金木：〈邢昺「論語正義」論略〉，《中華學苑》第 50 期，1997 年 7 月。

19. 姜勝：〈《論語注疏》邢疏校讀晬語〉，《山東教育學院學報》2009 年第 6 期。

20. 姜海軍：〈二程《論語》解釋學方法論〉，《洛陽師範學院學報》第 30 卷第 3 期，2011 年 3 月。

21. 姚瀛艇：〈論北宋朝廷對七經疏義的整理〉，《河南大學學報（哲學社會科學版）》1989 年第 4 期。

22. 唐明貴：〈宋代《論語》研究的勃興及成因〉，《東岳論叢》第 128 卷第 3 期，2007 年 5 月。

23. 唐明貴：〈邢昺《論語注疏》的注釋特色〉，《儒家典籍與思想研究》2009 年。

24. 唐明貴：〈蘇轍《論語拾遺》的詮釋特色〉，《中國哲學史》2013 年第 1 期。

25. 徐望駕：〈《論語義疏》中新興中古漢語疑問句式研究〉，《合肥學院學報》第 123 卷第 4 期，2006 年 11 月。

26. 徐望駕：〈形貌兼具，不拘一格——《論語義疏》注經特色探析〉，《語文學刊》2009 年第 6 期。

27. 徐望駕、曹秀華：〈試論皇侃《論語集解義疏》〉，《古漢語研究》2003 年第 12 期。

28. 馬德富：〈蘇軾《論語說》鉤沉〉，《四川大學學報（哲學社會科學版）》1992 年第 4 期。

29. 卿三祥：〈蘇軾《論語說》鉤沉〉，《孔子研究》1989 年第 12 期。

30. 陳金木：〈程顥論仁〉，《彰化師大文學院學報》第 12 期，2003 年 11 月。

31. 陳昇輝：〈蘇轍《論語拾遺》試探〉，《問學集》第 12 期，2003 年 6 月。

32. 陳政揚：〈張載「致學成聖」說析論〉，《揭諦》第 19 期，2010 年 7 月。

33. 許振興：〈石介政治思想述論〉，《中國歷史學會史學集刊》第 125 期，1993 年 9 月。

34. 許家星：〈《洪興祖《論語說》輯佚》補正〉，《江南大學學報（人文社會科學版）》第 11 卷第 5 期，2012 年 9 月。

35. 張友群：〈從《論語注疏》看《論語》文獻編撰的系統性〉，《畢節學院學報》2007 年第 3 期。

36. 黃勇：〈程頤對《論語》8.9 及 17.3 的哲學解釋〉，《原道》2008 年。

37. 黃富棠：〈論胡瑗對前人注疏的承襲與揚棄〉，《簡牘學報》第 19 期，2006 年。

38. 董季棠：〈論語皇本異文舉要〉，《孔孟學報》第 123 期，1972 年 4 月。

39. 董季棠：〈評論皇侃義疏之得失〉，《孔孟學報》第 128 期、29 期，1974 年 9 月、1975 年 4 月。

40. 舒大剛：〈蘇軾《論語說》流傳存佚考〉，《西南民族學院學報‧哲學社會科學版》第 6 期，2001 年 6 月。

41. 舒大剛：〈蘇軾《論語說》輯補〉，《四川大學學報（哲學社會科學版）》，2001 年第 3 期。

42. 楊勝寬：〈蘇軾《論語說》三題〉，《達縣師範高等專科學校學報（社會科學版）》第 15 卷第 6 期，2005 年 11 月。

43. 楊新勛：〈論邢昺《論語注疏》解題對皇侃《論語義疏》解題的繼承、調整與創新〉，《儒家典籍與思想研究》2012 年。

44. 楊豔燕：〈《經義考‧論語》補遺〉，《中國文哲研究通訊》第 18 卷第 3 期，2008 年 9 月。

45. 蔣鴻青、田漢雲：〈精義爲本默識心通——論程頤《論語解》的理學特色〉，《南京師大學報》2011 年第 12 期。

46. 劉貴傑：〈周敦頤的人格教育思想〉，《國教世紀》第 1204 期，2003 年 12 月。

47. 劉建國：〈「蘇湖教法」新探〉，《鵝湖》第 125 卷第 10 期，2000 年 4 月。

48. 戴君仁：〈皇侃《論語義疏》的內涵思想〉，《孔孟學報》第 121 期，1971 年 4 月。

49. 戴君仁：〈皇侃論語集解義疏的性質和形式〉，《中央圖書館館刊》第 3 卷第 3、4 期，1970 年 10 月。

50. 龔傑：〈張載的「四書學」〉，《哲學與文化》第 124 卷第 10 期，1997 年 10 月。